specials Småland Öland Blekinge

– eine Auswahl

BIRGIT BOCK-SCHRÖDER hat in Schweden studiert und zehn Jahre lang einen Wohnsitz in Småland gehabt. Als Autorin zahlreicher Reiseführer und langjährige Pressesprecherin des Schwedischen Fremdenverkehrsamts ging sie immer wieder auf Entdeckungstour im Norden. Heute berät sie schwedische Unternehmen und ist nach wie vor in ihrer zweiten Heimat unterwegs.

ALEXANDER GEH lebt als freier Autor und Lektor in Offenbach am Main und ist federführend in der Edition Elch tätig. Obwohl er meistens aus Norwegen und Dänemark berichtet, kann er seine Neigung zu Schweden nicht leugnen und ist regelmäßig vor Ort. Für diese Auflage hat er punktuell recherchiert und die Fülle der Informationen »in einen Guss gebracht«.

Seine weiteren Titel in der Edition Elch:
Dänische Inseln 1: Fünen, Ærø, Langeland
Dänische Inseln 2: Lolland, Falster, Møn, Seeland mit Kopenhagen
Fjordruta – Wandern in Norwegen
Fjorde, Gletscher, Wasserfälle – Radwandern in Norwegen

Ein herzliches Dankeschön an: Iris Ansorg, Martina Drath, Alexander Hirsch, Lisanne Imhof, Eberhard Krieger, Stephanie Reist, Familie Rösner-Prümm, Thomas Schossig, Jürgen Wolf.

Birgit Bock-Schröder, Alexander Geh

SMÅLAND
ÖLAND
BLEKINGE

Edition Elch

Die Autoren dieses Reiseführers haben die zusammengetragenen Angaben nach bestem Wissen erstellt, die Redaktion hat sie mit größtmöglicher Sorgfalt überprüft. Dennoch sind inhaltliche Fehler nicht vollständig auszuschließen. Daher besteht auf die Angaben keine Garantie seitens des Verlages oder der Autoren. Im Fall von inhaltlichen Abweichungen übernehmen weder der Verlag noch die Autoren dafür Verantwortung und Haftung; dies gilt sowohl für »normale« Änderungen, zum Beispiel von Telefonnummern, Preisen und Öffnungszeiten, als auch im Hinblick auf mögliche Unfälle, etwa im Rahmen von sportlichen und anderen Aktivitäten.

LESERTIPPS

Schreiben Sie uns bitte, sofern Sie vor Ort Änderungen erlebt oder falls Sie Ergänzungsvorschläge haben. Wird Ihr Tipp in der nächsten überarbeiteten Ausgabe verwendet, bedanken wir uns mit einem Freiexemplar. Verlag und Autoren freuen sich über jede Zuschrift:

Edition Elch
Stichwort: Småland, Öland, Blekinge
Hamburger Straße 70
D – 63073 Offenbach am Main
E-mail: ee24@edition-elch.de
Internet: www.edition-elch.de

Vierte, komplett aktualisierte und erweiterte Auflage 2012

ISBN 978-3-937452-24-1

Elch-Logo: © *Petra Gran*
Fotos: *siehe Bildnachweis auf Seite 255*
Redaktion und Satz: *Pekka Sjöblom*
Karten und s/w-Scans: *Brigitte Otto, Konstanz*
Produktion: *druckhaus köthen, Köthen/Anhalt*

Inhalt

ÖLAND

BLEKINGE

Småland war einst ein Land der Windmühlen: oben eine nicht datierte Aufnahme aus dem Fundus des Kalmar Läns Museum, unten eine bewahrte Bockwindmühle in Växjös Kulturparken Småland. Auf Öland verteilen sich immerhin noch rund 350 Windmühlen. ▶

Vor der Reise

◎ **REISEBÜROS**, die auf Skandinavien spezialisiert sind, offerieren sogenannte Paketangebote oder Pauschalreisen. Oft sind diese Reisen als komplettes Paket gekauft günstiger, als selbst alle Leistungen einzeln bei den Anbietern einzukaufen.

Information zu Hause

Über Schweden als Reiseland informiert die halbstaatliche Organisation »Visit Sweden«:
◎ **VISIT SWEDEN**, Stortorget 2–4, S–83130 Östersund, Tel. 069 – 2222 3496 (aus Deutschland), E-mail: germany@visitsweden.com, Tel. 044 – 580 62 94 (aus der Schweiz), E-mail: switzerland@visitsweden.com, Tel. 0192 – 86702 (aus Österreich), E-mail: austria@visitsweden.com, Fax (nach Schweden) 0046 – 63 – 128 137, www.visitsweden.com.

Über die Frankfurter Rufnummer erhalten Sie neben Auskünften das Jahresheft »Schweden 20xx« – mit allgemeinen Informationen, Artikeln zu den schwedischen Regionen, Anzeigen von Reedereien, Airlines etc., eine Liste ausgesuchter Veranstaltungen, Adressen der regionalen Touristenbüros sowie einiger Reisebüros und -veranstalter (die dafür bezahlen). Geeignet zur Einstimmung und Urlaubsplanung. Im Internet sind Broschüren zu Regionen, Unterkünften und Themen wie »Aktivurlaub« zu ordern.

Information aus Schweden

Der in diesem Buch beschriebene Teil Schwedens gliedert sich in vier Regierungsbezirke (LÄN), die jeweils eigene regionale Touristikmarketing-Organisationen unterhalten. Deren auch deutschsprachige Websites sind erste Informationsquellen, und oft lässt sich darüber auch weiteres gedrucktes Material bestellen.
◎ Bezirke **JÖNKÖPINGS LÄN** und **KRONOBERGS LÄN**: Info-Tel. Jönköpings Län 0046 – 36 – 351 270. – Info-Tel. Kronobergs Län 0046 – 470 – 733 270, www.visitsmaland.se.
◎ **KALMAR LÄN** MIT ÖLAND: nur via Internet: www.smaland-oland. se.
◎ **BLEKINGE LÄN**: Info-Tel. 0046 – 455 – 305 020, www.blekinge.se.
◎ Gezielte Anfragen an ein lokales **TOURISTENBÜRO** (= TURISTBYRÅ) sind eine weitere Hilfe. Die Adressen finden Sie in jedem Kapitel. Eine Liste sämtlicher Touristenbüros gibt es zum Herunterladen als PDF auf www.turism.se (siehe »Tourist Information Offices« und »Tourist Office Index as PDF«).

Obwohl im Tourismussektor sehr viele Schwedinnen und Schweden Deutsch sprechen, können Sie bei Telefonkontakten nicht generell davon ausgehen. – Die Verständigung auf Englisch wird aber nur selten ein Problem darstellen.

SCHWEDEN, SMÅLAND, ÖLAND, BLEKINGE IM INTERNET

Wie überall im Netz gibt es auch auf schwedischen Webseiten viel Müll zu entrümpeln. Wir nennen im Buch nur solche, die zumindest ein bisschen Sinn machen. Websites mit deutschsprachigem Inhalt sind im touristischen Sektor häufig, solche mit englischsprachigem Inhalt noch häufiger, beide aber nicht die Regel. Nun wagen die ersten Sparbrötchen die Unsitte, auf eine fundierte Übersetzung zu verzichten und stattdessen Googles maschinellen Übersetzungsdienst anzubieten. Die Ergebnisse schwanken oft genug zwischen belustigend und beschämend.

Nur auf Schwedisch liegen oft die Websites der regionalen Verkehrsbetriebe vor, doch lassen sie sich deren Inhalte mit der Kenntnis weniger Begriffe wie *tidtabell* (Fahrplan) relativ leicht navigieren.

Viele Unterkünfte, einige Touristenbüros, aber auch Lokale und andere Betriebe im Feriensektor stellen ihren Kunden WLan und Internetzugänge zur Verfügung, nicht selten kostenfrei. Internetcafés sind überflüssig, da so gut wie alle Schweden über Breitbandanschlüsse verfügen.

Die folgende kleine Übersicht erhebt nicht den Anspruch, die besten Websites über Småland etc. zu präsentieren; es sind informative, teilweise akkurat gepflegte Seiten, die in bestimmten Bereichen Akzente setzen.

◎ www.sweden.se – jede Menge Info und Publikationen über Schweden, u.a. vom Schwedischen Institut. Teils zum Download, teils auf Deutsch.

◎ www.smhi.se – in der Version auf Englisch 5-Tage-Wettervorschau mittels Karte (Zoomen, Suchmaske) und Symbolen, dazu einige Extras.

◎ www.resrobot.se – prima Hilfe für alle, die sich über die aktuellen Verkehrsverbindungen informieren möchten. Mehr dazu auf Seite 22.

◎ www.eniro.se – via Suchmaske »Kartsök« erhalten Sie mittels Eingabe der Adresse einen Stadt- oder Lageplan Ihres Reiseziels vor Ort.

◎ www.naturvardsverket.se – viele Besucher kommen wegen der Natur. Alles über Nationalparks (drei, bald vier davon gibt es in Småland und im Kalmarsund) und verwandte Themen. Auch auf Englisch.

◎ www.allemansratten.se – die Natur schützen und die Errungenschaft Allemansrätten bewahren. Auch auf Deutsch. Mehr dazu auf Seite 40 ff.

◎ www.kungahuset.se – wem das Königshaus in diesem Reiseführer zu kurz kommt, dürfte mit dieser Website zufrieden sein. Auch auf Englisch.

◎ www.alv.se – Portal des Freizeitparks Astrid Lindgrens Welt bei Vimmerby, bei Erwachsenen leben Erinnerungen auf. Auch auf Deutsch.

◎ www.orlogsstadenkarlskrona.se – rund ums UNESCO-Welterbe Marinestadt Karlskrona. Auch auf Deutsch, besser auf Englisch (Bebilderung).

◎ Wer etwas Schwedisch lesen kann, bleibt mit den Websites der Lokalpresse aktuell: Eine Übersicht hat www.tidningarsverige.com.

Diplomatische Vertretungen

◎ **DEUTSCHLAND**: Schwedische Botschaft, Rauchstraße 1, 10787 Berlin, Tel. 030 – 505 060 (Mo–Fr 9–12.30 und 13.30–17 Uhr), Fax 5050 6789, ambassaden.berlin@foreign.ministry.se, www.swedenabroad.com.

◎ **ÖSTERREICH**: Schwedische Botschaft, Obere Donaustr. 49 –51, 1025 Wien, Tel. 01 – 217 530 (Mo–Fr 8.30 – 12 und 14–16.30 Uhr), Fax 2175 3370, ambassaden.wien@foreign.ministry.se, www.swedenabroad.com.

◎ **SCHWEIZ**: Schwedische Botschaft, Bundesgasse 26, 3011 Bern, Telefon 031 – 328 7000 (Mo–Fr 8.30 –12.30 und 13.30 –17 Uhr), Fax 328 7001, ambassaden.bern@foreign.ministry.se, www.swedenabroad.com.

◎ **NIEDERLANDE**: Embassy of Sweden, Postbus 85601 (Jan Willem Frisolaan 3), 2508 CH Den Haag, Telefon 070 – 412 0200 (Mo–Fr 8.30–12.30 u. 13.30 –16.30 Uhr), Fax 412 0211, ambassaden.haag@foreign.ministry.se, www.swedenabroad.com.

◎ **LUXEMBURG**: Zuständig ist die Botschaft in den Niederlanden.

Einreisebestimmungen

◎ **REISEDOKUMENTE**: Bürger aus Mitgliedsländern des Schengen-Abkommens (u.a. Deutschland, Österreich, Luxemburg, die Niederlande) benötigen lediglich einen gültigen Personalausweis; ebenso ausländische Staatsbürger mit Aufenthaltsrecht in einem Schengen-Land. Kinder unter 16 Jahren brauchen einen Kinderausweis, ab 10 Jahren mit Foto. Für Schweizer Bürger gelten liberale Bestimmungen, nicht aber für ausländische Staatsbürger, die in der Schweiz leben; wenden Sie sich an die schwedische Botschaft in Bern oder an ein Konsulat in Basel, Zürich, Genf, Lausanne, Lugano.

Die Passkontrollen an der Grenze sind im Reiseverkehr zwischen den Schengen-Ländern zwar entfallen, doch hat die Polizei das Recht, im Inland »Verkehrskontrollen« durchzuführen; ohnehin sollten Sie Ihre Papiere auf keinen Fall zu Hause lassen.

◎ **ZOLL**: Für Reisende aus EU-Ländern gelten nur wenige Beschränkungen für die private Einfuhr von Waren (siehe ganz unten). – Schweizer Staatsbürger kontaktieren bitte die Schwedische Botschaft über die geltenden Bestimmungen, die hier zu viel Platz beanspruchten. Information auch via Tullverket, Box 12854, SE–11298 Stockholm, Telefon 0046 –771 – 520 520 (Mo+Fr 9–19 Uhr, Di + Do 9–17 Uhr), www.tullverket.se.

HAUSTIERE

Wichtige Änderungen bei den Einfuhrbestimmungen für Hunde und Katzen seit 2012: Der Tollwut-Antikörpernachweis und die ebenso bis-

Einfuhr aus EU – Alkohol (Einfuhr ab 20 Jahre): maximal 10 l Schnaps, 90 l Wein, 110 l Bier. Tabak (ab 18 Jahre): 800 Zigaretten, 200 Zigarren, 1 kg loser Tabak. Keine Drogen, keine Waffen, Medikamente nur »für die Reiseapotheke«.

her vorgeschriebene Entwurmung werden nicht mehr gefordert.

◎ Seit 2004 wird für Hunde, Katzen (und Frettchen) ein **HAUSTIERPASS** verlangt, auf dem ein TIERARZT bescheinigt, dass das Tier alle Anforderungen erfüllt, konkret: Tollwutimpfung und Identitätskennzeichnung (durch Mikrochip).

◎ **FRISTEN**: Die Tollwutimpfung muss bei der Einreise mindestens 21 Tage zurückliegen. Im Haustierpass steht vermerkt, wann spätestens die Tollwutimpfung aufzufrischen ist.

Das Tier darf bei der Erstimpfung nicht jünger als 90 Tage oder 13 Wochen sein. Die obige Frist berücksichtigt, muss das Tier bei der Einreise also mindestens vier Monate alt sein.

◎ Bei der **EINREISE** sind Tier und Haustierpass dem Zoll unaufgefordert vorzuzeigen (Deklaration).

◎ **INFORMATION**: Ergänzungen und weitere Informationen über die in den vergangenen Jahren immer einfacher gewordenen Regeln werden kontinuierlich auf der Hompage des Schwedischen Zentralamts für Landwirtschaft veröffentlicht.

Bei Fragen zur Einfuhr von Hunden und Katzen kann man sich direkt an das Servicetelefon des Landwirtschaftsamts wenden: Tel. 0046 – 771 –223 223 (Mo–Fr 8–14.30 Uhr), www.sjv.se auch auf Englisch.

◎ **IN SCHWEDEN** ist es üblich, dass Hunde immer an der Leine geführt werden, nicht in Restaurants dürfen und dass Hundekot stets und überall zu entfernen ist!

Klima und Reisezeit

Das vom 55. bis zum 69. Breitengrad lang gestreckte Schweden hat unterschiedliche Klimabedingungen. Das Land verdankt sein (gemessen der nördlichen Lage) GEMÄSSIGTES KLIMA der nahen Lage zum Atlantik und damit zum GOLFSTROM; das eisige Grönland, dessen Südspitze auf dem 60. Breitengrad (!) liegt, hat eine solche NATÜRLICHE WARMWASSERHEIZUNG nicht. Leider besteht trotzdem das VORURTEIL, in Schweden sei es kalt und regnerisch.

Die Wetterküche über dem Atlantik schickt die Tiefdruckgebiete von Westen nach Osten. Auf dem Weg über die Britischen Inseln und über Norwegen verlieren die regenschweren Wolken einen Teil ihrer feuchten Fracht. Einfach ausgedrückt: je weiter entfernt vom Atlantik, desto geringer die jährliche Niederschlagsmenge. Nach Westen wird Schweden durch die Skanden, die skandinavische Gebirgskette, nach Süden durch die Nordsee begrenzt.

Im Südwesten herrscht also maritimes Klima vor, das heißt weder im Sommer noch im Winter gibt es extreme Temperaturen. Im Norden gehen auf der Westseite der Gebirge (FJÄLL) mehr Niederschläge nieder, während östlich der Gebirgskette öfter Trockenheit herrscht. Das kontinentale Klima im übrigen Teil des Landes zeichnet sich durch warme Sommer sowie kalte Winter aus. Falls

Inzwischen ist es auf so gut wie allen Fähren nach Skandinavien möglich, einen Hund mitzunehmen, entweder auf bestimmten Decks, in eigens ausgewiesenen Kabinen (teilweise verpflichtend) oder im Fahrzeug verbleibend. Siehe Seite 16 f.

aber die globale Wetterlage Kapriolen schlägt, wird auch Schweden natürlich nicht verschont.

Dabei können die Temperaturen in den Sommermonaten selbst in Nordschweden rund 30°C erreichen. Bei rund 20 Stunden Sonnenschein täglich wärmen sich dadurch Meere und Seen auf mehr als 20°C auf, die Wassertemperaturen liegen oftmals über denen der Nordsee.

Insgesamt ist das Wetter AN DER OSTKÜSTE BESTÄNDIGER als an der Westküste und im Gebirge. Durchschnittstemperaturen in Südschweden: im Sommer bis 23°C, im Herbst 5 –14°C, im Winter von - 4 bis 4°C, im Frühling 6–12°C; nicht zu verwechseln mit den Spitzentemperaturen.

Die meisten Schweden-Touristen kommen im SOMMER – wenn lange, helle Tage die Ferien sozusagen verlängern; die Auswahl an Aktivitäten ist jetzt am größten, die Campingplätze bieten vollständigen Service, die Hotelpreise sind durch Sommerrabatte günstig, die Sehenswürdigkeiten alle geöffnet. Bei klarem Himmel ist es um MITTSOMMER im Süden nur knapp vier Stunden dunkel; dann setzt bereits wieder die Dämmerung ein. Zur sommerlichen Garderobe gehören in Schweden außer Badekleidung und kurzen Sachen auch ein warmes Oberteil für kühle Stunden und ein Regenschutz.

Schweden ist jedoch auch außerhalb der Sommers eine Reise wert, etwa im FRÜHJAHR auf Öland. Gerade der Südosten mit Småland, Öland und Blekinge profitiert von den landesweit GERINGSTEN Niederschlagsmengen. Der Herbst mit seiner Farbenpracht ist ideal für stimmungsvolle Wanderungen.

Auch der Winter hat in Südschweden seinen Reiz. Zugefrorene Seen und ziemlich sichere Schneefälle im Januar und Februar machen zumindest das småländische Hochland zu einem attraktiven Winterurlaubs-Ziel. Für die kalte Jahreszeit empfiehlt sich statt einer dicken Jacke / Hose eine aus mehreren Schichten bestehende Garderobe, die variabler und zum Beispiel mit der schwedischen »Woolpower«-Unterwäsche aus Wolle und Kunstfaser kuscheliger ist.

Gesundheit

Gesetzlich versicherte Bundesbürger nehmen ihre Europäische Krankenversicherungskarte oder eine Ersatzbescheinigung mit; die erhalten Sie von ihrer Krankenkasse, mit der Sie ohnehin die Einzelheiten im Voraus abklären sollten, denn die Konditionen sind doch sehr verschieden.

◎ Um nicht auf den Kosten für den krankheitsbedingten Rücktransport oder für Eigenbeteiligungen an Arztbehandlungen und Medikamenten sitzen zu bleiben, lohnt es sich, eine zusätzliche private **AUSLANDSREISE-KRANKENVERSICHERUNG** abzuschließen. Denn eine Europäische

Apropos Frühjahr auf Öland: Was die »schwedische Sonnenbank« ausmacht, erläutern wir auf Seite 203.

Krankenversicherungskarte befreit Sie nicht von der Eigenbeteiligung, der sogenannten Patientengebühr, die in Schweden je nach Provinz variiert (umgerechnet etwa 11–33 €).

Mit der Schweiz besteht kein Behandlungsabkommen – Schweizer Bürger müssen die Versicherungsfrage vor Reiseantritt mit ihrer Krankenkasse regeln.

Barrierefreies Reisen

In Schweden sind öffentliche wie private Einrichtungen besser auf Behinderte eingestellt als in Deutschland. Der Standard in Hotels ist höher als in Jugendherbergen und auf Campingplätzen. Die jeweiligen Internetseiten der zentralen Organisationen (Campingverband SCR, Jugendherbergsverbände und Hotelverbände) geben INFORMATIONEN zum Maß der Barrierefreiheit der einzelnen Anlagen und Häuser.

◎ **DE HANDIKAPPADES RIKSFÖRBUND**, Box 47 305, SE–100 74 Stockholm, Tel. (aus dem Ausland) 0046 – 8 – 68 58 000, info@dhr.se, www.dhr.se.

Geld

◎ **WÄHRUNG**: Währungseinheit ist die SCHWEDISCHE KRONE, im Folgenden SEK abgekürzt. 1 Krone entspricht 100 ÖRE. Die kleinste Münze ist 1 Krone wert, Wechselgeld wird dementsprechend auf- oder abgerundet; weitere Münzen im Wert von 5 und 10 SEK. Banknoten: 20, 50, 100, 500 und 1.000 SEK.

◎ Der **WECHSELKURS** lag zum Redaktionsschluss bei 8,92 SEK für einen €; gleich ca. 11,20 € für 100 SEK.

◎ Der **BARGELDUMTAUSCH** ist in deutschen Geldinstituten nicht unbedingt vorteilhaft. – In Schweden müssen Sie (zumindest in den Banken) ungeachtet der Höhe ab etwa 50 SEK Gebühr rechnen.

◎ Vorteilhafte Gebühren gewährt die **FOREX-BANK**: Das Umtauschen von Fremdwährung in Kronen kostet ungeachtet der Höhe zurzeit 45 SEK Gebühr; übrig gebliebene Kronen, auch Kleingeld, wechselt Forex gratis zurück, sofern die Kaufquittung vorgelegt wird. Das Einlösen eines Travellerschecks kostet 25 SEK.

Forex begegnet Ihnen zunächst an Flughäfen, größeren Bahnhöfen (Göteborg, Malmö) sowie in Städten mit Fährhafen (Göteborg, Trelleborg, Helsingborg, Ystad), zum Teil direkt am Terminal. In Småland ist »Forex« vertreten in Växjö, Västergatan 8, in Jönköping, Västra Storgatan 6, und Kalmar, Fiskaregatan 6. Richtzeiten Mo–Fr 9/10–18, Sa 10–14/15 Uhr. Filialencheck via www.forex.se und »Bankbutiker« bzw. »Branches«.

◎ Eine praktische Sache sind die überall präsenten **EC-AUTOMATEN** der Banken (kontant = bar), womit

Einzelne Sehenswürdigkeiten und Hotels inserieren auch mit Euro-Preisen. Doch selbst wenn Sie vereinzelt mit Euro zahlen können, erhalten Sie das Wechselgeld in Kronen. Eine zuverlässige »Euro-Infrastruktur« besteht nicht.

Sie umgerechnet bis zu 500 € am Tag ausgezahlt bekommen, je nach Kreditinstitut. Setzen Sie den Betrag nicht zu niedrig an, denn für jede Abhebung wird Ihr Konto zu Hause mit Gebühren belastet (ab 5 €). Die Automaten beherrschen mehrere Sprachen (u.a. Deutsch) und verlangen als Legitimation den PIN-Code.

◎ Die **POSTBANK SPARCARD** hat das klassische Postsparbuch abgelöst; sie gilt an allen Bargeldautomaten mit »Visa Plus«-Symbol und kann ZEHN MAL IM JAHR GEBÜHRENFREI im Ausland zum Geld-Abheben eingesetzt werden. In Kombination mit einer Kreditkarte eine preisgünstige, gute Ausstattung.

◎ **KREDITKARTEN**: Die gängigen Karten werden akzeptiert, das Zahlen mit Karte ist den Schweden vertraut und selbstverständlicher als in Deutschland. Selbst kleinere Beträge werden oft über das Plastik abgewickelt. – Zwar bekommen Sie auch mit Kreditkarten an Geldautomaten Bares, dies aber gegen stattliche Gebühren. Verlust-Tel.nr. notieren!

Zudem macht nur noch eine Kreditkarte mit PIN Sinn, da diese Methode in Skandinavien schon relativ weit verbreitet und z.B. an Tankautomaten Voraussetzung ist.

◎ **REISESCHECKS** sind zwar immer noch ein sicherer Geldwert, doch ist diese zusätzliche Absicherung nicht unbedingt nötig in Schweden. Das Einlösen bei Geldinstituten kostet um 50 SEK; bei einer größeren Anzahl Schecks erhöht sich der Betrag.

Karten

◎ Die SERIE **BIL & TURISTKARTA** deckt Schweden in 6 Blättern ab. Jedes Kartenblatt enthält viele touristische Informationen. Die Blätter Süd, Südwest, Südost (1–3) im Maßstab 1 : 250.000. Von Norstedts. Ab 10,90/ 11,90 € je Karte. Im Praxistest vorn.

◎ Die SERIE vom Kartenspezialisten **FREYTAG & BERNDT**: Schweden in 6 Blättern, noch mehr touristische Infos, plus Ortsregister, die Nebenwege jedoch irritieren in relativ dickem Rot. Blätter Süd, Südwest, Südost (1–3) im Maßstab 1 : 250.000. Ab 9,95 €.

◎ Die **TERRÄNGKARTAN** benutzt, wer Wandern, Paddeln, Radeln will und deshalb den Maßstab 1 : 50.000 benötigt. Viele Kartenblätter wurden um 2010 neu aufgelegt und sind auf zeitgemäßem Stand. Um 15 €. (Zu einigen Gebieten, Fern- und Radwanderwegen gibt's alternative Spezialkarten u.a. in den Touristenbüros.)

◎ **ÖLAND-KARTE**: siehe Seite 200.

BEZUGSQUELLEN

Wir beschränken uns auf Versender, die (auf ihren Webseiten) das Erscheinungsjahr von Karten angeben.

◎ **NACH NORDEN**, Geobuchhandlung Kiel, Schülperbaum 9, 24103 Kiel, Tel. 0431 – 910 02, Fax 0431 – 942 49, www.geobuchhandlung.de.

◎ **NORDLAND VERSAND**, Vornholtstraße 7, 49585 Neuenkirchen, Tel. 0800 – 667 3526 u. 05465 – 476, Fax 05465 – 834, www.nordland-shop.de.

Eine Straßenkarte mit dem ganzen Schweden ist nicht anzuraten, da sie wegen des zu großen Mabstabs die Nebenstraßen in den ländlichen Regionen nicht erfasst, was schnell zu Umwegen und Irrfahrten führt.

Anreise

Mit dem eigenen Fahrzeug

Seit dem Jahr 2000 ist für eine Reise nach Schweden mit motorisiertem Gefährt keine Schiffspassage mehr nötig. Ein Tunnel- und Brückenband zwischen Kopenhagen und Malmö ermöglicht die ÜBERQUERUNG DES ÖRESUNDS. Andererseits bedeutet diese Variante mehr Kilometer und schätzen viele Skandinavien-Fahrer die Möglichkeit, ihren Urlaub mit einer Schiffsreise einzuläuten, wobei man Gleichgesinnte treffen kann. Auf den Fähren tragen Lokale und Bordshops zur Kurzweil bei.

◎ Wer in der **HOCHSAISON** auf bestimmte Tage (Fr–So) angewiesen ist, sollte frühzeitig buchen (Ausnahme Puttgarden-Rødby bis auf wenige Stoßzeiten). Wer das Ticket dann erst am Terminal lösen will, muss mit Warteschlangen und ausgebuchten Fähren rechnen.

◎ Eine geruhsame Anreise ermöglichen die **NACHTFÄHREN**. Die Passagiere können ausgeruht die Fahrt zum Reiseziel fortsetzen. Die Route Kiel – Göteborg ist am bequemsten und man ist schnell in Jönköping.

DIE ÖRESUNDBRÜCKE

Die komplett fährenfreie Route erfordert die Durchquerung Dänemarks von Jütland nach Seeland und macht, unter dem Zeitaspekt, nur für Schleswiger Sinn. Ob nun vom Fähranleger Rødby oder aus Jütland (und über die ebenfalls mautpflichtige Brücke über den Großen Belt) kommend – wer auf Öresundsbron zusteuert, passiert auf der E 20 Kopenhagens Zentrum im Süden, vorbei am Flughafen Kastrup, um in einen 3,5 km langen Tunnel abzutauchen; die Einfahrt ist so gestaltet, dass der Übergang vom Tageslicht zur Dunkelheit in Etappen erfolgt. Hinter dem Tunnel überquert man die 4 km lange, künstlich angelegte Insel Pebberholmen, bevor es auf die ca. 8 km lange Brücke geht; die ist wie ein C geschwungen, so dass man von jedem beliebigen Punkt immer wieder eine andere Sicht auf das Bauwerk erhält.

Die MAUTSTATION befindet sich auf schwedischer Seite. Die Preise lagen zuletzt bei: Pkw 375 SEK (43 €), Pkw mit Anhänger/Wohnmobil über 6 m 750 SEK (86 €), Motorrad 200 SEK (23 €). Wechselgeld erhalten Sie – melden Sie Ihren Wunsch gleich an – in dänischen oder in schwedischen Kronen. – www.oeresundsbron.com auch auf Deutsch.

Es gibt auch Kombi-Tickets für Öresundbrücke und Fährrouten (Puttgarden – Rødby) oder Öresundbrücke und Großer-Belt-Brücke, die bei feststehender Route praktisch sind, jedoch keine Preisreduzierungen einräumen.

INFORMATION UND BUCHUNG

Anschließend finden Sie alle Fährrouten, die bei der Planung hilfreich sein können. Neben Start- und Zielhafen werden Reederei, Fahrtdauer, die Häufigkeit der Überfahrten und Zielgruppen für Sondertarife angegeben. Preisauskünfte sind wegen der verschachtelten Saison- und Tarifsysteme kaum sinnvoll. Sie können aber davon ausgehen, dass fast auf jeder Route ein ermäßigter Tarif für ein Fahrzeug mit allen Insassen besteht. Kombi-Tickets führen Stena (mit Kiel-Göteborg) und Scandlines.

◎ **FINNLINES**: Tel. 0451 – 1507 443, www.finnlines.com.

◎ **SCANDLINES**: Telefon 01802 – 11 66 99, www. scandlines.de.

◎ **STENA LINE**, Tel. 01805 – 91 66 66, www.stenaline.de.

◎ **TT-LINE**, Telefon 04502 – 801 81, www.ttline.com.

FÄHREN D – SCHWEDEN

◎ **KIEL–GÖTEBORG**: Stena Line. 1 x täglich, Dauer 14 Stunden, als Nachtfahrt angenehme Reise. Sondertarife für Frühbucher, Camper / Wohnmobilisten, Kombi-Tickets mit allen Routen von Scandlines. Kabinenbuchung ist obligatorisch. Einige Kabinen für Hunde geeignet, anmelden.

◎ **TRAVEMÜNDE–MALMÖ**: Finnlines. 2–3 x täglich, Dauer rund 9 Stunden, in der Mehrzahl Nachtabfahrten mit obligatorischer Kabinenbuchung. Rabatte für InterRailer sowie Besitzer einzelner Camperausweise. Kabinenpflicht mit Hunden, anmelden.

◎ **TRAVEMÜNDE–TRELLEBORG**: TT-Line. 2–4 x täglich, Überfahrt 7:30 bis 9:30 Stunden. Dynamische Tarife je nach Zeitpunkt der Buchung und Nachfrage. Hunde entweder auf bestimmten Decks oder in Kabinen, bei Nachtabfahrten obligatorisch.

◎ **ROSTOCK–TRELLEBORG**: TT-Line. 2–3 x täglich, Dauer 6–7 Stunden. Dynamische Tarife je nach Zeitpunkt der Buchung und Nachfrage. Hunde entweder auf bestimmten Decks oder in Kabinen.

◎ **ROSTOCK–TRELLEBORG**: Scandlines. 2–3 x täglich, Dauer 6–8 Stunden. Bei Nachtabfahrten keine Kabinenpflicht. Sondertarife für Wohnwagenbesitzer und Frühbucher (Economy). Hunde sind an Bord erlaubt, siehe Beförderungsbedingungen.

◎ **SASSNITZ–TRELLEBORG**: Scandlines. 4–5 x täglich, Dauer 3:45 Stunden, bei Nachtabfahrten keine Kabinenpflicht. Sondertarife für Wohnwagenbesitzer und Frühbucher (Economy). Hunde sind an Bord erlaubt, siehe Beförderungsbedingungen.

FÄHREN D – DÄNEMARK

◎ **PUTTGARDEN–RØDBY**: Scandlines. Dauer 45 Minuten, Abfahrt im 30-Minuten-Takt. Tarifsystem Economy/Standard/Plus. Die Economy-Bedingung feste Abfahrtzeit ist praxisfremd bei Abfahrten im 30-Minuten-Takt und nicht zu empfehlen. Praktischer sind die Kombi-Tickets, die die Fahrt über die Öresundbrücke mit einbeziehen. Hunde sind an Deck an bestimmten Orten erlaubt.

Achtung: Seit 2010 kursieren Meldungen über eine Zerschlagung der Reederei »Scandlines«. Als Konsequenzen könnten Fährrouten von anderen Reedereien übernommen oder (dies jedoch nur in Einzelfällen) eingestellt werden.

◎ **ROSTOCK–GEDSER**: Scandlines. Bis 11 x täglich, Dauer 1:45–2 Stunden. Alles Weitere siehe Puttgarden-Rødby (Seite 16).

FÄHREN DK – SCHWEDEN

Diese Routen kommen nur in Ausnahmefällen in Frage, da sie zum Teil ein erhebliches Mehr an Kilometern bis Südostschweden erfordern.

◎ **HELSINGØR–HELSINGBORG**: Scandlines. Abfahrt im 20- Minuten-Takt tagsüber, Dauer 20 Minuten. Zu buchen auch in Kombination mit den Routen Puttgarden-Rødby oder Rostock-Gedser. Die alternative Benutzung der Öresundbrücke ist in der Regel günstiger.

◎ **GRENAA–VARBERG**: Stena Line. 2 x täglich, Dauer 4:15–5:15 Stunden, bei Nachtabfahrten keine Kabinenpflicht. Sondertarife für Frühbucher, und Camper/Wohnmobilisten. Hundebeförderung möglich.

◎ **FREDERIKSHAVN–GÖTEBORG**: Stena Line. 6–8 x täglich, Dauer mit Katamaran Carisma 2 Stunden, sonst um 3:30 Stunden. Sondertarife für Frühbucher, Camper/Wohnmobilisten. Hundebeförderung möglich.

Mit dem Flugzeug

Die Kapriolen auf dem internationalen Markt der Airlines sind bekannt. Mit den skandinavischen und europäischen Billig-Fliegern stieg die Auswahl an Verbindungen und sanken die Preise. Andererseits: Wer an den auf den ersten Blick niedrigen Tarifen der Billig-Flieger Freude haben will, muss gegebenenfalls längere Wege zu / von den Flughäfen in Kauf nehmen, auf Service und Beinfreiheit verzichten und sich mit der Ungewissheit arrangieren, ob der Flugtermin verlegt oder eine Verbindung sogar kurzfristig annulliert wird. Auch die gestandenen Airlines haben heute günstige Preise, so »SAS« zuletzt die Flüge retour Düsseldorf–Stockholm und München–Kopenhagen für 99 €.

So gut wie jeden Monat werden neue Verbindungen ins Leben gerufen und andere wieder eingestellt. Es lohnt sich also, die unten gelisteten Websites der Airlines zu konsultieren. Je nachdem wo man starten und ankommen möchte, können sich interessante Kombinationsmöglichkeiten ergeben: Wieso nicht ab München nach Stockholm oder nach Göteborg fliegen, wenn man nach Småland möchte? Womöglich bieten innerskandinavische Airlines günstige Anschlussflüge nach Växjö, Jönköping, Hultsfred, Oskarshamn, Kalmar oder Ronneby in Blekinge … Oder man reist weiter per Bus oder Bahn, meist ab Kopenhagen oder Malmö.

◎ Ein **FAHRRADTRANSPORT** sollte angemeldet werden; die frühzeitige Reservierung empfiehlt sich, da normalerweise die Zahl der Räder je Flug begrenzt ist. Das Gefährt muss in der Regel nicht verpackt werden; montieren Sie jedoch die Pedale ab und stellen Sie den Lenker quer, um Transportschäden vorzubeugen. Tarife je Flug und Rad um 25–45 €.

AIRLINES AB DEUTSCHLAND

◎ **FLYSMÅLAND**: direkt von Berlin nach Växjö. www.flysmaland.com

◎ **GERMANWINGS**: Stockholm. www.germanwings.com

◎ **LUFTHANSA**: Stockholm, Göteborg. www.lufthansa.com

◎ **NORWEGIAN**: Stockholm, Göteborg, Kopenhagen. www.norwegian.com

◎ **RYANAIR**: direkt von Düsseldorf nach Växjö. www.ryanair.com

◎ **SAS**: mit Umsteigen nach Kalmar und Ronneby, meistens über Stockholm. www.flysas.com

◎ **TUI**: Stockholm, Göteborg sowie Kopenhagen. www.tuifly.com

AIRLINES FUR ANSCHLUSSFLÜGE

◎ **INFO**: www.flytorget.se – Portal für die potenziellen Airlines.

◎ **BLEKINGEFLYG**: ab Stockholm nach Ronneby. www.blekingeflyg.se

◎ **MALMÖ AVIATION**: ab Göteborg oder Stockholm nach Växjö, Kalmar, Ronneby. www.malmoaviation.se

◎ **SKYWAYS**: von Stockholm nach Växjö, Jönköping und Oskarshamn. www.skyways.se

In vielen Fällen wird es von Vorteil sein, ein auf Skandinavien spezialisiertes Reisebüro oder – wobei die Kunden aufmerksam sein sowie über Erfahrungen verfügen sollten – eine Flugbörse im Internet zu kontaktieren.

Mit der Eisenbahn

Trotz niedriger Flugpreise gibt es genug Gründe für die Bahn, und sei es nur im Anschluss an einen Flug nach Kopenhagen oder Malmö.

VERBINDUNGEN

◎ Die Öresundbrücke hat Direktverbindungen mit dem in Schweden gebauten Hochgeschwindigkeitszug **X 2000** zwischen Kopenhagen und Stockholm hergestellt. Der Hauptverkehrsweg verläuft diagonal durch Südschweden und bietet zahlreiche günstige Zu- und Ausstiegsmöglichkeiten für den Südosten Schwedens in Hässleholm, Alvesta, Sävsjö sowie Nässjö. – Von Hamburg ist man mit zwei Mal Umsteigen (in Kopenhagen und Nässjö) in weniger als acht Stunden beispielsweise in Eksjö im småländischen Hochland – das ist mit einem Auto kaum zu schaffen.

◎ Durch das Zusammenrücken von Kopenhagen mit Südschweden als Wirtschaftsraum sind die Endhaltestellen der Öresundzüge immer weiter nach Osten gewandert. Zwei Verbindungen des **ÖRESUNDSTÅG** sind für die Leser dieses Buches von Interesse: **NACH KALMAR** via Malmö, Lund, Hässleholm, ÄLMHULT, ALVESTA, VÄXJÖ, HOVMANTORP, LESSEBO, EMMABODA, NYBRO. **NACH KARLSKRONA** in Blekinge u.a. über Malmö, Lund, Hässleholm, SÖLVESBORG, MÖRRUM, KARLSHAMN plus Bus via Ronneby. Ab Malmö ist man ohne Umsteigen in gut drei Stunden in Kalmar sowie in knapp zwei Stunden in Karlshamn.

◎ **NACH KOPENHAGEN / MALMÖ**: Außer den üblichen Verbindungen via Hamburg nach Kopenhagen gibt es die beiden Nachtzüge CITY NIGHT LINE aus Amsterdam, Basel oder Prag nach Kopenhagen (www.bahn.de/citynightline) und BERLIN NIGHT EXPRESS aus Berlin Hauptbahnhof mit Fährtransfer Sassnitz-Trelleborg nach Malmö (in Kooperation GVG / Veolia, www.berlin-night-express.com).

TICKETS

◎ Das **INTER-RAIL-TICKET** gibt es wahlweise FÜR EIN LAND (an 3, 4, 6 oder 8 Reisetagen innerhalb eines Monats) ODER GANZ EUROPA (gestaffelt in 5 Kategorien von 5 Reisetagen innerhalb von 10 Tagen bis zu einem Monat Dauernutzung).

Der Interrail Pass Schweden kostete bei Erscheinen dieser Auflage für Erwachsene (ab 26 Jahre) 181–311 €, für Jugendliche (12–25 Jahre) 123–205 € sowie für Kinder (4–11 Jahre) 91–156 €, jeweils in der 2. Klasse. Information: www.interrailnet.com. In Deutschland auch bei der Deutschen Bahn (siehe unten).

◎ Achten Sie auf Aktionstarife, wie das **EUROPA-SPEZIAL SCHWEDEN** der Deutschen Bahn ab 39 €.

◎ Beachten Sie bitte, dass **PLATZKARTEN** in Skandinavien üblich und für die meisten Züge vorgeschrieben sind. Online-Portale sollten diese im Buchungsvorgang einbeziehen.

Es mag gewöhnungsbedürftig wirken, dass in Schweden gleich eine Reihe Unternehmen verschiedene Bahnstrecken betreiben; allerdings konnte dadurch ein Mindestmaß an Strecken in ländlichen Regionen erhalten werden.

◎ **INFORMATION** und **BUCHUNG**: in Deutschland Tel. 0180 – 599 66 33, www.bahn.de (Preisangaben nur für gültige Aktionstarife, keine Reservierung für Teilstrecken im Ausland). ALTERNATIV schwedische Portale für die Verbindungen in Schweden bzw. ab Kopenhagen: www.sj.se von »SJ«, den früheren Schwedischen Staatsbahnen, heute als Aktiengesellschaft vorwiegend in der überregionalen Personenbeförderung tätig, und das Portal www.resrobot.se, das auf Seite 22 näher vorgestellt wird. Die Tickets von SJ können zu Hause ausgedruckt werden oder sind in Schweden an bestimmten Stellen abzuholen. Unbedingt im Voraus informieren!

◎ **FAHRRADTRANSPORT**: in den Zügen von SJ zurzeit nicht möglich. Im Öresundståg sind 9 Fahrräder pro Zug (Kinderticket lösen) erlaubt, ist jedoch keine Reservierung möglich, was in der Praxis kein Problem sein soll. Insofern ist die Bahn für die Anreise mit dem Rad bedingt geeignet.

Mit dem Bus

◎ **EUROLINES**, Deutsche Touring, Am Römerhof 17, 60486 Frankfurt am Main, Tel. 069 – 7903 501, service@touring.de, www.touring.de.

Im Eurolines-Liniennetz sind folgende Haltestellen für Besucher von Südostschweden von Interesse: Alle Routen führen über Kopenhagen; in Dänemarks Landeshauptstadt steigt man um, entweder in einen Zug (siehe Seite 19) oder in den SweBus (Eurolines-Kooperationspartner) nach Stockholm, der u.a. in Smålands Jönköping hält. Zubringer aus Deutschland nach Hamburg aus Köln, Düsseldorf, Dortmnd, Bielefeld, Hannover, Oldenburg, Bremen, Göttingen, Kassel, Frankfurt am Main, Darmstadt, Heidelberg und Mannheim. Eigene Route aus Dresden/Berlin. Stopp in Lübeck auf einigen Abfahrten. Es finden 4–5 Abfahrten pro Woche statt. Preisbeispiel Hamburg – Jönköping (Dauer 10:50 Stunden) Erwachsene 72 €, Jugendliche bis 25 Jahre sowie Senioren und Studenten 64,80 €, Kinder (4–11 Jahre) 36 €, Kinder (nur bis 3 Jahre) 14,40 €. Sog. Promotional-Ticket (ohne Stornierung sowie mit beschränkter Umbuchung) 50,40 €. Kein Fahrradtransport. Das Gepäck ist auf zwei Reisetaschen sowie ein Stück Handgepäck beschränkt.

◎ **BERLIN LINIEN BUS**, Mannheimer Str. 33/34, 10713 Berlin, Tel. 030 – 861 93 31, www.berlinlinienbus.de.

BerlinLinienBus verkehrt bis zu 3 x täglich von Berlin nach Kopenhagen, inklusive der Fährtransfer von Rostock nach Gedser. Zubringer aus Dresden. Stopp in Rostock. Preisbeispiel Berlin – Kopenhagen (Dauer gut 7 Stunden) Erwachsene 45 €, Jugendliche (bis 26 Jahre) 41 €, Kinder (4–12 Jahre) 23 €. Retourticket ca. 10 % billiger, Aktionstarif einfache Fahrt 22 €. Beförderungsbedingungen ähnlich wie bei Eurolines.

Besonders für Familien mit Kindern ist die Bahn eine überlegenswerte Anreisevariante, da sowohl in Deutschland als auch in Schweden Kinder in vielen Fällen kostenfrei mit den Eltern reisen können. Beachten Sie die Altersgrenzen.

Unterwegs in Småland, Öland, Blekinge

Information vor Ort

Der Fremdenverkehr ist ein wichtiger wirtschaftlicher Faktor in Schweden und dank nordischer Gründlichkeit recht gut organisiert.

◎ In einem schwedischen Touristenbüro (**TURISTBYRÅ**) können Sie sich auf Englisch oder Deutsch verständigen. Jedes autorisierte Turistbyrå hat mehrsprachige (einige rein deutschsprachige) Broschüren über die jeweilige Stadt, Kommune oder Region; ebenso liegen die Internetseiten überwiegend auch auf Deutsch vor. Die Jahreshefte (zum Beispiel: Växjö 201x) beinhalten Stadt- und Lagepläne, das aktuelle Programm an Sightseeing-Touren, Adressen (und Anzeigen) von Unterkünften sowie Restaurants, im Idealfall auch Sportstätten, Aktivveranstalter und Angaben zur Infrastruktur (Post, Busbahnhof etc.). Der Trend zum Kommerz ist allerdings unaufhaltsam, d.h. immer mehr Inhalte verschwinden, falls sich niemand findet, der dafür bezahlt – zu Lasten der Information der Leser.

Fragen Sie immer nach dem aktuellen VERANSTALTUNGSKALENDER, der eventuell auch separat vorliegt.

◎ **SERVICE**: Sie erhalten in den Büros Informationen, die dieses Buch aus Platzmangel nicht nennen kann, wie Fahrplanauskünfte. Hilfreich ist die Vermittlung von Unterkünften, besonders von preisgünstigen Privatzimmern, zwar gegen Gebühr, jedoch lohnt sich dies, da es viel eigenen Aufwand erspart. Oft können Sie auch Geld wechseln und Souvenirs, Ansichtskarten, Briefmarken, Angelscheine, Fahrradkarten und andere Spezialkarten und Literatur u.v.a. erwerben, mancherorts auch Fahrräder mieten und Sightseeing-Touren und sogar pauschale Arrangements (etwa für Aktivurlauber) buchen.

◎ Die Turistbyråer sind generell mit einem »i« gekennzeichnet und sehr gut ausgeschildert. **BLAU-GELB** als Kennzeichnung steht – vereinfacht – für mehr Service und eine weitere regionale bis nationale Kompetenz. **GRÜN-WEISS** ist vor allem lokal ausgerichtet. www.turism.se.

Transport

FLUGZEUG

Die kurzen Entfernungen innerhalb Südostschwedens und die guten Verbindungen per Bahn und Bus machen Inlandflüge in Småland/Blekinge zur Ausnahme. Regionalflugplät-

Im Anschluss an die Einleitung finden Sie in jedem Kapitel unseres Reiseteils die Rubrik »Information« mit Postadresse, Telefon- und ggf. Faxnummer, E-mail-Adresse und Webseite sowie den Öffnungszeiten des/r lokalen Touristenbüros.

ze gibt es in Växjö, Jönköping, Hultsfred, Oskarshamn, Kalmar, Ronneby in Blekinge. Airlines siehe Seite 18.

BUS UND BAHN

◎ Von den großen überregionalen Eisenbahngesellschaften in Schweden sind **SJ** (Statens Järnvägar) und **VEOLIA** im Südosten aktiv. SJ fährt die Route Karlskrona-Emmaboda-Växjö-Alvesta-Värnamo-Gnosjö und weiter nach Göteborg. Veolia ist – in Kooperation mit den regionalen Betrieben – für die Öresundzüge zwischen Kopenhagen/Malmö und Kalmar sowie Karlskrona zuständig; deren Haltestellen in Småland und Blekinge finden sich bereits auf Seite 19.

◎ Daneben gewährleisten regionale Verkehrsbetriebe, meist in öffentlicher Hand, als **LÄNSTRAFIK** einen gut aufeinander abgestimmten Mix aus recht komfortablem Bahn- und Busverkehr in Südostschweden. Die Websites der zuständigen Stellen beinhalten die Fahrpläne *(tidtabeller)*. Die Kontaktdaten finden sich in den Kapiteln jeweils unter »Weiterreise«.

◎ **FAHRRADTRANSPORT BAHN**: Die Schwierigkeiten im Rahmen der Anreise werden auf Seite 20 geschildert. Auf einigen Strecken geht gar nichts, auf den verbleibenden gelten Einschränkungen wie Maximalzahl, verschiedene Tarife und Zuständigkeiten. Öresundzüge: 9 Plätze, Kinderticket am Automaten. – Krösatåg zwischen Värnamo, Jönköping, Nässjö, Vetlanda, Hultsfred: 4 Plätze, Ticket 30 SEK im Zug lösen.

RESROBOT UND **RESPLUS**

Ob Bus oder Bahn – die beste Planungshilfe sichert www.resrobot.se. Die auch auf Deutsch geführte Website ermittelt für Reisen in ganz Schweden die besten Verbindungen und greift dabei auf alle Anbieter sowie Verkehrsmittel zu. Die Daten der herausgesuchten Verbindung werden übersichtlich dargestellt. Die verwandte Website www.resplus.se enthält Links zu den Buchungsstellen der großen Verkehrsbetriebe wie SJ, Veolia usw. Das physische Ticket wird gegen Vorlage der Buchungsnummer in Bahnhöfen mit Reisezentrum, in den ATG Lotterie-Annahmestellen sowie in den Filialen von »Pressbyrån« und »7-Eleven« ausgestellt; das klappt, ist man schon in Schweden. Tickets zum Ausdruck (SJ) siehe Seite 20. Auf das Handy schaffen es Tickets nur bei schwedischer SIM-Karte. Für knifflige Anfragen aus dem Ausland empfehlen sich die angegebenen Telefonnummern.

KINDERFREUNDLICH

Bei SJ fahren zwei Kinder bis zur Vollendung des 15. Lebensjahres in Begleitung eines erwachsenen Vollzahlers meist kostenfrei. Im Öresundzug gilt die Altersgrenze bis 6 Jahre; bis 15 Jahre kostet es 50 % vom Erwachsenentarif. Immer nachfragen !

Nur in wenigen Bussen von Länstrafiken ist die Fahrradmitnahme möglich, und immer vorausgesetzt, es ist genug Platz vorhanden – eine sichere Planungsgrundlage besteht leider nicht.

Unterkunft

Wer ohne vorgebuchte Unterkunft durch das ländliche Schweden reist, wird rasch merken, dass Hotels und Campingplätze immer ausgeschildert und leicht zu finden sind. Weniger einheitlich sind die Hinweise auf ein Privatzimmer »Rum« oder Ferienhäuser »Stuga«. Da lohnt sich ein Besuch im Touristenbüro, das oft gute Tipps gibt sowie bei den Anbietern nachfragt und reservieren kann; die Vermittlungsprovision (um 30–100 SEK) ist gut angelegt. Ebenso sind über viele Websites von Touristenbüros Unterkünfte direkt zu buchen; für die Teilnahme müssen diese aber bezahlen, so dass die gebotene Auswahl kein Qualitätskriterium ist.

FERIENHÄUSER (STUGOR)

Småland hat den Ruf, besonders viele besonders idyllische Ferienhäuser zu haben. Was heute als romantisches, rot bemaltes uriges Holzhaus inmitten von Lupinen und unter knorrigen Eichen vermietet wird, wurde vielleicht vor hundert Jahren als Kätnerhaus (TORP) am Waldrand erbaut. Und in dem üppig mit Holzschnitzereien verzierten Haus mit Platz für eine Großfamilie lebte früher wahrscheinlich ein Bauer mit Frau, Eltern, Kindern, Knechten und Mägden, so wie man es vom »Michel aus Lönneberga« kennt. Die meisten Ferienhäuser haben ihren eigenen Charakter, selbst wenn sie mittlerweile modernisiert und den Bedürfnissen der Gäste entsprechend ausgestattet sind. Das, was vom »Alten« geblieben ist, und seien es der urwüchsige Garten und die altertümlich anmutende Bauernlandschaft ringsum, macht gerade den Reiz einer STUGA aus. In Südostschweden gibt es relativ wenige kommerzielle Ferienhausanlagen. Die meisten der Häuser befinden sich IN PRIVATBESITZ, auch wenn Sie über kommerzielle Vermittler vermarktet werden.

◎ Die **MIETPREISE** VARIIEREN je nach Lage, Ausstattung und Saison. Eine schlichte Hütte (für 2-4 Personen) gibt es auch im Sommer für unter 350 Euro je Woche. Das gehobene rote Holzhaus mit Sat-TV, Kachelofen, Sauna und moderner Küche für 6–8 Personen wird über 550 Euro je Woche in der sommerlichen Hochsaison liegen, noch mehr bei eigenem Seegrundstück oder zumindest Seeblick.

◎ **INFORMATION**: Die Zahl der dicken Kataloge ist kleiner geworden. Das Internet hat den Vorteil, schnell freie Objekte zu ermitteln und viele Bilder zu zeigen. Ein verlässlicher, auf Småland spezialisierter Ferienhausanbieter empfiehlt sich auf Seite 256.

HOTELS

Seit einigen Jahren gibt es in Schweden ein (freiwilliges) System zur Hotelklassifizierung. Alle teilnehmenden Hotels und Frühstückspensionen sind gelistet und beschrieben auf www.shr.se/hotelsinsweden.

In der Ferienzeit, wenn Tagungen und Konferenzen pausieren, locken Hotels mit Sonderangeboten. Einige gewähren ganzjährig Rabatte auf Wochenendaufenthalte. Die Preisnachlässe variieren von 20 bis 60 %.

Südostschweden kann bislang noch nicht mit einem 5-Sterne-Haus aufwarten, jedoch mit einer ganzen Reihe von 4-Sterne-Hotels sowohl in den Städten wie auf dem Land. Hotels mit 3 und 2 Sternen gibt es nahezu flächendeckend. Einige Häuser – von »luxus« bis »einfach« – haben sich (noch) nicht klassifizieren lassen und werden auf der ansonsten ganz übersichtlichen genannten Website darum nicht aufgeführt.

◎ **HOTELPÄSSE / CLUBKARTEN**: Die Hotelketten werben um Kunden mit Rabattsystemen wie Hotelpass, Clubkarte oder Gratis-Nacht nach einer bestimmten Zahl von Übernachtungen. Favorisiert wird der Vorteil bei möglichst frühzeitiger Buchung, was in stark frequentierten Ferienregionen freilich auch für die Reisenden selbst positiv ist.

◎ **INFORMATION**: Eine allgemeine Hotelübersicht vermittelt www.stayinsweden.com. Buchungen via www.shr.se/hotelsinsweden, www.visitsweden.com und auch auf vielen Websites lokaler Touristenbüros. Zudem haben Reedereien, die Fährverbindungen nach Skandinavien unterhalten, sowie auf Skandinavien spezialisierte Reiseveranstalter Verträge mit Hotels oder Hotelketten, die jedoch nicht automatisch einen Preisvorteil für die Kunden bedeuten.

JUGENDHERBERGEN

◎ In Schweden stehen die Jugendherbergen – **VANDRARHEM** – allen Reisenden ohne Altersgrenze offen.

STF-JUGENDHERBERGEN

◎ Zu **STF** (Svenska Turistföreningen, Schwedischer Touristenverein) gehören die meisten Gästehäuser, 373 an der Zahl. Die Häuser liegen manchmal idyllisch, der Standard ist durchweg gut bis sehr gut. Duschen sowie Küchen sind immer da und manche Küchen für Selbstversorger geradezu komfortabel. Häufig gibt es auch Zimmer für Gäste, die mit Hund unterwegs sind. Bei großem Andrang kann die Anzahl der Übernachtungen AUF FÜNF BEGRENZT sein.

◎ Es gibt keine einheitlichen **TARIFE**: Je nach Lage, Saison, Standard kostet ein Bett im Mehrbett-Zimmer derzeit 100–280 SEK pro Person, für Kinder etwa die Hälfte. Die im Buch genannten Tarife gelten für MITGLIEDER, während Nicht-Mitglieder einen Aufpreis von 50/25 SEK (für Erwachsene / Kinder) zu zahlen haben. Bettwäsche und Handtücher werden auf Wunsch gestellt (um 60–75 SEK); Jugendherbergsschlafsäcke sind erlaubt, Campingschlafsäcke nicht.

◎ **MITGLIEDSCHAFT**: Wer keinen gültigen Ausweis des Heimatlandes hat, kann die Mitgliedschaft bei STF wahrnehmen; dieser Ausweis gilt bis zum Ende des Kalenderjahres und berechtigt zum Übernachten in allen Jugendherbergen weltweit zum Mitgliedspreis. Tarif 2012: Erwachsene 295 SEK, Jugendliche (16–25 Jahre) 150 SEK, Kinder (5–15 Jahre) 30 SEK, Familien 450 SEK. Die Mitgliedstarife in Deutschland beim DJH sind niedriger, besonders für Familien.

Oben: Stora Hotellet in Jönköping; die Vättern-Ausflugsboote legen sozusagen vor der Haustür an. – Unten: Nostalgische Jugendherberge Eksjö mit Fahrradvermietung ▶

◎ **ZIMMER**: In der Regel können Zimmer auch als Doppelzimmer – im Buch DZ – und oft sogar als Einzelzimmer – im Buch EZ – belegt und gebucht werden, gegen Aufpreis natürlich. Je nach Ausstattung – ohne/mit Bad – können EZ auf 300 SEK und DZ auf 450 SEK und mehr kommen. Ferner führt so gut wie jede Herberge einige Räume als Familienzimmer.

◎ **MAHLZEITEN**: Die meisten Gästehäuser servieren FRÜHSTÜCK (um 60/70 SEK) sowie WARME MAHLZEITEN bzw. zumindest einen Imbiss.

◎ Tagsüber ist bei sehr vielen Herbergen die **REZEPTION** GESCHLOSSEN. Anmeldezeiten morgens etwa 8–10 Uhr, abends 17–19/20 Uhr.

◎ **KONTAKT STF**, Box 17251, SE–10462 Stockholm, Tel. 08–463 21 00, info@stfturist.se, www.stfturist.se. Die deutschsprachige Website eignet sich gut für die Planung. Alle Herbergen sind detailreich präsentiert, darunter auch Symbole zum Service und zu den möglichen (sportlichen) Aktivitäten vor Ort. Reservierungen können vorgenommen werden. Kein Postversand von Herbergs-Listen.

SVIF-JUGENDHERBERGEN

◎ **SVIF** (SVERIGES VANDRARHEM I FÖRENING, ein Verein selbständiger schwedischer Familienherbergen) ist eine weitere Organisation, die preiswerte Unterkünfte bietet, für alle, also ohne Mitgliedszwang. Jedes der gut 175 Gästehäuser verwaltet sich selbst. Dieser Verein ist ebenso bemüht, schön gelegene und originelle Unterkünfte zu präsentieren. Die Preise liegen ähnlich wie bei STF, tendenziell ein wenig höher. Die SVIF-Broschüre liegt vielerorts aus.

◎ **KONTAKT SVIF**, Box 1112, SE–40523 Göteborg, info@svif.se, www.svif.se ermöglicht ebenso die Reiseplanung online. Diese Website kann Deutsch, beantwortet Fragen und ermittelt alle vakanten Gästehäuser.

BED & BREAKFAST

B & B ist weiter im Aufwärtstrend. Bei nicht vermittelten Objekten sollten Sie sich das Zimmer besser im Voraus ansehen; nicht alle sind liebevoll eingerichtet und haben sogar Küchenzugang. Bettwäsche und Frühstück werden manchmal extra berechnet.

◎ Die **PREISE** beginnen bei 200 SEK pro Person; im Durchschnitt kostet ein EZ 300–500, ein DZ 450–650 SEK.

◎ **INFORMATION**: Es gibt keinen überregionalen Verbund, abgesehen von den Ferien auf dem Bauernhof (www.bopalantgard.org) mit 44 Höfen in Småland und Blekinge. Viele Touristenbüros vermitteln B & B, sowohl vor Ort als auch online.

CAMPING

Mehr als 600 Campingplätze, meist in schöner Natur, sind in Schweden derzeit registriert. Je nach Standard und Service haben sie 1–5 Sterne, einige sind mit vier Sternen klassifiziert, wenige mit fünf. Der Standard ist im Allgemeinen hoch und es gibt mehrere Übernachtungsvarianten: Stellplätze für Zelt, Wohnmobil oder

Jugendherbergen: In den Kapiteln dieses Buches finden Sie unter der Rubrik »Unterkunft« Adresse, Telefonnummer, E-mail-Adresse und Webseite (sofern vorhanden), Öffnungszeiten und Preise (Bett im Mehrbett-Zimmer, EZ, DZ).

Wohnwagen, mit und ohne Stromanschluss, auch Zimmer mit 2–4 Betten, Wohnwagen (HUSVAGN/VILLAVAGN mit voll ausgerüsteter Pantry), Campinghütten (CAMPINGSTUGOR) für 2–6 Personen, oft mit Etagenbetten und simpler Einrichtung (Du/WC und Küche im Servicegebäude), sowie »richtige« Ferienhütten (SJÄLVHUSHALLSSTUGOR) für bis zu 8 oder mehr Personen, komplett eingerichtet, nur Bettwäsche und Handtücher sind mitzubringen. Bei gemieteten festen Unterkünften ist die Endreinigung meist selbst zu übernehmen.

◎ Die **PREISE** für einen Stellplatz inklusive Personen und Fahrzeug beginnen um 140 SEK (für Wanderer sowie Radfahrer 20–50 SEK weniger) und können – je nach Lage und Saison – über 300 SEK reichen; die Dusche ist nicht generell inklusive und Stromkosten werden zusätzlich berechnet: El um 35–50 SEK.

Für die schlichten Campinghütten, bei Regen ein guter Rückzugsort, werden rund 300–450 SEK fällig, wobei es sich empfiehlt, das Innere im Voraus zu inspizieren, denn mitunter ist der Gegenwert dürftig. Ferienhütten beginnen etwa bei 700 SEK als Tagestarif. Sowohl Camping- als auch Ferienhütten sind in der Hochsaison teurer, frühzeitig ausgebucht und oft nur wochenweise zu mieten.

◎ Zum Übernachten benötigen Sie die KARTE **CAMPING KEY EUROPE** mit aktueller JAHRES-WERTMARKE, die das Ein- und Auschecken vereinfacht. Die computerlesbare Karte ist entweder vor Reiseantritt (via Internet, 150 SEK) zu bestellen oder auf dem ersten angesteuerten Platz zu lösen (140 SEK). Beim nächsten Campingurlaub in (angeblich ganz) Europa benötigen Sie (ab dem Folgejahr) lediglich die neue, aktuelle Jahreswertmarke für die Campingkarte.

◎ Ganzjährig geöffnete Campingplätze bieten in der Regel vom 1.9. bis zum 15.5. (außerhalb der Hauptsaison) nur **BEGRENZTEN SERVICE**.

◎ **INFORMATION**: Der Schwedische Campingverband »SCR« präsentiert sich und seine rund 500 Anlagen auf www.camping.se. Katalog und Camping Key Europe sind online zu bestellen, Stellplätze und Hütten bei den einzelnen Anlagen direkt zu buchen bzw. abzufragen. Postadresse: SCR, Mässans gata 10, SE–40222 Göteborg, info@scr.se/

WOHNMOBILE

◎ Das sogenannte **JEDERMANNSRECHT** in Skandinavien gilt nicht für motorisiert Reisende. Mehr auf Seite 40 ff. unter »Allemansrätten«.

◎ Auf vielen Campingplätzen besteht das Angebot **QUICKSTOP** für **WOHNMOBILE**: Einchecken ab 21 Uhr, Abfahrt bis 9 Uhr, 35–50 % Preisvorteil. Fast alle Campingplätze haben Service-Einrichtungen, um zum Beispiel die Tanks zu entleeren.

◎ Einige Städte haben **LANGZEITPARKPLÄTZE** für Wohnmobile eingerichtet: mal mit, mal ohne Infrastruktur. – Am besten eine E-mail im Voraus ans Touristenbüro richten.

Campingplätze: In den Kapiteln dieses Buches finden Sie unter der Rubrik »Unterkunft« Adresse/Ortsangabe, Telefonnummer, E-mail-Adresse und/oder Internetseite (sofern vorhanden), Öffnungszeiten, Tarife, allgemeine Angaben.

Essen und Trinken

Die Zeiten, in denen der schwedischen Gastronomie lediglich der Ruf des »Smörrebröd« voraus eilte, sind vorbei. In einem kleinen Land wie Schweden setzen sich Trends rascher durch. Deshalb beschränken sich die Erfolge in der Küchenkunst nicht nur auf Spitzenkräfte im Umfeld der Koch-Nationalmannschaft. Auch in Südschweden gibt es viele gute und sehr gute Restaurants. Und ambitioniert ist heutzutage fast jede Küchencrew. Gesunde Kost, Frische und Kreativität wird von den Gästen überall erwartet, nicht nur in Stockholm und Göteborg. Traditionelle schwedische Gerichte sind deshalb jedoch nicht verschwunden: *Köttbullar* (kleine Fleischbällchen), *Jansons Frestelse* (Kartoffelauflauf mit Sardellen) und *Småländsk Ostkaka* (eine Art Quarkkuchen) mögen heute schonend und aus ökologischen Zutaten zubereitet sein, beliebt sind sie wie eh und je.

Zu den Klassikern der südschwedischen Küche gehört auch eingelegter Hering *(sill)* in unendlich vielen Varianten, etwa in Dill, Senf oder süßsauer als *Dillsill, Senapsill* oder *Glasmästarsill.* Traditionelle småländische Hausmannskost in uriger Umgebung gibt es auf HYTTSILL-ABENDEN in den Glashütten vor Ort (siehe Glasreich-Kapitel, Seite 187). Das MITTSOMMERFEST verlangt in klassischer Form nach jungem Hering – vergleichbar den Matjes – in Sahnesauce mit neuen Dill-Kartoffeln; anschließend gehören frisch geerntete schwedische Erdbeeren mit Sahne auf den Tisch. Im AUGUST sind KREBSFESTE angesagt; dazu gehören nicht nur die knallroten Flusskrebse, sondern auch Schnaps, Gesang, Trinksprüche, Lampions, Papierhütchen auf dem Kopf und ein Lätzchen um den Hals.

SCHLUSS MIT SMÖRREBRÖD

Die KOCH-OLYMPIADE findet wie die Sport-Olympiade seit über 100 Jahren alle vier Jahre statt. Schwedische Teams machen jedoch erst seit Mitte der 90er Jahre mit. Um so fulminanter wirkt ihr Aufstieg: Medaillen gab es für das Schweden-Team, seit sie zum ersten Mal dabei waren. An die Spitze aller Kochkünstler setzte sich die schwedische Koch-Nationalmannschaft erstmals im Jahr 2000: Schweden hat die besten Köche, das war schon eine Sensation. Im Jahr 2004 wurde das Team wieder Erster, 2008 dann Dritter.

Als weitere Auszeichnungen von Rang seien genannt: Silber bei der Koch-EM 2012 für *Adam Dahlberg* (Bocuse d'Or Europe), 2011 Silber für *Tommy Myllimäki* (aktuell tätig im Restaurant Spira in Jönköping, siehe Seite 110), Silber beim World Cup 2010 und 2006 für Schwedens Köche (www.kocklandslaget.se jedoch nur auf Schwedisch).

Eine Vorliebe der Schweden ist im Sommer ihren Proviant mit in die Natur zu nehmen. Wo immer man hinspaziert, zu einem Park oder zu Felsen am Wasser, ein Ausflug ohne Matsäck (Picknickkorb) ist schwer vorstellbar.

DIE MAHLZEITEN

◎ **FRUKOST**: Das Frühstück wird in den meisten Hotels, Pensionen oder Jugendherbergen als Buffet in mehr oder weniger opulenter Form angeboten. Sollten Sie das aus irgendeinem Grund versäumen, können Sie Ihren Hunger in Cafés besänftigen; allerdings gibt es dort kein Buffet mit freier Auswahl. Für ein Käsebrötchen und Kaffee müssen Sie mit ca. 45 SEK rechnen; einzelne Cafés und diverse Restaurants bieten auch Frühstück um 60–80 SEK an.

◎ **LUNCH**: Von Montag bis Freitag zur Lunchzeit zwischen 11 und 14/15 Uhr gibt es in Cafés und Bistros Warmes und Kaltes für den kleinen Hunger. Auch bietet fast jedes Restaurant – mal mit, mal ohne Selbstbedienung – schmackhafte einfache Gerichte und Snacks ab etwa 60 SEK und/oder ein Tagesgericht DAGENS RÄTT/LUNCH um 75–90 SEK an. Zu diesem Tellergericht gehören Salat, Brot und Butter, ein alkoholfreies Getränk und danach Kaffee mit Gebäck.

◎ **MIDDAG**: Middag wird nicht mittags, sondern abends (ab 17/18 Uhr) serviert. Dann sind die Preise höher und ist die Speisekarte länger. Je nach Küche ist die Auswahl groß und bunt oder klein und fein, international oder schwedisch. Immer gibt es auch rein vegetarische Gerichte und oft berücksichtigen die Küchen die Bedürfnisse von Allergikern (etwa in Form von glutenfreien Speisen). Die Weinkarte enthält meist gute Weine zu passablen Preisen. Die Auswahl

KAFFEE...

... galt lange als schwedisches Nationalgetränk, denn KAFFE wurde morgens, mittags, abends, vor und nach dem Essen getrunken. Das ist wohl heute noch der Fall, wenn auch gern als Cafe-Latte, Macchiato, Espresso etc. Den modernen Kaffeautomaten sei dank stirbt die gläserne Kaffeekanne auf der Wärmplatte zur gefälligen Selbstbedienung in den schwedischen Cafés und Restaurants allmählich aus. Und damit auch der als so großzügig empfundene PÅTÅR: das Nachfüllen der Kaffeetasse ein ums andere Mal ohne Berechnung – man trank halt viel Kaffee in Schweden.

Dass man sich zum FIKA – zum Kaffeetrinken – trifft, ist allerdings nach wie vor die beliebteste Form des Umgangs unter Kollegen, Nachbarn, Freunden, ob in einem Café oder Zuhause. Ein nettes Lokal zum Plausch beim Kaffee, und das gerne mit süßem Gebäck, wird ETT BRA FIKASTÄLLE genannt. Wird man privat zum fika eingeladen, gibt es selbst am späten Abend Kaffee. Sollte es ganz KLASSISCH sein, dann kommen insbesondere in Småland sieben verschiedene Sorten Kekse und Gebäck (SJU SORTERS KAKOR) auf den Tisch.

Wessen Budget kein üppiges Diner erlaubt, sollte den Besuch in Restaurants und selbst Cafés prinzipiell mittags und nicht abends anpeilen. Sogar Speise-Tempel offerieren eine – immer relativ – preisgünstige Mittagskarte.

an Fischen und Schalentieren ist – je nach Küstennähe – reichhaltig. Wer besonders gerne Fisch isst, achte auf spezielle Fischrestaurants; Schalentiere, Lachs oder einen Fischtopf hat allerdings fast jedes ambitionierte Restaurant auf der Speisekarte.

Ein abendliches Essen kann den Geldbeutel heftig strapazieren. Andererseits kann gerade ein perfektes Dinner in einer ansprechenden Umgebung zu einem Erlebnis für alle Sinne werden. – Veranschlagen Sie für ein Tellergericht (außer Pasta) ab 150 SEK, für eine Flasche Wein über 120 SEK, ein Bier (0,4 l) über 60 SEK.

ALKOHOL

In Schweden ist Alkohol nur teuer und umständlich zu bekommen. Für den direkten Erwerb muss man immerhin 20 Jahre alt sein.

◎ Bier ab ca. 4 Volumenprozent Alkoholgehalt, Wein und Spirituosen gibt es nur in den staatlichen Läden mit Namen **SYSTEMBOLAGET**. Die sind Mo–Fr 10–18 Uhr geöffnet, Sa 10–13 Uhr. Je hochprozentiger der Stoff, desto größer ist der Preisunterschied – mit dem deutschen Markt verglichen.

◎ Die Auswahl an **WEINEN** und Spirituosen ist sehr gut und reichhaltig. Für eine Flasche Wein (0,75 l) zahlt man ab 47 SEK aufwärts, Likör (0,5 l) ab 89 SEK, Whisky (0,7 l) ab 203 SEK.

◎ Das **BIERANGEBOT** kann sich sehen lassen. Ein 0,5-er Pils schlägt ab 9 SEK zu Buche, ein 0,33-er ab 6,90 SEK. Das Leichtbier (Klasse 1, maximal 1,8 % Alkohol) und Volksbier (Klasse 2, mit maximal 3,5 % Alkohol) gibt es in Supermärkten, zum Beispiel sechs 0,5-er Dosen (2,8%), für weniger als 30 SEK, plus Pfand. Billig-Bier ist mittlerweile stellenweise für (weniger als) 5 SEK einzukaufen.

◎ Nicht alle **LOKALE** haben FULLSTANDIGA RÄTTIGHETER, die kompletten Schankrechte für Bier, Wein und Schnaps. Wenn Sie also ein richtiges Bier, *en stor stark,* zum Essen haben möchten, achten Sie auf die fullständiga rättigheter oder *öl och vinrättigheter,* womit Bier und Wein ausgeschenkt werden dürfen.

RAUCHEN

Seit 2005 ist in Schweden das Rauchen in allen geschlossenen Räumen verboten, in denen Getränke ausgeschenkt oder Speisen serviert werden, sprich in Restaurants, Bars und Cafés herrscht Rauchverbot. Das Gesetz wurde von der Mehrheit der Bevölkerung begrüßt. Einige Wirte haben ihren Umsatz sogar gesteigert: Ohne Angst »zugequalmt« zu werden, gehen wieder mehr Menschen häufiger aus, berichten sie.

SUPERMÄRKTE

Die Supermärkte der Lebensmittelketten wie »ICA«, »Coop Konsum« usw. finden Sie fast überall. Hier haben Sie die besten Einkaufsmöglichkeiten, und zwar TÄGLICH von früh bis spät. Aus Deutschland bekannte Discountmärkte haben mittlerweile auch Einzug in Schweden gehalten.

Lunchpause in Eksjö: Idylle am Kanal in der Altstadt ▶

◎ In den eher schwedisch geprägten Supermärkten ist die **AUSWAHL** an Fisch und Fleisch ENORM: Lachs etwa ist frisch, kalt oder warm geräuchert oder gebeizt zu erstehen. Die Vielfalt der MILCHPRODUKTE ist fast unüberschaubar; außerdem gibt es jedes Produkt von der Sahne, über den Joghurt zur Milch in mehreren Fettgehaltstufen. *Fil* (Sauermilch) in allen Varianten schmeckt solo sowie zu Müsli oder Cornflakes hervorragend, *gräddfil* (Sahne-Sauermilch) eignet sich, abgeschmeckt mit Dill oder Schnittlauch, gut zu Heringsgerichten. KÄSE wird mit den Reifestufen *mild*, *mellan* (würzig, jedoch nicht streng) und *lagrad* (sehr pikant) verkauft, das Kilo ab 60 SEK.

Bei *smör* (Butter) und Margarine besteht die Wahl zwischen *lätt* (leicht) und Vollfett; außerdem ist die Butter entweder gesalzen, *normalsaltat*, oder ungesalzen, *osaltat*. *Bröd* (Brot) ist in großer, aber für Deutsche oft trauriger (!) Auswahl zu haben, achten Sie auf *osötat*, ungesüßt; ist der Anteil an *sirap* oder *socker* bei den Zutaten hoch, halten sie ein gesüßtes Brot in der Hand. Die Kühltheken füllt eine große Auswahl an Fertiggerichten.

Süßschnäbel müssen tiefer in die Tasche greifen: Schokolade ist teuer, eine 200-g-Tafel kostet 17 SEK aufwärts, noch teurer sind Pralinen. Die Marke »Marabu« können Sie auch in Deutschland kaufen und kosten.

◎ **LEERGUT**: Bierdosen und PET-Pfandflaschen *(pant)* nehmen AUTOMATEN zurück. Das Pfandsystem funktioniert ohne die Zicken der Einzelhandels-Lobby (wie bei uns).

Praktisches A–Z

ÄRZTLICHE VERSORGUNG

◎ In Schweden sind die Krankenhäuser *(sjukhus)* mit ihren Ambulanzen (**AKUTMOTTAGNING**) zuständig für die ärztliche Versorgung bei Unfall und Krankheit. Mit der Europäischen Versicherungskarte (siehe Seite 12 f.) werden Sie umstandslos behandelt. Der stationäre Aufenthalt kostet umgerechnet etwa 9 € je Tag, die ambulante Behandlung ca. 30 €. Je nach Bedarf wird der Patient dem passenden Facharzt zugewiesen. – Bei jedem Praxisbesuch ist eine Gebühr zwischen 11 und 33 € fällig. Die Eigenbeteiligung kann von einer privaten Zusatzversicherung ausgeglichen werden.

◎ **ZAHNÄRZTLICHE BEHANDLUNG** erhalten Sie durch den Zahnbehandlungsdienst *(tandvård)* oder bei Zahnärzten, die der Sozialversicherung angeschlossen sind. Bei den Gebühren ist eine relativ hohe Selbstbeteiligung fällig, die Höhe der Kostenübernahme ist abhängig von der Höhe der Arztrechnung, die in jedem Fall erst mal vor Ort zu bezahlen ist. In Schweden zum Zahnarzt zu müssen kann ohne Zusatzversicherung also richtig teuer werden.

◎ Die **APOTHEKEN** haben zu den üblichen Geschäftszeiten geöffnet, in größeren Städten ist eine Apotheke immer länger geöffnet. Es gibt nur wenige Medikamente ohne Rezept. Das Preisniveau ist moderat.

BOTSCHAFTEN IN SCHWEDEN

Beachten Sie, dass sich die Telefonsprechzeiten normalerweise auf die Vormittage beschränken.

◎ **BOTSCHAFT DEUTSCHLANDS**, Skarpögatan 9, 11527 Stockholm, Tel. 08 – 670 15 00, Fax 670 15 72, www.stockholm.diplo.de.

◎ **BOTSCHAFT VON ÖSTERREICH**, Kommendörsgatan 35, 11458 Stockholm, Tel. 08 – 665 17 70, Fax 662 69 28, www.bmeia.gv.at.

◎ **BOTSCHAFT DER SCHWEIZ**, Valhallavägen 64, Box 26143, 10041 Stockholm, Tel. 08 – 676 79 00, Fax 211 505, www.eda.admin.ch/stockholm.

◎ **NEDERLANDSE AMBASSADE**, Götgatan 16 A, 11846 Stockholm, Tel. 08 – 55 69 93 00, Fax 55 69 33 11, www.netherlands-embassy.se.

FEIERTAGE UND FESTE

◎ **NEUJAHRSTAG**: NYARSDAGEN.

◎ **HEILIGE DREI KÖNIGE**: TRETTONDAGEN am 6. Januar.

◎ **OSTERN**: PASK; Karfreitag (LANGFREDAGEN), Ostersonntag, Ostermontag. (Am Gründonnerstag, Skärtorsdagen, gelten zum Teil verkürzte Öffnungszeiten.)

◎ **1. MAI**: FORSTA MAJDAGEN.

◎ **CHRISTI HIMMELFAHRT**: KRISTI HIMMELFARDSDAG.

◎ **PFINGSTEN**: PINGST; als Feiertag nur noch der Sonntag. (Am Samstag gelten zum Teil verkürzte Öffnungszeiten.)

◎ **NATIONALFEIERTAG**: 6. Juni – erst seit 2005 ein arbeitsfreier Tag.

◎ **MIDSOMMAR**: siehe Seite 33.

Schwedischer Nationalfeiertag am 6. Juni: Am 6. Juni 1523 wurde Gustav Vasa zum ersten König ganz Schwedens gewählt; daran erinnert Flaggans Dag, der Tag der Flagge.

Das **MITTSOMMERFEST** wird an dem Samstag gefeiert, der dem 21. Juni am nächsten liegt. So RICHTIG GEFEIERT wird aber am Nachmittag und Abend vor diesem Samstag, AM MIDSOMMARAFTON: Ab dem Freitagmittag am Mittsommerwochenende herrscht Ausnahmezustand im ganzen Land. Dieses Fest zu Ehren des Sommers ist den Schweden »heiliger« als Weihnachten. Es gelten stark reduzierte Sonderfahrpläne; Museen sowie alle öffentlichen Einrichtungen haben geschlossen, selbst die meisten Restaurants. An diesem Wochenende ARBEITEN die Schweden UNGERN. Stattdessen werden privat mehr oder weniger traditionelle Mittsommerfeste gefeiert, bevorzugt in größerer Gesellschaft mit Freunden und Familie. In den Dörfern wird gegen 15 Uhr am Midsommarafton traditionell die MAJSTÅNG auf dem Festplatz oder im HEMBYGDSGÅRD, dem Heimatmuseum, mit frischem Blattgrün umwickelt und mit Blumenkränzen geschmückt und anschließend mit Musik, unter Anfeuerungsrufen und viel Applaus aufgestellt. Während die Tänze rund um die majstång früher bis in den Morgen des Mittsommertags gingen, sind die Dorffeste heute eher bewusste Traditionspflege und Auftakt für die folgenden privaten Mittsommerfeste. Je jünger die Beteiligten, desto eher arten die Zusammenkünfte aber in Alkoholgelage aus. Am folgenden Midsommardagen, dem Samstag, werden Gottesdienste gefeiert und Festkonzerte arrangiert.

◎ **ALLERHEILIGEN**: immer der auf den 1. November folgende Samstag, ist kein offizieller Feiertag; aber der Brauch, die Gräber mit Lichtern zu schmücken, fand seit den 1960er Jahren zunehmend Anhänger.

◎ Am **LUCIAFEST**, dem Fest der Lichtkönigin am 13. Dezember, das im ganzen Land gefeiert wird, beginnt die Zeremonie morgens in den Familien, wenn die Kinder die Eltern mit Gesang, Kerzen und *Lussekatter* (ein Hefegebäck mit Saffran) wecken und wenn die Belegschaften der Firmen vor der Arbeitszeit ihre Lucia feiern und *Pepparkakor* knabbern, dünne Pfefferkuchenplätzchen. Am Abend schlürft und löffelt man mit den Freunden *Glögg:* Rotwein mit Gewürzen, dazu Portwein der Süße wegen, und häufig auch Wodka, das Ganze erhitzen und zum Schluss Rosinen sowie geschälte Mandeln ins Glas. Bald ist Weihnachten.

◎ **WEIHNACHTEN**: JUL; am 25. und 26. Dezember. Am Heiligabend, JULAFTON, verkürzte Öffnungszeiten.

HUNDE

In Schweden gehören Hunde zu den beliebtesten Haustieren. Doch einige Regeln, über die man in Deutschland immer noch streitet, sind dort inzwischen selbstverständlich. Auf Campingplätzen haben Hunde ihr eingezäuntes Gelände, das Hundeklo; Hundekot ist in den dafür vorgesehenen Behältern zu entsorgen. Hunde sind an der Leine zu führen sowie »Häufchen« zu entfernen. In Restaurants sind Hunde nicht willkommen, in vielen Hotels oder Pensionen schon; Sie sollten aber vorher nachfragen.

MÜCKEN...

... treten nur während warmer Sommermonate und da vorzugsweise IN FEUCHTGEBIETEN auf; SIE MEIDEN Kühle und Wind. Vorbeugende Mittel schützen vor Mückenstichen, sofern man die eingesprühte Haut nicht wieder bedeckt. Mückenmittel und kühlende Salben bei Mückenstichen gibt's in jeder Apotheke. Deutsche Produkte sind ausreichend.

Wanderer sollten helle Kleidung aus dicht gewebten Stoffen mit eng an den Gelenken liegenden Bündchen tragen. Dunkle Stoffe ziehen die Plagegeister an: Ihre VORLIEBE für blaue Jeans ist bekannt!

NACHRICHTEN

◎ In den großen PRESSBYRÅN-Filialen sind DEUTSCHSPRACHIGE **ZEITUNGEN** zu bekommen.

◎ **TV**: Über Kabel- und Satellitenfernsehen in Hotels, Ferienhäusern etc. sind deutsch- und englischsprachige Programme zu empfangen.

◎ Wer im **INTERNET** deutschsprachige Nachrichten AUS SCHWEDEN sucht, wird fündig bei www.sverigesradio.se (im Menü Språk = Sprache »Deutsch« wählen).

NOTRUF

Tel. 112, kostenlos aus allen Telefonzellen und von jedem Handy.

Stichwort Feste: Eine weitere Feier hat sich vor allem in den Universitätsstädten gehalten: Valborgsmässafton, die Walpurgisnacht, wenn am 30. April der Frühling mit großen Feuern begrüßt und ausgelassen gefeiert wird.

ÖFFNUNGSZEITEN, TEIL 1

Die Öffnungszeiten in diesem Buch können zum Teil nur Richtzeiten sein – nicht weil AutorInnen oder Redaktion zu bequem wären, um korrekte Daten zu sammeln bzw. zu überprüfen. Einige Sehenswürdigkeiten, Unterkünfte sowie Touristenbüros öffnen und schließen oder wechseln ihre Öffnungszeiten nicht an einem runden Datum, sondern an einem dem runden Datum nahe liegenden Wochenende. Darum finden Sie in diesem Buch häufig Angaben mit »etwa« oder »Anfang April bis Ende September« – anstatt einem »13.4.–28.9.«, was bereits ein Jahr später überholt bzw. nur noch Humbug wäre.

NUMMERNZETTEL

In Geschäften, in Banken, Post etc. geht man erst zum Nummer-Automaten und zieht ein Nümmerchen, um in der richtigen Reihenfolge bedient zu werden.

◎ **SCHLANGE STEHEN** an Bushaltestellen oder in den Geschäften ohne Nummernzettel-System etc. ist für die Schweden etwas ganz Normales. Im Allgemeinen sind die Bürger in Schweden auf Gleichheit und Gerechtigkeit eingestellt; darum fallen Drängler auch unangenehm auf und rufen durchaus Proteste hervor.

ÖFFNUNGSZEITEN, TEIL 2

Vor offiziellen Feiertagen gelten verkürzte Öffnungszeiten, in Flughäfen, Bahnhöfen und Fährterminals ganz allgemein eher längere.

◎ **BANKEN**: Mo–Fr 10–15 (Do bis 17) Uhr; dies sind nur Richtzeiten, in Städten mitunter verlängert.

◎ **GESCHÄFTE**: Die Regelung ist zu flexibel, um daraus fixe Zeiten abzuleiten, aber Sie können davon ausgehen, dass die Läden spätestens ab 9/10 Uhr öffnen, Mo–Fr um 18 Uhr und Sa um 14/16 Uhr schließen. Supermärkte haben vielerorts erweiterte Öffnungszeiten, die abends bis 20

▲ Vertrauenssache, alles kehrt zurück – Utensilien für Jedermann auf einem Friedhof. Kein Stichwort »Kriminalität« im A–Z ? Nein, ein wenig Vorsicht in Städten, auf großen Parkplätzen und den Rastplätzen der Haupt-Anfahrtrouten sollte genügen.

oder 22 Uhr sowie sonntags von 12 bis 16 Uhr reichen. In Warenhäusern in Städten und Einkaufszentren sind die langen Öffnungszeiten eher die Regel, im Bahnhofsshop und Kiosk sowieso (dort auch bis 24 Uhr).

◎ **MUSEEN**: An Feiertagen (und je nachdem auch an den Vortagen) gelten von Museum zu Museum völlig verschiedene Regelungen. Im Zweifel immer telefonisch erfragen.

◎ **POSTOMBUD**: Da die gewöhnlichen Dienstleistungen (siehe unten) in Läden und Supermärkte verlagert wurden, profitieren die Kunden von deren längeren Öffnungszeiten.

POST

»Die Post« gibt es in Schweden für Privatkunden bemerkbar fast nicht mehr. Von früher üblichen Dienstleistungen blieben nur einige übrig, von behördlich anmutenden Poststellen nur solche für Geschäftskunden.

◎ Wer Briefmarken und Versandmaterial wie Kuverts benötigt sowie Pakete oder einen Brief mit Express verschicken will, muss dies im sogenannten **POSTOMBUD** tun. Diesen Service übernehmen vor allem Supermärkte mit eigenem Posttresen sowie andere Läden. Einzelhandelsshops, Kioske, Tankstellen und Touristenbüros verkaufen mitunter auch lediglich Briefmarken; dieser Service nennt sich FRIMÄRKSOMBUD.

Wir notieren in jedem Kapitel des Reiseteils im »Info-Mix« unter »Kontakt, Hilfe« ein Postombud mit relativ langen Öffnungszeiten.

◎ Versuchen Sie nur im Notfall, sich ein **PAKET NACH SCHWEDEN** schicken zu lassen: Denn das wird nicht persönlich zugestellt. Sofern es nicht in den (falls vorhandenen) Briefkasten passt, ist es beim nächsten Postombud abzuholen; ob der Zusteller aber einen Benachrichtigungszettel hinterlässt, hängt von seinem guten Willen bzw. der Tagesform ab. Lange Versandzeiten von über einer Woche sollen nicht selten sein.

◎ Das **PORTO** für Postkarten und Briefe von Schweden nach Ländern in Europa kostete zuletzt bis 20 g Gewicht 12 SEK, bis 100 g 24 SEK.

SEHENSWÜRDIGKEITEN

In den einzelnen Kapiteln ab Seite 66 stehen zu Museen u.a. Adresse, Telefonnummer, Websites, Öffnungszeiten, Eintrittspreise. Viele Museen haben ihre Texte auch ins Deutsche und / oder Englische übersetzt oder zumindest eine Zusammenfassung auf Deutsch und / oder Englisch für ihre Besucher vorbereitet. Am ehesten kleine Heimatmuseen verzichten mitunter der Kosten wegen auf Service für fremdsprachige Besucher.

◎ **EINTRITTSPREISE** zu Sehenswürdigkeiten etc. werden in diesem Buch so dargestellt: Eintritt für Erwachsene/ Kinder. Für Senioren gibt es häufig im Preis ermäßigte Tickets, für Studenten selten. In einzelnen Museen kann das Entré zu besonderen Ausstellungen erhöht sein.

Die Altersgrenzen für Jugendliche und Kinder sind völlig uneinheitlich:

Je eher der Nachwuchs zur Zielgruppe gehört, desto niedriger ist die Altersgrenze und höher das Entré. Fragen Sie an der Kasse STETS NACH FAMILIENTICKETS. Viele Museen gewähren freien Eintritt unter 18 Jahren.

◎ Empfehlenswert sind organisierte **SIGHTSEEING-TOUREN**, die in Touristenbüros oder direkt bei dem Ausrichter zu buchen sind. Wir weisen in den Kapiteln ab Seite 66 im »Info-Mix« auf solche Angebote hin. Fragen Sie bei der Anmeldung nach, inwieweit im aktuellen Fall Englisch und/oder Deutsch gesprochen wird; denn eine 2-stündige Stadtführung mit einem 95-%-Anteil Schwedisch und nur kurzer Zusammenfassung in Fremdsprachen ist unbefriedigend.

SHOPPING – SOUVENIRS

◎ Wie in ganz Skandinavien wird auch in Schweden **DESIGN** groß geschrieben. In Småland avanciert das GLASREICH zum Namensgeber eines eigenen Kapitels (siehe Seite 185 ff.). Dieses Buch könnte ohne Weiteres 15–25 Seiten dicker sein: nur mit präzisen Auflistungen lokaler Galerien und Kunsthandwerkstätten; dies wäre aber unverhältnismäßig.

◎ **REGIONAL & REPRÄSENTATIV**: Produkte aus Elchleder siehe Seite 91, historische Streichholzschachteln siehe Seite 109, Polkagrisar-Zuckerstangen siehe Seite 116, Chips aus öländischen braunen Bohnen siehe Seite 205, royal zertifiziertes Parfum aus dem Shop von Schloss Solliden/Öland siehe Seite 208, Schwedenpunsch sowie Spielkarten aus Karlshamn siehe Seite 239. Plus einzelne Produkte in den Shops von Museen.

TELEFON

In Zeiten, in denen fast jeder ein Mobiletelefon hat, sind auch in Schweden Telefonzellen selten geworden. Seit 2007 wurden Telefonzellen von »Telia« großflächig zu W-Lan-Spots umgerüstet bzw. erweitert. Für die weiter von »Telia« betriebenen Telefonzellen wird eine Telefonkarte benötigt, erhältlich in Supermärkten sowie an Tankstellen.

◎ **MOBIL TELEFONIEREN**: Für Vielnutzer dürfte sich trotz verringerter Roaming-Gebühren EINE SCHWEDISCHE SIM-KARTE rentieren: einfach in den nächsten »Telia«-Shop und für 100 SEK ein STARTPAKET kaufen und mit Hilfe im Laden startklar machen. Es gibt weitere Anbieter, aber die Deckungsrate soll für »Telia« sprechen.

◎ Für **INLANDGESPRÄCHE** wählen Sie, wie in Deutschland, die Ortskennzahl (Vorwahl) sowie darauf die gewünschte Rufnummer.

◎ Für **GESPRÄCHE INS AUSLAND** wählen Sie 00, die Landeskennzahl, die Ortskennzahl (Vorwahl) ohne 0 sowie die gewünschte Rufnummer. Landeskennzahlen: Deutschland 49, Luxemburg 352, Niederlande 31, Österreich 43, Schweiz 41.

ZEIT

◎ In Schweden gilt Mitteleuropäische Zeit (**MEZ**) und Mitteleuropäische Sommerzeit (**MESZ**).

Tax free: Die Rückerstattung der Mehrwertsteuer ist nur noch für Bürger mit Wohnsitz außerhalb der EU möglich: bezogen auf die Leser dieses Buches, für Staatsbürger der Schweiz. Information: www.globalrefund.com.

Autoreisen

VERKEHRSREGELN IN SCHWEDEN

◎ **ABBLENDLICHT**: ist auch TAGSÜBER vorgeschrieben. Fahren ohne Licht steht im Geldbußenkatalog.

◎ **ALKOHOL**: »0,2« ist die Promillegrenze. Wer mit mehr beim Lenken von Fahrzeugen angetroffen wird, muss sich auf happige Geldstrafen, Führerscheinentzug und /oder einen Gefängnisaufenthalt einrichten.

◎ **ANSCHNALLPFLICHT**: gilt auf Vorder- und Rücksitzen – Kinder bis 7 Jahre gehören in einen Kindersitz.

◎ **BENZIN**: Die Tankstellen haben oft automatisierte Tanksäulen. Die Säule mit dem Hinweis »Kassa« ist für Kunden, die bar oder mit Kreditkarte bezahlen. Die Säule »Sedel/ Konto« sagt Ihnen, hier können Sie den Geldscheinautomaten (20-, 50- und 100-Kronen-Scheine) oder Ihre Geldkarte benutzen.

Benzinpreise Redaktionsschluss: Benzin 95 Oktan ca. 14 SEK, E 85 (85 % Ethanol und 15 % Benzin 95 Oktan) ca. 10 SEK, Diesel ca. 14,10 SEK.

◎ Eine durchgehende **GELBE LINIE** oder eine gelb gezackte Markierung am Straßenrand deutet auf ein PARKVERBOT hin.

◎ **GESCHWINDIGKEIT**: Innerhalb geschlossener Ortschaften 50 km/h, auf Teilstrecken (so in der Nähe von Schulen und Kindergärten) 30 km/h. Außerhalb geschlossener Ortschaften auf Landstraßen 70 –90 km/h und auf Autobahnen 90 –110 km/h. Für Wohnwagengespanne gilt als Höchstgeschwindigkeit 80 km/h, mit ungebremster Anhänger 40 km/h.

Die Polizei überführt Temposünder durch fest installierte und mobile Messgeräte, Video- und Luftüberwachung.

Die STRAFGELDER bei Geschwindigkeitsübertretungen sind drakonisch: ab 800 bis 2.000 SEK.

AUSLÄNDER können bei Kontrollen der schwedischen Polizei nicht mit Nachsicht rechnen.

◎ **M**: ein blaues Schild mit einem weißen M *(Mötesplats* – Ausweichbucht/enge Stelle) an schmalen Straßen. Hier ist rücksichtsvolles, langsames Fahren geboten.

◎ Als **NATIONALITÄTS-ZEICHEN** wird das EURO-Kennzeichen akzeptiert, das die meisten deutschen Autofahrer montiert haben.

◎ **NOTRUF**: für Polizei, Krankenwagen und Feuerwehr Tel. 112, von Telefonzellen und Handys kostenfrei.

◎ **PANNENHILFE**: ASSISTANCEKÄREN, Tel. 020 – 912 912, www.bilbargning.net.

◎ **PARKEN**: Parkplätze sind ausgeschildert. An nicht gekennzeichneten Stellen gilt Parkverbot. In manchen Städten wird NACH DATUM geparkt: An geraden Tagen parkt man auf der Seite mit den geraden Hausnummern, an ungeraden auf der Sei-

An bestimmten Tankstellen kann es vorkommen, dass alle, die drinnen an der Kasse zahlen wollen (statt draußen am Automaten), vor dem Tanken eine Sicherheit hinterlegen müssen: eine Maßnahme gegen Benzinräuber, die mit falschen Kfz-Schildern vorfahren, volltanken und sich aus dem Staub machen.

te der ungeraden. Die Zeiten, für die diese Regel gilt, sind auf dem Schild angegeben. Apropos Schild: Städte mit dieser Regelung verkünden dies schon am Ortseingang in Form eines weißen Schildes mit der Aufschrift DATUMPARKERING.

◎ **VORFAHRT**: Vorfahrt achten gebieten nicht nur Schilder, sondern an der Einmündung in die Vorfahrtstraße auch als Dreiecke gezackte Linien quer über die Fahrbahn (sogenannte »Haifischzähne«).

◎ **WILDWECHSEL**: Die Gefahr, die von Elchen oder Rehen ausgeht, ist nicht zu unterschätzen. Diese Tiere laufen unvermittelt auf die Fahrbahn. Und besonders die mitunter 800 kg schweren Elche verursachen immer wieder schwere Unfälle, nicht selten mit Todesfolge, da die langbeinigen Kolosse nach einem frontalen Aufprall leicht durch die Windschutzscheibe in den Innenraum rutschen. Darum sind Elch-Warnschilder ERNST ZU NEHMEN und ist die Geschwindigkeit besonders während der Dämmerung zu drosseln; gerade die Einheimischen, die trotzdem solche Passagen durchbrausen, können sich nicht mit Unwissenhaft herausreden, sondern sind schlicht und ergreifend ignorant. Auch bei glimpflichem Ablauf eines Wild-Unfalls ist man verpflichtet, die Polizei zu benachrichtigen.

◎ Beinahe täglich ereignen sich in Schweden schwere **VERKEHRSUNFÄLLE MIT ELCHEN**, die oft genug fatale Folgen für die Fahrzeuginsassen haben. WER ELCH-WARNSCHILDER ALS SOUVENIR ABMONTIERT, handelt grob fahrlässig, verantwortungslos und riskiert eine empfindliche Bestrafung; dass es regelmäßige Verkehrskontrollen gibt, sollte letzte Zweifel ausräumen. Elch-Schilder als Souvenir sind in den einschlägigen Shops zu erstehen.

◎ **WINTERREIFEN** sind für in Schweden zugelassene Pkw vorgeschrieben im Zeitraum 1.12.–31.3.

Der Deutschen liebstes Schweden-Tier in einem besonders putzig wirkenden Lebensalter. Als ausgewachsener Koloss von 800 kg kann die Begegnung zwischen Elch und Mensch vor allem auf den Straßen weitaus unerfreulicher sein. ▲

Ferien aktiv

Der Trend vieler Schweden-Urlauber lautet »seltener ins Museum, häufiger etwas draußen in der Natur unternehmen«. Unter der Rubrik »Ferien aktiv« finden Sie in den einzelnen Kapiteln ab Seite 66 Vorschläge für solche Aktivitäten, beginnend immer mit dem Wandern, danach alphabetisch sortiert. Dieses Kapitel »Ferien aktiv« dient der Vorbereitung, indem es allgemein informiert sowie erste Verweise auf konkrete Routen und Regionen gibt – sinnvoll zu lesen, bevor ein Ferienhaus gebucht wird.

Draußen vor der Tür

KARTEN

Wer zum Wandern, Paddeln, Radeln aufbricht, sollte eine Detailkarte im Maßstab 1 : 50.000 oder mindestens 1 : 100.000 dabei haben; selbst wenn die jeweilige Route markiert ist, denn nicht jede Markierung übersteht den Herbst und den Winter und nicht jede Route ist ausreichend markiert. Allein sich auf elektronische Hilfsmittel wie GPS-Daten zu verlassen ist Geschmackssache und in der Praxis oft mehr Spielerei sowie zeitaufwändig. Informationen zu Kartenserien und Bezugsquellen siehe Seite 14. In den Touristenbüros sowie manchen Unterkünften vor Ort gibt es normalerweise ebenfalls Karten zu den lokalen Routen, aber verlassen kann man sich darauf nicht.

ALLEMANSRÄTTEN

Das Allemansrätten stammt aus einer Zeit, in der Reisende im Allgemeinen nicht zu ihrem Vergnügen unterwegs waren und sich niemand mit dem Problem steigender Touristenzahlen zu befassen hatte. Es erlaubte, über das Land anderer zu gehen, wenn keine alternativen Wege da waren. Wurden Reisende von der Dunkelheit eingeholt oder auch von schlechtem Wetter überrascht, durften sie auf dem Grund und Boden anderer übernachten. Sie durften sich von der Natur ernähren, wilde Beeren und Pilze sammeln und für den Eigenbedarf nicht geschützte Blumen pflücken.

◎ Obwohl sich die Zeiten geändert haben, wird das Allemansrätten in Schweden und Norwegen (dort: Allemannsretten) **RECHT GROSSZÜGIG** gehandhabt. Selbst wenn Reisende im Wohnmobil, für die das Allemansrätten nicht gedacht ist, auf einem offiziellen Rastplatz 24 Stunden parken, wird niemand etwas sagen – sofern dort kein anderslautendes Schild montiert ist. Da es jedoch Schreiberlinge gibt, die solche Orte, mit GPS-Daten angereichert, einem

Stimmt schon, der Kastentext liest sich autoritär, streng, deutsch im altmodischen Sinn. Wer aber vor Ort schon erlebt hat, zu was sogenannte Naturfreunde (egal ob aus dem Ausland oder aus Schweden selbst) fähig sind, mag ein wenig Verständnis aufbringen. ▶

ALLEMANSRÄTTEN (SOG. JEDERMANNSRECHT) **IM ÜBERBLICK**

Wer sein Zelt in Schweden in freiem Gelände aufschlägt, sollte den Mindestabstand von 150 m zum nächsten Haus wahren und am besten dort um Einverständnis bitten. In einigen Naturreservaten, durch die Paddelrouten verlaufen, dürfen Zelte nur an eigens ausgewiesenen Stellen aufgeschlagen werden. Gebietsweise überwachen Ranger die Einhaltung. Beeren und Pilze dürfen für den baldigen Verzehr gepflückt werden. Das Allemansrätten meint nicht Personen in motorisierten Fahrzeugen! Fahren Sie nicht im freien Gelände herum (außer auf befestigten Wegen, falls nicht verboten: *Ej motorfordon* oder *Biltrafik förbjuden)*, respektieren Sie die Regelungen auf privaten Wegen *(Enskild väg)* und Grundstücken (auch Höfen). Übernachten Sie in Wohnmobil oder Wohnwagen nicht in Sichtweite von Häusern/Ferienhäusern, fragen Sie die Grundbesitzer um Erlaubnis. Entleeren Sie Toilettentanks an dafür ausgewiesenen Stellen. Zeltschläfer sollten ihre Exkremente vergraben. www.allemansratten.se.

ES IST NICHT ERLAUBT

◎ ohne Einwilligung des Grundbesitzers länger als einen Tag auf dem Grundstück zu zelten. Gruppen müssen generell die Erlaubnis einholen;

◎ störenden Lärm zu verursachen;

◎ auf Felsgestein Feuer zu machen, da es bei großer Hitze zerspringen oder sich verfärben kann;

◎ Bäume und Büsche zu fällen, Äste oder Zweige abzubrechen, Borke oder Rinde abzuschälen. Das gilt auch für entwurzelte Bäume;

◎ Pflanzen, die unter Naturschutz stehen, zu pflücken oder auszugraben;

◎ aus Nationalparks Mineralien mitzunehmen;

◎ bestellte Äcker und Felder, eingezäuntes oder anderweitig abgegrenztes Terrain zu betreten. Eingefriedetes Weideland darf nur überquert werden, wenn das Vieh nicht gestört wird, Zäune nicht beschädigt und geschlossene Gatter nicht offen gelassen werden;

◎ Vogelnester, Baue und Nisthöhlen zu beschädigen, Vogeleier zu entnehmen und Jungtiere zu behelligen;

◎ ohne Angelschein und Kenntnis der lokal gültigen Regeln zu fischen;

◎ Tiere zu jagen, zu fangen, zu töten oder auch nur zu stören. Hunde sind vom 1.3. bis zum 20.8. anzuleinen und sonst zu beaufsichtigen;

◎ Abfall an Raststellen zu hinterlassen. Das Vergraben ist eine schlechte Lösung, da es Tiere gibt, die diesen Abfall wieder ausgraben und sich an scharfkantigen Konservenbüchsen oder an Scherben verletzen können. Auch neben die Mülltonne gestellte Abfalltüten werden von Tieren auseinandergenommen. Ist die Mülltonne voll, nimmt man den Abfall mit.

großen Publikum präsentieren, sind die Zustände vielerorts diskussionswürdig – und haben konkret zu mehr Verboten geführt. Mit dem 24-Stunden-Parken ist eigentlich nicht das Übernachten gemeint. In jedem Fall ist Rücksichtnahme als Dankeschön für den Goodwill angebracht.

◎ Leider gibt es noch mehr verantwortungslose Zeitgenossen, die das Allemansrätten in die **SCHLAGZEILEN** gebracht haben: Bäume müssen als Brennholz herhalten, Entenküken als Braten auf dem Lagerfeuer, Proviant und Ausrüstung werden zum Rastplatz transportiert, jedoch als Müll dort zurückgelassen, in Seen werden Toilettentanks ausgeleert. – Offensichtlich als »Jedermanns *Recht*, in der Natur zu tun und zu lassen, wozu man gerade Lust hat« – so legen diese Trottel das Allemansrätten für sich selbst aus. Darum ist der Begriff »Jedermannsrecht« nicht unbedingt hilfreich, denn er birgt zu viele Missverständnisse in sich. Rücksichtsloses Verhalten beruht – spart man an dieser Stelle Entenküken und Müll aus – oft eher auf Unkenntnis oder Fehlinformation. Ein Klassiker ist das Zelt, das beim Bootssteg auf Privatgrund aufgeschlagen wird, wenn der Privatgrund auf den ersten Blick nicht als solcher zu erkennen ist.

Um Unkenntnis und Fehlinformation zu begegnen, haben wir auf Seite 41 die Basics zum Allemansrätten zusammengefasst, damit Sie vor Ort MITHELFEN können, seinen Fortbestand für lange Zeit zu sichern.

Wandern

In den einzelnen Kapiteln ab Seite 66 konzentrieren wir uns auf Tageswanderungen und Spaziergänge, für die nicht immer eine Karte nötig ist. Zudem verweisen wir auf einige Fernwanderwege, von denen Höglandsleden (Seite 131) sowie Torsåsleden (Seite 141 f.) relativ eingehend vorgestellt werden.

◎ **SAISON**: Mai bis Oktober sind sicher die schönsten Monate für Wanderungen in Südschweden. Vorher und nachher können die Wege und der Untergrund noch oder schon beschwerlich sein. Wen ein Picknick auf nassen Wiesen im Herbst oder zwischen Schneeresten um Ostern nicht abschreckt, wird immer daran Freude haben, egal zu welcher Jahreszeit.

Im Herbst beleben PRACHTVOLLE FARBEN die Landschaft. Eine Wanderung im Winter musss keine Spinnerei sein, stellt aber höhere Anforderungen an die Teilnehmer und sollte gut vorbereitet werden. In beiden Jahreszeiten treten jedoch vermehrt Stürme auf. Abgesehen von der unmittelbaren Gefahr, kann um- oder herabgestürztes Holz Wegabschnitte unpassierbar machen.

◎ **SICHERHEIT**: Obwohl der Süden Schwedens viel dichter besiedelt ist als der Norden, können Sie auch hier stundenlang auf Pfaden unterwegs sein, ohne einer Menschenseele zu begegnen. Wer allein auf Tour geht, sollte jemanden über die Route ver-

Nicht jeder Wanderpfad ist dermaßen komfortabel wie dieser Bohlenweg mit Sitzbank am Rande des Nationalparks Store Mosse (siehe Seiten 91 und 93 f.). ▶

SIGFRIDSLEDEN – PILGERPFADE IN SMÅLAND

Pilgern als eine besondere Form des Wanderns wird auch in Schweden populär. Die Schwedische Kirche, Kommunen und die regionale Touristikorganisation »Destination Småland« sorgen gemeinsam für das Beschildern und informieren (auf Englisch) über Praktisches, Historisches und Spirituelles: www.pilgrim-smaland-oland.se.

Die Pilgerwege sind markiert mit dem dreifachen Kreuz des Heiligen Sigfrid, dem ersten Missionar Schwedens, der 1067 im Dom von Växjö bestattet wurde. Das mittelalterliche Siegel mit der Anordnung der drei Kreuze zum »S« als Initial von Sigfrid darf auch als Symbol für Småland und seine kurvenreichen Wege gedeutet werden: Sie schlängeln sich um jeden Hügel und folgen der Topografie der Landschaft im scheinbar ewigen Auf und Ab. Unterwegs steigt der Pilger heute auf die småländischen Höhen und schaut weit über die Wälder auf Seen wie den Rusken. Ein Fels mit dickem Moos ist bequem für eine stille Rast am Bach. Uralte Mäuerchen am Feldrand erzählen von der harten Arbeit früher. In der Abgeschiedenheit Smålands fällt die innere Einkehr leicht – ob aus religiösen Motiven oder als Form der Meditation.

Der 190 km lange Sigfridsleden führt von Fridafors im Süden über Växjö und Alvesta zum Kloster Nydala (siehe Seite 122), ebenso wie der 120 km lange Nydalaleden aus Markaryd über Ljungby und Värnamo.

ständigen. Selbst ein Tagesrucksack sollte beinhalten: Notfall-Set (Pflaster, Rettungsdecke etc.), Reserveproviant, Handy (100 % Deckung in Südschweden ohne Gewähr).

◎ Das populäre **LACHSANGELN** in Flüssen ist zurzeit ein bedrohtes Vergnügen: Die Fänge IM LEGENDÄREN FLUSS MÖRRUMSÅN gingen um ein Vielfaches zurück (siehe Seite 243).

Angeln

Schweden ist mit seinen zahlreichen Seen und Flüssen und seiner ausgedehnten Küstenlinie ein populäres Anglerziel. Die Mehrzahl der Angelseen und -flüsse befindet sich im Besitz von Gemeinden oder sind privat. Hier gilt: ANGELN darf man NUR MIT GÜLTIGEM ERLAUBNISSCHEIN, und es wird auch kontrolliert. Vielerorts sind Angelschein-DISTRIKTE eingerichtet, die alle oder bestimmte Gewässer einer Gemeinde umfassen.

◎ Solche **ANGELSCHEINE** für Seen und Flüsse bekommen Sie in den Touristenbüros, in Sportgeschäften, Tankstellen und Lebensmittelläden; sie kosten in der Regel zwischen 50 und 250 SEK.

◎ Entlang der **KÜSTE** sowie in den großen Seen Vänern, Vättern, Mälaren, Hjälmaren und Storsjön ist das Angeln mit Handgeräten FREI. Auch Hochseetouren werden angeboten.

◎ **EISANGELN** ist an den geeigneten Stellen meist von Dezember bis März möglich (siehe auch Seite 49).

◎ **INFORMIEREN** Sie sich über die lokalen BESTIMMUNGEN über Mindestmaße, Schutzzonen etc.

Baden

Lebensqualität bemisst sich in Skandinavien auch am freien Zugang zur Natur. Die in den einzelnen Kapiteln ab Seite 66 genannten Stellen bilden nur eine kleine Auswahl an Orten, an die sich viele Schweden-Urlauber – wieder zurück in der Heimat – noch lange erinnern werden.

◎ Egal ob an den ZAHLLOSEN SEEN oder draußen IN DEN SCHÄREN. Es gibt so viele Badeplätze, dass es im Sommer selten zu großem Andrang kommt. Trotzdem sind die Wegweiser zu den offiziellen Stellen alles andere als eine schlechte Wahl. Häufig findet man dort eine VORBILDHAFTE **INFRASTRUKTUR** vor: im besten Fall Stege, Sprungturm oder -brett, Toiletten, Duschen und Umkleidekabinen, Service für Behinderte, Spielplatz, Grillplatz, Parkplatz, Strandfläche mit Sand oder Gras oder eben in ein Platz an Klippen.

◎ Für die kühleren Jahreszeiten hat so gut wie jede Gemeinde oder Stadt ihren Bürgern ein »repräsentatives« **ERLEBNISBAD** spendiert; Adressen und Anzeigen finden sich in den Jahresheften der Touristenbüros.

Angeln am See nur mit Angelschein. Manche Feriendörfer, Campingplätze und sogar Ferienhäuser haben einen »eigenen« See, wodurch das Angeln für die Gäste oft frei ist. ▶

Für reine Hallenbäder sind die Öffnungszeiten im Sommer normalerweise stark eingeschränkt, so dass sie an Regentagen nur bedingt als Ausweichziele in Frage kommen.

Beeindruckend ist, dass Spielzeug für Kinder zur Verfügung steht, in vielen Bädern zudem Versorgungseinrichtungen für Eltern mit Babies, und dies auch im Herrenbereich.

Golf

Golf ist Volkssport in Schweden. Allein im Südosten Schwedens liegen gut sechzig 18-Loch-Golfplätze, acht davon auf der Insel Öland.

In den Kapiteln ab Seite 66 finden Sie jeweils mindestens einen nahegelegenen Golfplatz mit Kontaktdaten und Anzahl der Greens bzw. Löcher je Green. Viele Plätze machen Pause von November bis März/April. Ein vorzeitiger Anruf schafft Klarheit über eventuelle Engpässe, etwa am Wochenende, und Handicapgrenzen. Die Golfplätze sind auf den gängigen Straßenkarten markiert.

◎ **GREEN FEE** FÜR 18-LOCH-PLÄTZE: 180–450 SEK; die höheren Tarife gelten an Wochenenden oder auf besonders feinen Anlagen. Juniortarife für den Nachwuchs sind üblich.

◎ **INFORMATION** www.golf.se: via »Golfguiden« sind die sog. Distrikte Småland und Blekinge und dazu die einzelnen Clubs anzusteuern.

Paddeln

Mit gut 5.000 Seen, zahllosen Wasserläufen und Flüssen und einer Küste, die gespickt ist mit Inseln und Buchten, sind Blekinge und Småland wahre Kanu-Paradiese. Ob Seekajak oder Kanadier, ob Kurztrip zur Picknick-Insel, Schärentrip oder Mehrtagestour: Südostschweden hat Paddlern fast alles zu bieten – außer Wildwasserpassagen. In den Schären sollte aber nur lospaddeln, wer über eine gewisse Erfahrung verfügt. Der Wind kann rasch tückisch sein, ebenso wie mitten auf großen Seen.

◎ **BOOTE**: Das klassische Kanu auf schwedischen Binnengewässern ist der KANADIER, obwohl viele Paddler aus Deutschland Faltboote mitbringen und damit zufrieden sind. In den letzten Jahren hat das KAJAK ungemein an Popularität gewonnen. Auf den Küstenrouten dem Kanadier an Windstabilität ohnehin überlegen, sind zunehmend mehr Paddler auch auf Seen und Flüssen im Kajak unterwegs, haben viele Kanuvermieter heute beide Bootstypen sowie manche sogar ausschließlich Kajaks.

◎ Wer zum ersten Mal Paddeln will, ist gut beraten, ein Boot mit Zubehör zu mieten. In den **KANUZENTRALEN** erhält jede/r eine Einweisung, Beratung und Hilfe, zum Beispiel im Umgang mit einem gekenterten Boot. Hier kann man sich kompetent über Routenverläufe sowie ggf. Etappenplanung beraten lassen.

◎ **KANUVERMIETUNG**: vor allem in Kanuzentralen (wo meist auch Unterkunft zu beziehen ist), auf Campingplätzen und in einigen Jugendherbergen. Tagestarife um 200–300 SEK. Ausrüstung wie Gepäcktonnen sollte ebenso erhältlich sein.

◎ **SCHWIMMWESTEN**: sind Pflicht.

◎ **ORGANISIERTE KANUTOUREN** mit vorgebuchten Übernachtungen und/oder vorbereiteten Lagerplätzen bieten Kanuzentralen und vermitteln auch einige Touristenbüros.

◎ **TOURENVORSCHLÄGE**: in den Kapiteln ab Seite 66 jeweils unter »Ferien aktiv, Paddeln«.

◎ Das **ALLEMANSRÄTTEN** (siehe Seite 40 ff.) bestärkt das rücksichtsvolle Verhalten in der Natur und auf Privatgrund. Bei der Suche geeigneter Lagerplätze sind Vogelschutzzeiten und Warnungen vor Waldbrandgefahr immer zu beachten. Da die Zahl der Paddler gewachsen ist und damit auch die Zahl der schwarzen Schafe, hat man in einigen Naturreservaten feste Regeln und Lagerplätze etabliert. Es sollte sich von selbst verstehen, den Platz so zu verlassen, wie man ihn vorgefunden hat, oder besser.

49 Kanurouten in Süd- und Mittelschweden stellt unser Buch »Kanuwandern in Schweden« vor, geeignet sowohl für Anfänger als auch für Fortgeschrittene.

Rad fahren

Südschweden ist ein vortreffliches Revier für Radtouren: Ein enges Netz von schmalen asphaltierten Straßen mit wenig Verkehr sowie viele Wald- und Wiesenwege eignen sich bestens für Tagestouren. Robustere Tourenfahrer können sich an einer Vielzahl von regionalen und überregionalen Radwegen erproben.

In den Kapiteln ab Seite 66 überwiegen die Ziele für Tagestouren; es sind aber auch Verweise auf längere Strecken enthalten.

◎ **SCHÖNE TAGESTOUREN**: Rund um Isaberg siehe Seite 94. Am See Bolmen siehe Seite 94. Die Vättern-Insel Visingsö siehe Seite 120. Cykla i Astrid Lindgrens Fotspår siehe Seite 140. Insel Hasselö in den Schären nahe Västervik siehe Seite 145. Ekoparkleden im Norden Ölands siehe Seite 220. Auftaktabschnitt Banvallaleden auf früheren Bahndämmen der Vislandabanan siehe Seite 245. Zudem sind Etappen und Kombinationen auf Fernrouten denkbar.

◎ **RADWANDERWEGE** IN SÜDOST-SCHWEDEN: u.a. Smålandsleden zwischen Jönköping, Vetlanda, Kalmar (253 km). Astrid-Lindgren-leden zwischen Jönköping, Eksjö, Vimmerby, Västervik (216 km). Kronobergstrampen im Gebiet Växjö, Alvesta, Tingsryd, Lessebo (350 km). På tur i Glasriket als Rundfahrt in der Gemeinde Lessebo (95 km). Inseltrip Ölandsleden (450 km). Åsnen runt als Umrundung des Sees Åsnen (140 km). Alle Routen gelten als gut ausgeschildert, dennoch sollten spätestens vor Ort Karten erstanden werden.

◎ **DRAISINE**: siehe Seite 140.

◎ **FAHRRADVERMIETUNG**: neben den raren Fahrradläden am ehesten Campingplätze, Jugendherbergen in ländlichen Gebieten und auch einige Touristenbüros. Tagestarife für ein gewöhnliches Rad um 60–120 SEK.

◎ **TRANSPORT** IN ÖFFENTLICHEN VERKEHRSMITTELN: Besonders die unterschiedliche Regelung in den einzelnen Zügen ist unbefriedigend (siehe Seiten 22/20). Nach Öland verkehrt, abgesehen von der Autofähre von Oskarshamn nach Byxelkrok, eine Fahrradfähre ab Kalmar.

◎ **INFORMATION**: (Vor-)Auswahl im Buch, Detailinformation/Karten in Touristenbüros/Unterkünften vor Ort. Zuletzt gab's auch eine Sonderbroschüre zum Radfahren in Norra (Nord) Småland via www.visitsmaland.se zu bestellen. Manche Websites von Touristenbüros machen konkrete Tourenvorschläge, u.a. Eksjö.

Reiten

Angeblich 300.000 Pferde in Schweden soll es geben. Reiterhöfe, Trabrennbahnen, Gestüte und Ponyfarmen haben der Gegend rund um die Ortschaft TINGSRYD (ganz im Süden Smålands) den Beinamen »Pferde-

Wer beim nächsten Mal vielleicht auf Fernstrecken durch Schweden radeln will: Zur Wahl stehen u.a. Sverigeleden (9.500 km), Cykelspåret Ostkusten (2.350 km), der Schärenkurs Skärgårdscykelleden Kustlinjen (Västervik-Stockholm, 565 km.).

Reich« eingebracht, analog zu »Glasreich« und »Möbelreich«. Mittlerweile gibt es in ganz Småland eine nennenswerte Auswahl an Reiterhöfen, die sich auf Ausritte und Erlebnisse rund ums Pferd spezialisiert haben.

◎ **INFORMATION**: Eine ordentliche Übersicht bietet www.visitsmaland.se. Wir haben in die Kapitel ab Seite 66 einige Adressen aufgenommen, zu denen uns Referenzen vorlagen.

Vogelbeobachtung

Es müssen nicht immer Seeadler sein, wie zum Beispiel am See Åsnen, wo ab 2013 ein neuer Nationalpark ausgewiesen werden soll.

◎ **BJURKÄRR** im Umland von Växjö: Naturreservat mitten IM SEE ÅSNEN, siehe Seite 78.

◎ Eines der spannendsten Gebiete ist der bereits bestehende Nationalpark **STORE MOSSE**: siehe Seite 91 ff.

◎ Ein stadtnahes Ziel mitten in Jönköping ist im Winterhalbjahr der See **ROCKSJÖN**: siehe Seite 120.

◎ Ein halbes Dutzend Areale findet sich auf der Insel **ÖLAND**: Auflistung mit Seitenverweisen siehe Seite 220.

◎ In Blekinge ist die südöstliche Spitze des schwedischen Festlands namens **TORHAMNSUDDE** ein lohnendes Revier: siehe Seite 233.

◎ Ebenfalls in Blekinge: der **ERIKSBERG** VILT & NATURPARK, siehe Seite 244.

Wassersport

Paddeln in Kajak/Kanu siehe Seite 46.

◎ Die Seen, das Binnenmeer Vättern und vor allem die abwechslungsreiche KÜSTE bieten Boots-Enthusiasten ein vielfältiges Betätigungsfeld. Die **HELLEN SOMMERNÄCHTE** verlängern nicht nur den Urlaub, sie zeigen sich besonders an den Gewässern in einer FARBSINFONIE, die solche Ferientage zur BLEIBENDEN ERINNERUNG adeln.

SEGELN

◎ Auf eigenem Kiel ist das Kreuzen in schwedischen Gewässern führerscheinfrei und auch beim Zoll muss man sich nicht **ANMELDEN**, solange man kein Haustier dabei hat und die Warenhöchstmengen einhält. Anders als in Dänemark muss man sich im ersten Hafen aber einklarieren. Es finden Kontrollen statt, auch nachts.

◎ **INFORMATION**: Segler benötigen spezielle Literatur, die zum Beispiel nautische Angaben umfasst, was wir nicht leisten können. Darum verzichten wir in diesem Buch auf Einzelheiten und Adressen der Gästehäfen und verweisen auf die Fachliteratur. Auskünfte auf Englisch gibt www.sjofartsverket.se, auf Deutsch ebenso www.dmyv.de. Seekarten auf dem neuesten Stand führt HanseNautic, Herrengraben 31, 20459 Hamburg, Tel. 040 – 37 48 42-0, www.hansenautic.de, alternativ in Schweden www.kartbutiken.se.

Genau wie im Straßenverkehr sind die Alkoholbestimmungen ebenso beim Steuern eines Boots zu beachten. Wer alkoholisiert beim Segeln angetroffen wird, könnte in Anbetracht der Konsequenzen sehr schnell nüchtern werden.

TAUCHEN

Populäre Ziele in den schwedischen Gewässern sind Wracks und selbstverständliche schöne Naturgebiete, wo aber einschränkende Regeln gelten können.

Ein günstiges Domizil mit relativ vielen Tauchzielen und einem auch auf Touristen eingerichteten Tauchcenter ist der Norden von Öland mit der Ortschaft BYXELKROK.

◎ **LONG ISLAND DIVERS**, Svältergatan 36, SE–38075 Byxelkrok, Tel. 0485 – 281 60 sowie 0705 – 33 78 66, www.longislanddivers.com.

WINDSURFEN

Leidenschaftliche Wellenreiter kommen nur zum Surfen und verlangen nicht unbedingt einen Reiseführer; deshalb bescheiden wir uns mit wenigen, knappen Angaben.

◎ Wer es mal probieren will, ist auf im Süden der Insel **ÖLAND** gut aufgehoben. An der Westseite zum Kalmarsund liegt die Ferienanlage Haga Park Camping & Stugor samt Basis **HAGA PARK SURFCENTER**, Tel. 0705 – 23 33 47, www.hagapark.se.

Wintersport

Südschweden gehört nicht zu den Regionen Skandinaviens, die einen verlässlichen Wintersporttourismus haben. Dafür ist die Saison zu kurz und der Schnee nicht sicher genug.

◎ Allerdings gibt es im nördlichen Småland die SKI-ARENA **ISABERG**. Hier gibt es zwar keine Weltcup-Abfahrten, aber die steilsten und längsten Pisten von Südschweden. Etwa vom 20. Dezember bis 1. April bietet diese hochmoderne Anlage Schnee- und Skivergnügen dank Beschneiungsanlage. Mit großer Liftkapazität und berührungsfreiem Skipass-System steht Isaberg den großen alpinen Skigebieten zumindest in punkto Technik nicht nach. Auf den BELEUCHTETEN PISTEN wird bis in den späten Abend hinein gefahren.

◎ **ANDERNORTS** im småländischen Hochland erfreuen sich kleine Pisten größter Beliebtheit bei der Lokalbevölkerung. Beleuchtete Loipen rund ums Dorf leisten sich ziemlich viele Gemeinden. Eine einfache Eisbahn fürs jugendliche Hockey- oder Bandy-Spiel gilt als lokales Muss.

◎ Wenn die Seen erst einmal gefroren sind, wird **DURCHS EISLOCH GEANGELT**: Spezielle Eisbohrer und die kurzen Ruten für das *pimpelfiske* sind in jedem Angelshop zu haben.

◎ Solange kaum Schnee auf das Eis gefallen ist, schwärmen die **SCHLITTSCHUHLANGLÄUFER** aus auf die Seen und genießen das Gleiten über den erstarrten See. Das Vergnügen sollte man NUR IN ERFAHRENER BEGLEITUNG WAGEN. Die Gefahr einzubrechen ist immer da! Natürliche, »warme« Strömungen können auch bei tiefen Minusgraden die Tragfähigkeit eines noch so dick erscheinenden Eises untergraben.

Das Feriendorf Isaberg ist mit einer breit aufgestellten Infrastruktur auch auf Sommertouristen eingerichtet (siehe Seite 83 f. und 91 f.).

Geschichte und Gegenwart

DIE WIKINGER

Beginnen wir im 8. Jh. mit den wohl bekanntesten Vertretern nordeuropäischer Historie: den Wikingern. Im Laufe der Jahrhunderte hatten sich unter den Bewohnern Nordeuropas Volksstämme herausgebildet, die mittlerweile sesshaft geworden waren. Die dominierende Stellung unter den im heutigen Schweden lebenden Stämmen hatten die SVEAR, die dem Land ihren Namen geben sollten: Svearike, das Reich der Svear, wurde zu SVERIGE.

Die Svear lebten in Uppland, an der Ostküste Schwedens. Den zweiten großen Stamm bildeten die Gauten bzw. GOTEN im Westen. Die Wikinger beschränkten sich nicht darauf, ihren Lebensunterhalt durch Ackerbau zu bestreiten. Dafür gaben die klimatischen Bedingungen sowieso zu wenig her. Die Plünderung des vermögenden englischen Klosters Lindisfarne (793) bildete den Auftakt zu dem, was die Wikinger bekannt gemacht hat: ihre Raubzüge. Dank ihrer Bautechnik zeigten sich die Wikingerschiffe denen anderer seefahrender Völker weit überlegen.

Nun war nicht jeder Wikingerzug von Mord und Plünderung begleitet. Die Nordländer gründeten ebenso Siedlungen in anderen Teilen Europas, wie sie fleißig Handel betrieben. Die Wikinger aus Schweden befuhren in erster Linie den Ostseeraum. Ihre Wege führten sie über die großen russischen Flüsse bis nach Konstantinopel. Aus der Wikingersiedlung HOLMGÅRD im Osten wurde später der Kleinstaat NOVGOROD.

SVERIGE

◎ Um die Jahrtausendwende setzte die **CHRISTIANISIERUNG** ein, womit es zu Auseinandersetzungen zwischen den heidnischen Svear und den christlichen Göten kam, die erst mit GRÜNDUNG DES ERZBISTUMS UPPSALA (1164) beigelegt werden sollten. Schweden war ein Reich geworden, allerdings kleiner als heute: Weite Teile des heutigen Südschwedens gehörten zu Dänemark.

◎ Mitte des 12. Jhs. vereinnahmten die Schweden Finnland, was zu ersten Konflikten mit Novgorod führte. Die Schweden begannen mit dem Bau von Festungen, um sich auf gewalttätige Auseinandersetzungen mit dem östlichen Nachbarreich vorzubereiten. Der **STREIT UM TERRITORIALFRAGEN** mit Russland und Dänemark bildete in den folgenden Jahrhunderten einen Schwerpunkt schwedischer »Außenpolitik«.

◎ In Schweden selbst stritt man immer wieder um die Kompetenzen,

Norwegische Wikinger besiedelten ab 874 die Hebriden, Shetlands, Orkneys, die Insel Man und schließlich Island. Um das Jahr 1000 segelten ihre Nachfahren bis Grönland und Neufundland. Kolumbus kam ein paar hundert Jahre später.

die der jeweilige König dem Adel zubilligte. Die schwedischen Bauern hatten nie unter dem Joch des Feudalismus zu leiden, da sie traditionell zu freiem Land- und Waldbesitz berechtigt waren. Oft fanden sie dabei den Schutz des Monarchen. Die erste dieser **MODERATEN** Perioden begann 1250 mit *Birger Jarl,* dem die Söhne *Waldemar* und *Magnus* folgten. In ihre Regierungszeit fallen die ersten Verträge mit der Hanse, die Förderung des Bergbaus sowie die Einführung einer einheitlichen »Gesetzgebung«, die auch die Abschaffung von Sklaverei und Blutrache beinhaltete.

KALMARER UNION

1397 bestimmte die dänische Königin *Margrete I.,* die inzwischen auch den schwedischen Thron bestiegen hatte, im schwedischen Kalmar die Union zwischen Dänemark, Schweden und Norwegen. Formell sollte die Kalmarer Union 127 Jahre halten, doch die Praxis war sehr auf die dänischen Interessen ausgerichtet, so dass rasch Abneigung und Missgunst entstanden. Während Norwegen zur dänischen Provinz verkümmerte, regte sich in Schweden aktiver Widerstand. Unter der Führung von *Engelbrekt Engelbrektsson* erhoben sich Bauern und Bergleute im mittelschwedischen Dalarna und vertrieben die dänischen Beamten. 1435 bildete sich der REICHSTAG IN STOCKHOLM, womit die Union praktisch beendet wurde. Drei Fraktionen (Bauern-, Adels- sowie Unionspartei) einigten sich aber auf deren Fortsetzung zu geänderten Bedingungen. Die Beamten sollten sich fortan aus Angehörigen des jeweiligen Volkes rekrutieren. In der Folgezeit regierten in Kopenhagen mal mehr, mal weniger moderate Monarchen. Zu den weniger umgänglichen gehörte *Christian II.*, dessen Heer 1520 das des schwedischen Reichsverwesers *Sten Sture* besiegte. Als der dänische König die Kapitulationsvereinbarungen nicht allzu ernst nahm und seine Gegenspieler hinrichten ließ, organisierte von Dalarna aus der Adlige *Gustav Vasa* den Widerstand. 1523 war mit seinem Einmarsch in Stockholm der Konflikt entschieden, 1524 die Union dann vertraglich beendet.

SCHWEDEN ALS GROSSMACHT

◎ In **GUSTAV VASAS AMTSZEIT** (1523–60) fallen NEUERUNGEN wie die Einführung der lutherischen Staatskirche 1527, die Neuordnung von Finanzwesen und Verwaltung (Einteilung in 200 Distrikte), die Zentralisierung des Bergbaus sowie eine Allianz mit Dänemark, die die Vorherrschaft der Hanse im Ostseeraum beenden sollte. Es ist aber auch die Zeit von Unruhen und BAUERNAUFSTÄNDEN in SMÅLAND, die Vasa blutig niederschlagen ließ.

Seinem Tod folgten wirre Jahre, in denen sich Söhne und Brüder des einstigen Herrschers auf dem Thron abwechselten.

Birger Jarl gründete 1252 auch die zukünftige Landeshauptstadt Stockholm, 80 km südlich des damaligen Zentrums Uppsala an Schwedens Ostküste.

◎ Die nächste Epoche, die ausführlicher in schwedischen Geschichtsbüchern zitiert wird, begann **1611** mit der Regierungszeit von *Gustav II. Adolf.* Schritt für Schritt wurde das Land rings um die Ostsee schwedischer Besitz, teils nach Friedensverträgen, teils auf militärischen Druck: Das Nachsehen hatten Russland und Polen. Dann griff Gustav II. Adolf auf Seite der protestantischen Fürsten in den Dreißigjährigen Krieg ein, den er nicht überlebte, und 1644 wurde seine Tochter *Christina* gekrönt. Die junge Königin interessierte sich weniger für weltliche Geschehnisse, verzichtete 1654 zu Gunsten ihres Vetters auf den Thron und konvertierte zum Katholizismus.

◎ Im **WESTFÄLISCHEN FRIEDEN** 1648 waren Schweden die bisher dänischen Provinzen Jämtland, Härjedalen, Gotland, Skåne, Halland, Blekinge sowie die Ostseeinseln Rügen und Ösel zugesprochen worden. Zudem die Mündungen von Oder, Elbe und Weser kontrollierend, war das Land am Gipfel seiner Macht angelangt, was den Nachbarn allerdings nicht zusagte. *Karl X. Gustav* (1654–1660) und *Karl XI.* (1660–1697) hatten sich nacheinander mit Polen, Russland, Dänemark, den Niederlanden sowie wiederum Dänemark und Brandenburg auseinanderzusetzen, bevor **1679** achtzehn Jahre Frieden einkehrten. Karl XI. führte eine Reihe von Reformen durch – was sich mit dem Ziel verbinden ließ, die eigenen Befugnisse gegenüber denen des

Adelsstandes zu erweitern. So mussten Adlige unrechtmäßig erworbenes Land an die Bauern zurückgeben. Verkleidet soll der König Inspektionsreisen im Reich unternommen haben, um die Arbeitsweise der Beamten zu überprüfen. Im Baltikum initiierte er eine Bodenreform.

◎ 1697 folgte *Karl XII.*, ein kriegerisch veranlagter Vertreter seiner Familie. Seine Truppen bezwangen die dänischen und polnischen, doch in der Ukraine wendete sich das Kriegsglück. Karl XII. starb 1718 bei Fredriksten, der Festung des heute norwegischen Halden. Schweden verlor im **GROSSEN NORDISCHEN KRIEG** (1700–21) seine Besitzungen an der Ostsee und in Norddeutschland, behielt nur Rügen und Vorpommern. Im FRIEDEN VON NYSTAD (1721) fielen das Baltikum sowie Finnisch-Karelien an Russland.

◎ Die folgenden Jahrzehnte ging es eher harmlos zu. Den Kompetenzstreit zwischen Ständen und Reichsrat beendete *Gustav III.* (1771–92), indem er **1772** den von Adligen beherrschten Reichstag mit Teilen des Heeres teilweise entmachtete und die absolute Monarchie reaktivierte.

Graf *Per Brahe* (1602–1680) war Mitte des 17. Jhs. einer der mächtigsten Männer in Schweden. Er ließ den Ort Gränna am Vättern gründen, wo auch die Büste oben ihren Platz hat. Mehr über die Familie Brahe, Gränna und die Insel Visingsö ab Seite 114. ▲

In seine Amtszeit fielen eine wichtigere Rolle von Wissenschaft und Kultur, die Abschaffung der Folter und die Lockerung der Pressezensur.

◎ *Gustav IV. Adolf* (1795–1809) entschloss sich zu fälligen Agrarreformen. Ansonsten fiel er durch seine realitätsferne Politik etwas aus dem Rahmen. Er versuchte sich an den Napoleonischen Kriegen, verlor dabei zunächst Pommern, später auch Finnland, worauf er abgesetzt wurde. Der **ABSOLUTISMUS WAR** damit **IN SCHWEDEN BEENDET**. Mit seinem kinderlosem Bruder *Karl XIII.* (1809–18) endete die Herrschaft der Vasa-Dynastie in Schweden.

ENDLICH FRIEDEN

◎ Bereits 1810 bemühte man sich um die Nachfolge des amtierenden Königs. Die Wahl fiel auf den französischen Marschall *Jean Baptiste Bernadotte*, der schon als Kronprinz die Fäden in der Hand hielt und 1818 bei seiner Krönung den Namen *Karl Johan* annahm. Da er sich nicht im Einvernehmen von Napoleon getrennt hatte, fiel es ihm leicht, 1813 an den sogenannten Befreiungskriegen gegen den schwächelnden Feldherren teilzunehmen. Beim **WIENER KONGRESS** 1814 verzichtete Karl Johan großzügig auf die letzten Besitzungen in Deutschland, um sich dafür Norwegen von dem Verlierer Dänemark zu sichern – der ewige Kontrahent war klein geworden. Gleichzeitig begann eine Phase der Entspannung mit Russland.

In der Innenpolitik werden Karl Johan die Konsolidierung der Finanzen und die Verbesserung der Verkehrswege (GÖTA KANAL) gut geschrieben. Soziale Reformen lagen ihm weniger, so dass er sich in seiner Politik auf den Adel stützte. Auch die »Übernahme« Norwegens, die manche Brust in nationalem Wohlgefallen schwellen ließ, brachte Schweden langfristig mehr Probleme als Freude. In Norwegen mehrten sich die Bestrebungen nach Selbständigkeit, obwohl (oder weil) die Union einiges an Freiraum gewährte.

◎ Unter Karl Johans Nachfolgern *Oscar I.* und *Karl XV.* setzte sich der **LIBERALISMUS** durch: 1842 allgemeine Schulpflicht sowie Gründung der Volksschule, 1846 Abschaffung des Zunftwesens sowie Einführung der Gewerbefreiheit, ferner Freihandel, Gleichberechtigung der Frauen beim Erbrecht, 1860 die Religionsfreiheit, 1862 die kommunale Selbstverwaltung. Mit der PARLAMENTSREFORM von 1866 ersetzte der Zweikammer-Reichstag den überholten Vierstände-Reichstag.

◎ Krieg und Gebietsansprüche verloren an Aktualität. In der zweiten Hälfte des 19. Jahrhunderts hatten sich die Schweden mit anderem auseinanderzusetzen. Die **INDUSTRIELLE REVOLUTION** erreichte auch den Norden, wo bereits seit Jahrhunderten Erz abgebaut worden war. Die Maschinenbauindustrie erfuhr ab 1870 eine rasante Entwicklung und stellte bald wichtige Exportgüter. An

Der Göta Kanal verwirklichte den alten Traum von der Wasserstraße zwischen Nord- und Ostsee. 1832 nach 22 Jahren Bauarbeiten eingeweiht und schon 1860 durch die Eisenbahn überholt, ist er heute ein sommerlicher Touristenmagnet.

Flussmündungen in Nordschweden entstanden zahlreiche Sägewerke, Mittelpunkte neuer Siedlungen. Die Wohn- und Arbeitsbedingungen der Fabrikarbeiter allerdings waren erbärmlich. Das rasche BEVÖLKERUNGSWACHSTUM und der Wechsel von Bauern in besitzlose Arbeiter schuf, zusammen mit anderen Faktoren, eine ARMUT, die Hunderttausende zur AUSWANDERUNG über den Atlantik bewegte. Eindrucksvoll schildert der schwedische Autor *Vilhelm Moberg* diese Zeit in seinen insgesamt vier Auswanderer-Romanen. Andere entzogen sich der ausweglosen Situation durch maßlosen Alkoholkonsum, worin der Ursprung der in ländlichen Regionen Skandinaviens durchaus verbreiteten ABSTINENZLERBEWEGUNG liegt. – Auf politischem Parkett leiteten die Parlamentsvertreter der neuen Upper class, der Industriellen, eine enorme Aufrüstung ein, ein profitables Feld für die Maschinenbauindustrie.

◎ Doch für Krieg waren die Schwedenin ihrer Mehrheit nicht mehr zu begeistern. Als sich die Norweger 1905 für selbständig erklärten, verzichteten König wie Parlament nach ein paar abtastenden Scharmützeln auf eine militärische Intervention. – Bedenkt man, mit welcher Hingabe die Völker in Mitteleuropa neun Jahre später in den großen Krieg zogen, verdient dies allerhöchsten Respekt: Schweden war zu einem den **FRIEDEN** schätzenden Land geworden.

◎ In beiden Weltkriegen orientierte sich die schwedische Außenpolitik am PRINZIP der **NEUTRALITÄT**, mit Einschränkungen: 1940 durchquerten deutsche Truppen in Eisenbahnzügen auf ihrem Weg nach Norwegen und Finnland schwedisches Territorium. Inwieweit dies auf Druck Berlins geschah, lässt sich schwierig nachvollziehen; an der Seite des vermutlichen Siegers zu stehen hielten verantwortliche Politker offenbar für opportun; die roten Soldaten vor

den Grenzen Schwedens empfanden sie als das größere Übel als die braunen auf der Durchreise – was Stockholm aber nicht daran hinderte, 1945 rund 150 deutsche und baltische Soldaten an die Sowjetunion auszuliefern, die von der sich auflösenden Ostfront nach Schweden geflüchtet waren. Was ihnen in grausamer sowjetischer Kriegsgefangenschaft bevorstand, kümmerte im fernen Stockholm wenig. Es gibt somit auch dunklere Kapitel in Schwedens praktischer Neutralitätspolitik.

ZUM MUSTERLAND DER SOZIALDEMOKRATIE

◎ Die Geschehnisse im eigenen Land beschäftigten die Schweden weitaus mehr. Im Mittelpunkt stand dabei die Auseinandersetzung zwischen Unternehmern und Arbeiterschaft. **1909** hatte ein Generalstreik den mühsam in Gang gekommenen DIALOG zwischen Gewerkschaftsdachverband (LO) und Arbeitgebervereinigung (SAF) beendet. Einige hunderttausend Arbeiter waren wegen angekündigter Lohnkürzungen monatelang in den Ausstand getreten. Trotz internationaler Solidarität hatten die Gewerkschaften den Arbeitskampf finanziell nicht durchstehen können und eine empfindliche Niederlage erlitten. Die Arbeitsmarktfrage blieb vorerst ungeklärt, die Arbeitgeber hatten das letzte Wort. Ebenfalls 1909 wurde das ALLGEMEINE STIMMRECHT FUR MÄNNER eingeführt.

◎ **1917** bildeten die langjährigen Oppositionsparteien – Sozialdemokraten und Liberale – die Regierung. Deren neu verabschiedeten Gesetze beinhalteten auch das ALLGEMEINE STIMMRECHT FUR FRAUEN (**1921**). Die Gesetzgebung unter Federführung der Sozialdemokraten präzisierte neue Spielregeln für den Arbeitsmarkt, regelte Fragen um Tarifverträge und Arbeitsgerichtshof (**1928**).

Der wirtschaftlichen Expansion nach dem Ersten Weltkrieg, als das skandinavische Land für die kriegsgeschädigte Industrie in Mitteleuropa eingesprungen war, folgte zu Anfang der 30er Jahre die Krise mit Armut und Arbeitskämpfen. Als trauriger Tiefpunkt gilt das Jahr **1931**, als Soldaten in Lunde fünf demonstrierende Arbeiter erschossen.

◎ Die Sozialdemokraten gingen aus den instabilen Zeiten gestärkt hervor und wurden zur bestimmenden politischen Kraft. Die 1936 gemeinsam mit dem Bauernbund gebildete Regierung unter *Per Albin Hansson* legte den Grundstein für jenes System, das im Ausland mit den Begriffen **WOHLFAHRTSSTAAT**, »schwedisches Modell« und »sozialistischer Kapitalismus« umschrieben wurde. Der Staat bemüht sich intensiv um den sozialen Ausgleich, fordert viel (Steuern) von den Bürgern und gibt gleichermaßen viel (soziale Leistungen) zurück. Vier Jahrzehnte konnte sich die SAP behaupten; von 1946–70 regierte *Tage Erlander*, von 1970–76 *Olof Palme*.

◀ **Emigranten aus Anneboda im 19. Jh. Die damalige Bevölkerungsexplosion erklärte der Autor und Bischof von Växjö, *Esaias Tegnér*, mit verbesserter Ernährung (mit der zunehmend angebauten Kartoffel), Gesundheitsvorsorge (ersten Impfungen) und dem Frieden.**

◎ Die ersten beiden Intermezzi an der Regierung, die bürgerliche Parteien schafften (1976–82 und 1991–94), gingen ohne politische Neuorientierung vorbei. Der dritte Anlauf verlief erfolgreicher: Seit 2006 ist *Fredrik Reinfeldt* von der liberal-konservativen Moderaten Sammlungspartei Ministerpräsident in einer bürgerlichen Koalition – die setzt durchaus Akzente jenseits der klassisch sozialdemokratischen Linie, indem sie sich zum Beispiel um eine Deregulierung der Wirtschaft bemüht; das alles erscheint einer Mehrheit in Schweden nicht mehr als Werk des Teufels, zumal schon die sozialdemokratischen Nachfolger des unvergessenen Olof Palme, *Ingvar Carlsson* und darauf *Göran Persson,* manche Leistungen des Wohlfahrtsstaats pragmatisch reduzierten, als das Land vor dem Milleniumswechsel in ökonomische Schwierigkeiten geriet: Pragmatismus ersetzte Ideologie, und manchmal auch fast die Demokratie? 1981 beschloss Schweden in einer Volksabstimmung, bis 2010 **AUF KERNKRAFTWERKE ZU VERZICHTEN**. Seitdem unternahmen die Politiker an der Macht (egal von welcher Partei) nichts, um dieses Votum zu verwirklichen. Nur um der Bevölkerung zum gegebenen Zeitpunkt zu erklären: »Wir *müsssen* die Kernkraft beibehalten, da wir keine Alternative haben.« Trotz Export der eigenen Wasserkraftressourcen. Heute ist selbst die Bevölkerung – trotz Fukushima – mehrheitlich gegen den Ausstieg.

SCHWEDEN IN DER EU

◎ Seit **1995** ist Schweden Mitglied der EU, ebenso wie Finnland und Österreich. Den EU-RATSVORSITZ hatte Schweden im ersten Halbjahr **2001** und im zweiten Halbjahr **2009** inne. Das Land gehört zu den Netto-Zahlern der EU. Zurückfließende EU-MITTEL werden vor allem zur regionalen Förderung der dünn besiedelten Gebiete Nordschwedens genutzt. Aber auch in Småland und Blekinge kommen Fördermittel an, so beim Fremdenverkehr, wie es die EU-Flagge auf Webseiten und Broschüren zeigt.

Die Schweden beschlossen in einem REFERENDUM **2003** mit 55,9 % der Stimmen NICHT DER EU-WÄHRUNGSUNION BEIZUTRETEN. Demgemäß bleibt die Schwedische Krone bis auf Weiteres Zahlungsmittel.

Auch als EU-Mitglied bleibt das Land frei von militärischen Bündnissen und legt weiterhin Wert auf seine Neutralität. Zugleich unterstützt man den Aufbau von Kapazitäten zur internationalen Konfliktprävention.

SCHWEDEN-HAPPEN

In Anbetracht von Finanzkrise und internationalen Konflikten dringen Nachrichten aus Schweden eher selten nach außen, es sei denn, die Nobelpreise werden vergeben oder die Königsfamilie sorgt für Schlagzeilen. König *Carl XVI. Gustav* gehört zur Linie der Bernadottes, ein Nachfahre jenes Karl Johan. Mit seiner deutschstämmigen Ehefrau *Silvia* lebt er auf Schloss Drottningholm / Stockholm.

Das Referendum zur Währungsunion 2003 wurde überschattet von dem wenige Tage zuvor verübten Attentat auf die schwedische Außenministerin *Anna Lindh,* die als populärste sozialdemokratische Politikerin seit Olof Palme galt.

Schillernd erscheinen die Royals, besonders seit die beliebte Kronprinzession *Victoria* erwachsen und (mit einem Bürgerlichen) verheiratet ist.

◎ Schillernd (oder wenigstens vielversprechend) erscheint Schweden als Land auch vielen Deutschen, die als **AUSWANDERER** dorthin gehen. Zum Teil hat dies sozusagen ganzheitliche Gründe, um einen RUHIGEREN TAKT ins (naturnahe) Leben zu bekommen. Andere suchen mit der Emigration gezielt die berufliche Perspektive, da in Schweden in einigen Sparten starker Mangel herrscht: Gefragt sind vor allem die Heilberufe, Handwerker, Erzieher (Qualifikation: Hochschulstudium) sowie einige Ingenieursberufe. Die Bezahlung ist nicht allerorten besser als in Deutschland, die Arbeitszeiten aber sind es. Der Druck im Arbeitsleben ist nicht so immens, wie es bei uns zunehmend die Regel zu werden scheint.

Das heißt zwar nicht, dass Schweden als Schlaraffenland zu lobpreisen ist. Die Zustände im Gesundheitswesen sind, dezent gesagt, bescheiden (weniger für Touristen), die Jugendarbeitslosigkeit ist derzeit beängstigend hoch. Angst vor der Zukunft ist aber nicht festzustellen. Obwohl in gewöhnlichen schwedischen Familien beide Partner arbeiten müssen, um den Lebensstandard zu finanzieren, ist die Geburtenrate klar höher als bei uns. Schweden hat viele Hausaufgaben längst gemacht, an denen sich etwa die deutsche Gesellschaft in kleinen Schritten abarbeitet.

Wörterkladde

Keine Scheu vor dem Schwedischen. Sie werden erstaunt sein, wie viel Sie sich beim Lesen von Zeitungen oder Broschüren zusammenreimen können. Die schwedische Sprache kennt Lehnworte aus dem Deutschen, aus dem Englischen und Französischen. Mit etwas Geduld schaffen Sie es allemal, einige Wörter sowie einfache Redewendungen zu erlernen – und sogar zu verstehen.

Die Schweden sind sehr HÖFLICH und überfallen niemanden grußlos. Falls Sie ein Anliegen haben, grüßen Sie freundlich mit »Hej« und fragen dann. Übrigens, auch an den Kassen der Supermärkte grüßt man sich mit »Hej«, wenn man an der Reihe ist.

Aussprache

Die KLANGVOLLE AUSSPRACHE des Schwedischen birgt einige Schwierigkeiten. Hier eine komplette Anleitung mit Regeln zu geben würde den Rahmen sprengen und vor allem mehr verwirren, als hilfreich sein – deshalb nur die wichtigsten Hilfen.

Eine Auswahl jener Schritte, die Schweden zwar nicht im Galopp bewätigt hat, aber relativ ernsthaft anging: Gleichberechtigung, Teilzeitarbeit als Selbstverständlichkeit, Integrationsmaßnahmen für Migranten, Steuertransparenz.

◎ Die **BETONUNG** liegt ebenso wie im Deutschen hauptsächlich auf der Stammsilbe. Groß geschrieben werden nur Eigennamen.

◎ Für Mitteleuropäer ungewohnt ist das Anhängen der **BESTIMMTEN ARTIKEL** an das Substantiv, zum Beispiel: ein Hund – *en hund,* der Hund – *hunden,* ein Haus – *ett hus,* das Haus – *huset.* Siehe dazu den Kastentext.

◎ Der **SONDERBUCHSTABE** å / Å ist, wie die Umlaute ä und ö, immer am Ende des Alphabets zu finden; ü gibt es im Schwedischen nicht.

◎ **D**, **H** und **L** werden vor einem j nicht gesprochen: djup *(jüp)* – tief; hjälp *(jälp)* – Hilfe; ljus *(jüss)* – Licht.

◎ **G** wie im Deutschen, doch vor -e, -i, -y, -ä, -ö sowie nach l- und r- spricht man ein j wie in ja: get *(jet)* – Ziege; gift *(jift)* – Gift; Göteborg *(jöteborj)*; älg *(älj)* – Elch.

◎ **K** wie das deutsche k, doch vor -e, -i, -y,-ä, -ö spricht man es etwa wie »t(s)ch« aus: kind *(t(s)chind)* – Wange; köpa *(t(s)chöpa)* – kaufen.

◎ **KJ**, **SJ**, **SKJ**, **STJ** und **TJ** sind weitere »sche-Laute«, sie werden fast wie ein »sch« in »Flasche« ausgesprochen: kjol *(schol)* – Rock; sju *(schü)* – sieben; skjorta *(schurta)* – Hemd; stjärna *(schärna)* – Stern; tjock *(schock)* – dick.

◎ **SK** vor e, -i, -y,-ä, -ö gehört ebenso zu den »sche-Lauten«: sked *(sched)* – Löffel; skinka *(schinka)* – Schinken; skär *(schär)* – Schäre.

◎ **O** wie u in »gut«: god – gut. In Verbindung mit Doppelkonsonanten und vor ch, ck offen wie o in »kommen«: komma – kommen; och *(okk)* – und; också *(okksso)* – auch.

◎ **U** wie ü in »Kajüte«: utan – ohne. Oder offen wie in »jung« oder »stumm«: ung – jung.

◎ **V** immer wie w in »Wasser«: vatten – Wasser.

◎ **Y** fast wie ü in »Tür«: dyr – teuer.

◎ **Å** wie o in »Boot«: båt – Boot. In Verbindung mit nd, ng oder Doppelkonsonanten offen wie das o in »Gott«: mått – Maß; gång – Gang.

Der bekannteste Wanderweg durch die Gemeinde Torsås heißt Torsåsleden. Die Endung *led* bedeutet Weg, die Endung *leden* der Weg. Das ANHÄNGEN des bestimmten Artikels ans Substantiv ist eine Besonderheit der skandinavischen Sprachen.
Streng genommen, müsste es im Deutschen der Torsåsled heißen statt der Torsåsleden. Doch selbst Profis, die tagtäglich mit den skandinavischen Sprachen umgehen, verwenden die vor Ort übliche Schreibweise, gebrauchen sie sozusagen als Eigennamen.

Mini-Lexikon

GRUNDZAHLEN

0 – *noll*

1 – *ett*

2 – *två*
3 – *tre*
4 – *fyra*
5 – *fem*
6 – *sex*
7 – *sju*
8 – *åtta*
9 – *nio*
10 – *tio*
100 – *hundra*
1000 – tusen

ZEITANGABEN / WOCHENTAGE

dag – Tag
minut – Minute
timme – Stunde
vecka – Woche
månad – Monat
år – Jahr
vår – Frühling
sommar – Sommer
höst – Herbst
vinter – Winter
måndag – Montag
tisdag – Dienstag
onsdag – Mittwoch
torsdag – Donnerstag
fredag – Freitag
lördag – Samstag
söndag – Sonntag
helgdag – Feiertag
vardag – Werktag
weekend – Wochenende

TOURISTENALLTAG

affär – Geschäft
avgift – Gebühr
barn – Kind
bastu – Sauna
belopp – Betrag
bensinstation, mack – Tankstelle
biljett – Fahrkarte / Eintrittskarte
bio – Kino
by – Dorf
båt – Schiff, Boot
centralstation – Hauptbahnhof
cykel – Fahrrad
djupfryst – tiefgefroren
farlig – gefährlich
flygplats – Flugplatz
frimärke – Briefmarke
färja – Fähre
färsk – frisch
gatan – Straße
gränd – Gasse
gården – Hof
gästhamn – Yachthafen
hamn – Hafen
hittegods – Fundsachen
hus – Haus
hyra – mieten
höger – rechts
jag – ich
klocka – Uhr
krydda – Gewürz
kyrka – Kirche
kö – Warteschlange
lekplats – Kinderspielplatz
loppmarknad – Flohmarkt
läkare – Arzt
många – viele
nej – nein
när – wann
pengar – Geld
polisstation – Polizeiwache
present – Geschenk
regn – Regen
resebyrå – Reisebüro
rådhus – Rathaus
semester – Urlaub

sevärdhet – Sehenswürdigkeit
sjukhus – Krankenhaus
skola – Schule
sol – Sonne
sommarstuga – Sommerhaus
spårvagn – Straßenbahn
stor – groß
stugby, ferieby – Feriendorf
stängt – geschlossen
tidning – Zeitung
tidtabell – Fahrplan
torg – Marktplatz
trädgård – Garten
turistbyrå – Touristenbüro
Tyskland – Deutschland
tältplats – Zeltplatz
tåg – Zug
utflykt – Ausflug
vandringsled – Wanderweg
var – wo
vägen – der Weg
vänster – links
öppen – geöffnet

REDEWENDUNGEN

god morgon – guten Morgen (eher förmlich)
god dag – guten Tag (förmlich)
adjö – auf Wiedersehen (förmlich)
hej – hallo (salopp)
hej då – tschüss (salopp)
tack – danke
tack så mycket – vielen Dank
nej tack – nein danke
ja tack – ja bitte
varsågod – bitteschön
ursäkta – entschuldigen Sie
Talar du / Ni tyska? – Sprichst Du / Sprechen Sie Deutsch?
jag förstår inte – ich verstehe nicht

Mini-Kfz-Lexikon

Abblendlicht – *halvljus*
Abschleppdienst – *bärgningstjänst*
Achse – *axel*
Anlasser – *startmotor*
Auspuff – *avgasrör*
Auto – *bil*
Autobahn – *motorväg*
Benzin (Normal, Super, Diesel) – *bensin (regular, premium, diesel)*
Blinker – *blinker*
Bremse – *broms*
Dichtung – *packning*
Ersatzrad – *reservhjul*
Fehlzündung – *baktändning*
Fernlicht – *helljus*
Frostschutzmitte – *frostskydds vätska*
Führerschein – *körkort*
Garage – *garage*
Getriebe – *växellåda*
Handbremse – *handbroms*
Hupe – *signalhorn*
Keilriemen – *fläktrem*
Kofferraum – *bagageutrymme*
Kühler – *kylare*
Kurbelwelle – *vevaxel*
Kupplung – *koppling*
Leerlauf – *tomgång*
Leihwagen – *hyrbil*
Lenkrad – *ratt*
Lichtmaschine – *generator*
Öl – *olja*
Rad – *hjul*
Reifen – *däck*
Reifendruck – *ringtryck*
Reifenpanne – *punktering*
Rücklicht – *bakljus*

Scheibenwaschmittel – *spolarvätska*
Scheinwerfer – *strålkastare*
Schraubenschlüssel – *skiftnyckel*
Schraubenzieher – *skruvmejsel*
Steckschlüssel – *hylsnyckel*
Straße – *väg, gata*
Tankstelle – *bensinstation, mack*
Unfall – *olycka*
Ventil – *ventil*
Vergaser – *förgasare*
Verteiler – *fördelare*
Wagenheber – *domkraft*
Warndreieck – *varningstriangel*
Werkstatt – *verkstad*
Windschutzscheibe – *vindruta*
Winterreifen – *vinterdäck*
Zündkerze – *tändstift*
Zündschlüssel – *startnyckel*
Zündung – *tändning*
Zylinderkopfdichtung – *cylinderlockspackningen*

STANDARDSÄTZE

Wie komme ich nach...? – *Hur kommer jag till...?*
Wie weit ist das? – *Hur långt är det?*
Können Sie mir das auf der Karte zeigen? – *Kan du visa mig det på kartan?*
Wo ist die nächste Tankstelle? – *Var ligger närmaste bensin station?*
Darf ich hier parken? – *Får jag parkera här?*
Es ist ein Unfall passiert. – *Det har hänt en olycka.*
Ich habe eine Panne. – *Jag har fått motorstopp.*
Der Motor springt nicht an. – *Motorn startar inte.*
Ich habe eine Reifenpanne. – *Jag har punktering.*

WARNSCHILDER

Varning – Achtung! Vorsicht!
Vägarbeten – Baustelle, Straßenarbeiten
Ej genomfart – Durchfahrt verboten!
Svag vägkant – Fahrbahnrand nicht befahrbar
Tidsbegränsad parkering – zeitbegrenzte Parkerlaubnis
Tjälskott – Frostschäden
Gågata – Fußgängerzone
Övergångsställe – Fußgängerüberweg
(Av)Spärrat – gesperrt
Hastighetsbegränsning – Geschwindigkeitsbegrenzung
Hastighetskontroll – Geschwindigkeitsmessung
Stopp förbud – Halten verboten!
Lekplats – Kinderspielplatz
Kör sakta – langsam fahren
Vänster fil – linke Fahrbahn
Parkering förbjuden – Parken verboten
Parkeringsplats – Parkplatz
Enskild väg – Privatweg
Höger fil – rechte Fahrbahn
Återvändsgata – Sackgasse
Dålig körbana – schlechte Fahrbahn
Hal vägbana – Straßenglätte
Omkörning förbjuden – Überholen verboten
Trafikomläggning oder *Tillfällig förbifart* – Umleitung

IN RESTAURANTS...

betala – bezahlen
bricka – Tablett
bröd – Brot
dagens rätt – Tagesgericht
dricka – trinken
efterrätt – Dessert
frisk – frisch
gaffel – Gabel
glas – Glas
glass – Speiseeis
gryta – Topf
gästgivaregård – Gasthof
kaka – Kuchen, Kleingebäck
kanel – Zimt
kniv – Messer
kopp – Tasse
matsedel – Speisekarte
nota – Rechnung
nypon – Hagebutte
olja – Öl
ost – Käse
peppar – Pfeffer
pepparrot – Meerrettich
pålägg – Aufschnitt
salt – Salz
självbetjäning – Selbstbedienung
sked – Löffel
småfranska – Brötchen
småkaka – Plätzchen
smör – Butter
smörgås – Butterbrot
snabbrestaurang – Schnellrestaurant
socker – Zucker
soppa – Suppe
stekt – gebraten
sur – sauer

...UND CAFÉS...

tallrik – Teller
tårta – Torte
tändsticka – Streichholz
vinlista – Weinkarte
vinäger, ättika – Essig
vispgrädde – Schlagsahne
vitlök – Knoblauch
ägg – Ei
äta – essen

KÖTT – FLEISCH:
fläsk – Schweinefleisch
kalvkött – Kalbfleisch
korv – Wurst
köttfärs – Gehacktes
lammkött – Lamm-/Hammelfleisch
lever – Leber
njure – Niere
oxbringa – Rinderbrust
oxstek – Rinderbraten
revbenspjäll – Rippchen
skinka – Schinken
tunga – Zunge

FÅGEL, VILT – GEFLÜGEL, WILD:
anka – Ente
björn – Bär
duva – Taube
fasan – Fasan
gås – Gans
hare – Hase
hjort – Hirsch
kalkon – Pute
kanin – Kaninchen
kyckling – Hähnchen
rapphöna – Rebhuhn
ren – Rentier

...UND KNEIPEN SOWIE BEIM...

ripa – Schneehuhn
rådjur – Reh
vildsvin – Wildschwein
älg – Elch

FISK – FISCH:
aborre – Barsch
gädda – Hecht
gös – Zander
forell – Forelle
harr – Äsche
hälleflundra – Heilbutt
kräfta – Krebs
lax – Lachs
laxforell – Lachsforelle
löjrom – roter Maränenkaviar
marulk – Seeteufel
piggvar – Steinbutt
räkor – Krabben
röding – Saibling
rödspätta – Scholle
sik – Maräne, Renke
sill, strömming – Hering
sjötunga – Seezunge
torsk – Dorsch
ål – Aal

GRÖNSAKER – GEMÜSE:
blomkål – Blumenkohl
brysselkål – Rosenkohl
böna – Bohne
grönsallad – Kopfsalat
kantarell – Pfifferlinge
kronärtskocka – Artischocken
lök – Zwiebeln
morot – Möhre
persilja – Petersilie

...LEBENSMITTELEINKAUF

potatis – Kartoffel
purjolök – Porree
rödbeta – Rote Bete
rödkål – Rotkohl
sparris – Spargel
svamp – Pilz
vitkål – Weißkohl
ärta – Erbse

FRUKT – OBST:
apelsin – Apfelsine
björnbär – Brombeere
blåbär – Heidelbeere
hallon – Himbeere
hjortron – Multebeere
jordgubbe – Erdbeere
krusbär – Stachelbeere
körsbär – Kirsche
lingon – Preiselbeere
persika – Pfirsich
päron – Birne
smultron – Walderdbeere
vinbär – Johannisbeere
vindruva – Weintraube
äpple – Apfel

DRYCKER – GETRÄNKE:
choklad – Kakao
filmjölk – Sauermilch
grädde – Sahne
juice – Fruchtsaft
kaffe – Kaffee
läskedryck – Limonade
mineralvatten – Mineralwasser
mjölk – Milch
vatten – Wasser
öl – Bier

Småland

Småland ist, gemeinsam mit der Insel Öland, die größte Provinz in Südschweden: Auf 32.000 km² wohnen rund 750.000 Menschen. Die Bevölkerungsentwicklung ist insgesamt positiv, das war Ende der 1990er Jahre anders. Småland umfasst die drei Regierunsgbezirke JÖNKÖPINGS LÄN im Norden, KRONOBERGS LÄN im Süden sowie KALMAR LÄN entlang der Ostküste, Öland eingeschlossen. Die Ausdehnung Smålands von Norden nach Süden sowie Westen nach Osten misst jeweils über 220 km. Rund 50 % der Fläche bedecken WÄLDER, die Forstwirtschaft ist ein fast allgegenwärtiger Wirtschaftszweig.

◎ Smålands **LANDSCHAFT** ist vielfältig. Das HOCHLAND zeigt sich im Norden hügeliger, mit eiszeitlichen Verwerfungen. Etwa mit der Grenze Jönköping – Kronoberg wird es allmählich zur HOCHEBENE, um nach Süden hin gemächlich abzufallen. Die großen SEEN Helgasjön, Åsnen und Bolmen sind reich an Buchten und Inseln, die kleineren Seen zahllos.

Westlich von VÄRNAMO beginnt sumpfiges Terrain: Das Hochmoor STORE MOSSE ist das größte zusammenhängende Moorgebiet südlich Lapplands, mit einem fast 7 m dicken Torfboden sowie einer artenreichen Vogelwelt. Store Mosse ist Nationalpark, ebenso der Urwald von NORRA KVILL bei Vimmerby.

Anders, jedoch ähnlich reizvoll ist bei Västervik die Küstenregion von TJUST mit ihren hügeligen Schären und Förden, die im Süden in eine flache Inselwelt übergehen. Wieder anders ist die Insel ÖLAND, deren Kalkplateau im Inselsüden eine außergewöhnliche Flora begünstigt und das – als Agrarlandschaft – zum UNESCO-Welterbe deklariert wurde. Die Insel BLÅ JUNGFRUN, der dritte Nationalpark, liegt zwischen Öland und Festland liegt im Kalmarsund.

◎ Trotz dieser Vielfalt prägen die weiten Wälder, die unzähligen Seen und die roten **HOLZHÄUSCHEN** mit weißen Fensterrahmen – die *stugor* – das Image Smålands. Eintönig wird es jedoch kaum, denn die Provinz ist Stammsitz der schwedischen **MÖBELDESIGNER**-Avantgarde, einiger traditionsreicher und gleichzeitig innovativer **GLASHÜTTEN** sowie der Helden **ASTRID LINDGREN**s, der bekanntesten Schwedin überhaupt.

◎ Småland war immer schwedisch, jedoch war es jahrelang Grenzland. Ein düsteres Kapitel der **GESCHICHTE** war die Massenauswanderung der Smålånder nach Übersee (und zum Teil auch in andere europäische Länder), als sie ab der zweiten Hälfte des 19. Jahrhunderts keine Zukunft mehr für sich und ihre Kinder sahen. Das Schicksal der EMIGRANTEN wird noch lange nicht vergessen sein.

Oben: Luftaufnahme vom Getnö Gård, einem renommierten Resort für Naturfreunde und Aktivurlauber inmitten des verzweigten Sees Åsnen, der 2013 Smålands vierter Nationalpark werden soll. – Unten: Unterwegs im Glasreich zwischen Växjö und Nybro. ▶

Glasriket

Växjö

VIEL LOS IN VÄXJÖ

Växjö in Südsmåland ist eine charmante kleine Stadt mit großer Ausstrahlung. 16.000 junge Menschen studieren an der Linné-Universität und wissen die Infrastruktur der 83.000 Einwohner-Stadt zu schätzen. Växjö wurde inzwischen zur schwedischen STADT DES POP sowie zur »STADT DES ZUWACHSES« ernannt. Touristen erkennen die Dynamik in Växjö am ehesten an den vielen modernen Firmenneubauten in den Außenbezirken sowie an den Kneipen, Bars und Restaurants in der Innenstadt. Das Smålands Museum – 2012 zum Museum des Jahres nominiert – ist ein echter Besuchermagnet.

Växjö ist eine Stadt mit langer Geschichte – auch wenn das moderne Ortsbild nicht darauf schließen lassen mag. Die Gegend um Växjö war bereits IN DER EISENZEIT BESIEDELT und schon zur Epoche der Wikinger ein Begriff. Damals nannte man den Ort am Helga-See, an dem sich fünf Wege kreuzten, VÄGSJÖ (»Wegsee«: See, an dem sich Wege treffen). Die Stadtprivilegien erhielt Växjö 1342.

Das 16. und 17. Jh. kennzeichneten Freiheitskämpfe und gewalttätige Auseinandersetzungen mit Dänemark. Als Gustav Vasa die Reichsverwaltung zentralisierte, kam es in Småland zu einem Bauernaufstand unter dem Anführer *Nils Dacke,* der 1542 sein Hauptquartier auf der Festung KRONOBORG in Växjö hatte. Nach Gustav Vasas Tod 1560 kamen die Dänen wieder häufiger über die nahe Grenze, um die Stadt zu plündern und in Brand zu stecken. Ruhe kehrte erst im 18. Jh. ein. Zwei große Brände im 19. Jh. sind allerdings die Hauptursache für das heute nicht allzu betagt anmutende Stadtbild.

Växjö ist Hauptort des Bezirks Kronobergs län, der für seine Glashütten bekannt ist (siehe Seite 185 ff.). Als Ausbildungszentrum besitzt Växjö ohnehin einen guten Ruf, der mit der Universität weiter gewann. Das Gebiet der Großgemeinde Växjö reicht von der Grenze zum Bezirk Jönköpings län im Norden bis zu dem verzweigten See ÅSNEN im Süden; die Landschaft prägen Seen und einsame Wälder. Bestellte Felder, Weiden sowie Obstplantagen fallen eher im Süden auf; durch MORÄNENABLAGERUNGEN aus der Eiszeit ist der Boden hier besonders fruchtbar.

INFORMATION

◎ **VÄXJÖ TURISTBYRÅ**, Stortorget / Kronobergsgatan 7, SE – 35233 Växjö, Tel. 0470 – 73 32 80, turistbyran@vaxjo-co.se, www.vaxjo.se/turism. 1.6.–31.8. Mo–Fr 9.30–18 Uhr, Sa 10–14 Uhr, Juli auch So 10–14 Uhr, sonst Mo–Fr 9.30–16.30 Uhr. **(1)**

◀ **Oben Skulpturen in Växjö: Die zwei Frauen in Bronze stehen vor der Kunsthalle *(Marianne Lindberg de Geer);* Sankt Sigfrid und seine drei Neffen (s. Seite 71) haben sich auf dem Platz vor dem Dom versammelt *(Peter Linde).* – Unten die Uferpromenade am Växjö-See.**

Unterkunft

HOTELS

◎ ELITE **PARK HOTEL**, Västra Esplanaden 10–14, Telefon 0470–70 22 00, Fax 475 77, www.elite.se. EZ ab 890, DZ ab 1.050 SEK, weekend und Sommer EZ ab 595, DZ ab 765 SEK. **(6)**

Modernes Business-Hotel mit 76 Zimmern direkt beim Konzerthaus. Helles Design im scandinavian style.

◎ **HOTEL VÄREND**, Kungsgatan 27, Tel. 0470–776 700, Fax 36261, www.hotellvarend.se. EZ ab 595 SEK, DZ ab 795 SEK, weekend EZ ab 495, DZ ab 695, Familienzimmer 995 SEK, etwa 20.6.–25.8. Preisnachlass. **(7)**

Zentrumsnah, eigener Parkplatz. Einfache Zimmer, aber mit ordentlicher Ausstattung zu reellem Preis.

◎ **MÖCKELSNÄS HERRGÅRD**, Diö (etwa 40 km südwestlich von Växjö), Tel. 0476–532 00, Fax 532 01, www.mockelsnasherrgard.se. EZ ab 1.250 SEK, DZ ab 1.550 SEK, weekend EZ ab 995 SEK, DZ ab 1.200 SEK.

In der Heimatregion von Carl von Linnè. Herrenhofhotel in abgeschiedener Lage auf einer Halbinsel im See Möckeln. In direkter Nachbarschaft das Linnè-Besuchszentrum mit Botanischem Garten, Orangerie und Tagungszentrum (siehe Seite 77).

◎ **VÄRDSHUSET** HOTELL & RESTAURANG **IKEA**, Älmhult (ca. 45 km südöstlich von Växjö), Ikeagatan 1, Tel. 0476–64 11 00, www.vardshuset.nu. Wohnen in Älmhult, dem Stammsitz von »Ikea«. Mehr auf Seite 77 f.

IDYLLISCH: EVEDALS BRUNN

Dieser Stadtteil 6 km nördlich der Innenstadt war im 19. Jh. Kurort mit Heilquelle. Den ehemaligen Brunnenplatz markiert ein offener Rundbau. Die herrliche Lage mitten im Grün am See Helgasjön war wie geschaffen für ein Freizeitgelände. Es entstand ein Campingplatz – und aus dem Kurhotel die Jugendherberge. Das Gästehaus und die Gesellschaftsräume des Kurhauses beherbergen das stilvolle »Evedals Värdshus«. Parallel zum Helga-See führt der Evedalsvägen vorbei am Campingplatz zur Ruine Kronoberg.

JUGENDHERBERGEN, B & B

Gerade im Raum Växjö hat die Zahl der Bed & Breakfast-Pensionen stark zugenommen. Aktuelle Liste im Touristenbüro, auch online verfügbar.

◎ STF **VÄXJÖ/EVEDAL VANDRARHEM**, L J Brandts väg 11, Tel. 0470–630 70, www.vaxjovandrarhem.nu. Ganzjährig geöffnet. 64 Betten, 220/100 SEK, als EZ ab 380 SEK, als DZ ab 500 SEK. Anfahrt mit Bus 7. Wundervolle Lage, Freibad mit Sandstrand, Fahrrad- und Kanuvermietung. **(8)**

◎ **CITY VANDRARHEM VÄXJÖ**, Hagadalsvägen 36, Tel. 0470 –77 61 90, www.vaxjocityvandrarhem.se. Ganzjährig geöffnet. 9 Zimmer. Im Schlafsaal 185 SEK, EZ 395 SEK, DZ 450 SEK. Privat geführt, nur wenige hundert Meter zur City, Parkplätze. **(9)**

Das Haupt betten in der Schlossburg Teleborg Slott, im Jahr 1900 ein Geschenk des Grafen *Fredrik Bonde af Björnö* an die Gemahlin. Ein Mal wie die Märchenprinzen wohnen: Slottsalléen, Tel. 0470–77 86 60, www.teleborgslott.com. (5)

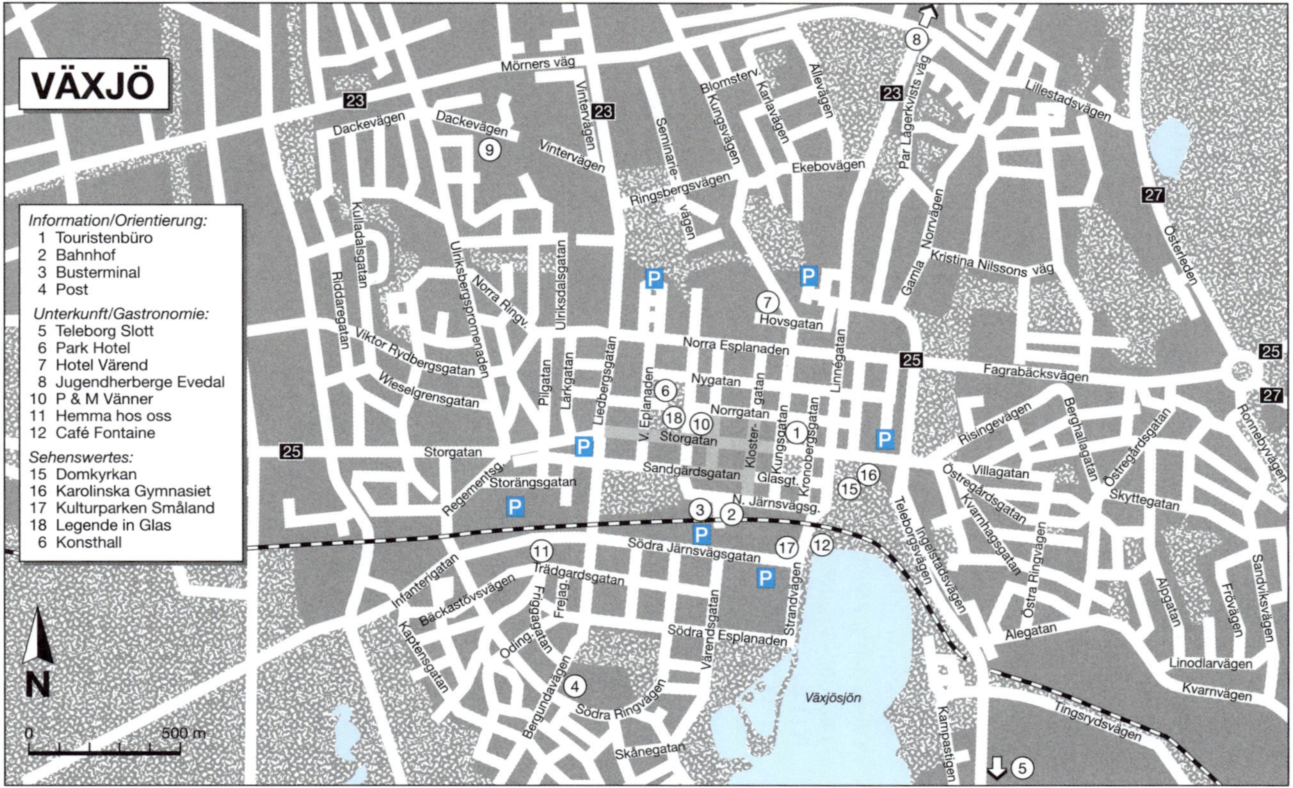
VÄXJÖ
Information/Orientierung:
1 Touristenbüro
2 Bahnhof
3 Busterminal
4 Post
Unterkunft/Gastronomie:
5 Teleborg Slott
6 Park Hotel
7 Hotel Värend
8 Jugendherberge Evedal
10 P & M Vänner
11 Hemma hos oss
12 Café Fontaine
Sehenswertes:
15 Domkyrkan
16 Karolinska Gymnasiet
17 Kulturparken Småland
18 Legende in Glas
6 Konsthall
N
0
500 m
Mörners väg
Dackevägen
Vintervägen
Seminarie-vägen
Ringsbergsvägen
Blomsterv.
Kungsvägen
Karlavägen
Allevägen
Ekebovägen
Par Lägerkvists väg
Lillestadsvägen
Österleden
Gamla Norrvägen
Kristina Nilssons väg
Kulladalsgatan
Riddaregatan
Ulriksbergspromenaden
Norra Ringv.
Ulriksdalsgatan
Viktor Rydbergsgatan
Wieselgrensgatan
Pilgatan
Lärkgatan
Liedbergsgatan
Hovsgatan
Norra Esplanaden
Fagrabäcksvägen
Nygatan
V. Eplanaden
Norrgatan
Storgatan
Kloster-gatan
Kungsgatan
Kronobergsgatan
Linnégatan
Sandgärdsgatan
Glasgt.
N. Järnsvägsg.
Regementsg.
Storängsgatan
Södra Järnsvägsgatan
Trädgardsgatan
Infanterigatan
Bäckastövsvägen
Kaptensgatan
Friggagatan
Frejag.
Oding.
Bergundavägen
Södra Ringvägen
Skånegatan
Värendsgatan
Södra Esplanaden
Strandvägen
Växjösjön
Teleborgsvägen
Ingelstadsvägen
Kampastigen
Risingevägen
Villagatan
Östregärdsgatan
Kvarnhagsgatan
Östra Ringvägen
Berghallagatan
Skyttegatan
Alpgatan
Frövägen
Sandviksvägen
Ronnebyvägen
Alegatan
Linodlarvägen
Kvarnvägen
Tingsrydsvägen

◎ **SOLVIKENS PENSIONAT**, Ingelstad (17 km südlich von Växjö an der Str. 30), Torsjövägen, Telefon 0470 – 382 80, www.solvikens.nu. EZ ab 890 SEK, DZ ab 990 SEK.

Privat geführte Pension in früherem, kleinem Herrenhof in exponierter Lage AM SEE. Spitzendeckchen, Flickerlteppiche und ein Salon, der an Urgroßmutters Wohnzimmer erinnert. In der Glasveranda trifft man sich zum Kaffeeplausch.

CAMPING

◎ **EVEDALS CAMPING**, Tel. 630 34, www.evedalscamping.com. Ganzjährig geöffnet. Stellplatz ab 175 SEK, Hütten (2–6 Personen) ab 700 SEK, ohne Bad und dafür üppig im Preis.

Im SCHÖNEN Evedal, im Sommer vielseitiges Programm, Bootshafen, Fahrrad-, Kanu-, Bootsvermietung, Tennis, Fußball, Boule etc. Anbei das Restaurang Brunnen mit Lunchbuffet und Sommerterrasse. **(8)**

◎ **GETNÖ GÅRD**, Ålshult (ca. 40 km südlich von Växjö), Ryd, Tel. 0477 – 240 11, Fax 240 49, www.getnogard.se. 1.4.–31.10. Aktuelle Tarife nur auf Anfrage.

Große 4-Sterne-Ferienanlage mit Hütten, allein stehenden Ferienhäusern sowie Campingplatz auf einer weitläufigen Insel im Süden des Sees Åsnen – welch eine traumhafte Lage. Fungiert als KANUZENTRALE, d.h. Kajakschule, -vermietung und geführte Touren. Zudem Angeln, Fahrradvermietung und Ausritte auf Islandpferden (300 SEK/90 Minuten).

Essen und Trinken

◎ **P M & VÄNNER**, Storgatan 22/24, Tel. 0470 – 70 04 44. Restaurang Mi–Sa 18–22 Uhr. Nebenan Bar & Bistro Mo+Di 11.30 –23 Uhr, Mi+Do bis 24 Uhr, Sa+So bis 01 Uhr. **(10)**

»PM & Vänner« wurde mehrfach ausgezeichnet für seine Küche, die Weine, das Design. Die Gastronomie fühlt sich Småland und der hiesigen Kochtradition eng verbunden. Wald, Wiesen, Seen – daher kommen die Zutaten, und aus dem eigenen Kräuter- und Gemüsegarten. Die KÜCHE arbeitet zertifiziert nach den ÖKO-Standards des schwedischen KRAV-Siegels. Dieser individuelle Stil prägt auch nebenan »Bar & Bistro« (Hausnr. 24) und die Bäckerei »Bröd & Sovel« (Hausnr. 12) mit Frühstück und Lunch. www.pmrestauranger.se.

◎ **HEMMA HOS OSS**, Bäckaslövsvägen 2, Tel. 0470 – 141 70. Mo–Fr 11.30–14 Uhr, Do–Sa 18–22 Uhr. **(11)**

Nicht exklusiv, sehr eng, aber gut. VIELE STAMMGÄSTE aus den nahen Büros, zum Lunch ggf. Tisch vorbestellen. Als Besonderheit gibt es hier SMÅLÄNDISCHE TAPAS (35–70 SEK). Liegt versteckt in einem Garten, die Gasträume im Parterre eines Wohnhauses, schräg gegenüber am Abzweig der Valhallagatan. Auch B & B.

◎ **CAFÉ FONTAINE**, Vattentorget 1, Tel. 0470 – 70 64 64. Täglich 10–18 Uhr, So Brunch 10–13 Uhr. **(12)**

Attraktiv am Linnépark und hinter der Promenade am Växjö-See gele-

»Café Fontaine« zwischen Linnépark und Växjö-See ▶

gen, dementsprechend populär. Zu bestellen sind neben Lunch und den üblichen kleinen Speisen selbst gebackene Kuchen, Waffeln, Crêpes zu durchschnittlichen Preisen.

◎ **GEMLA VILTRESTAURANG**, Stationsveien 3, Gemla, Tel. 0470 – 674 70, www.gemlaviltrestaurang.se.

Erlebnisgastronomie der besonderen Art: Die angemeldeten Gäste werden abgeholt (zum Beispiel vom Stortorget in Växjö), und es geht hinaus in die Natur. Am See warten die Kanus, mit denen man zum »Restaurant« paddelt. Während der Koch in der Outdor-Küche die Wildschweingerichte zubereitet, kann man die Umgebung erkunden oder am Feuer sitzen. Reservierung erforderlich. Menü ab 225 SEK plus Kanutransfer.

Sehenswertes

DOM, SIGFRID UND DIE NEFFEN

Als der englische Missionar *Sigfrid* Anfang des 11. Jhs. in Småland das Christentum verkündete, begleiteten ihn seine drei Neffen, die Mönche *Unaman, Sunaman* und *Vinaman*. In Växjö wirkte Sigfrid als Missionar, er wurde später heilig gesprochen; seine Neffen jedoch wurden von heidnischen Wikingern enthauptet. Der heilige Sigfrid und die KOPFLOSEN NEFFEN sind aus der Geschichte des mittelalterlichen Växjö nicht wegzudenken; die erste dortige (Holz-)Kirche ließ Sigfrid errichten. Im 12. Jh. wurde Växjö Bischofssitz und in den folgenden Jahrhunderten aus der Holz-

eine Feldsteinkirche und wiederum daraus der die Stadt überragende Dom, in seinen Grundmauern jedenfalls das älteste Bauwerk vor Ort. Der bekannteste Bischof von Växjö war Esaias Tegnér; er war von 1826 bis 1846 Bischof im Amt.

◎ **DOMKYRKAN VÄXJÖ**, Linnégatan, Tel. 0470 – 704 824. Täglich 9 – 18 Uhr. Sommerkonzerte. **(15)**

Aus der Ferne dienen die beiden merkwürdig eng beieinander stehenden Türme des Domes zu Växjö ausgezeichnet als Landmarken. Innen zieht der wunderbare Altar aus Glas die Aufmerksamkeit der Besucher auf sich. Der Künstler *Bertil Vallien* schuf den 5 m hohen ALTAR AUS farbigem und auf vielfältige Weise bearbeitetem GLAS und dem klassischen Altar-Werkstoff BLATTGOLD. »Fiat lux« – Es werde Licht – ist das Thema und der Name des 2002 zum Altar geweihten Kunstwerks. Vallien selbst nannte es sein Meisterwerk. Und in der Tat sucht man Vergleichbares vergeblich.

Die ältesten Teile des Doms – die sich im Mittelschiff befinden – stammen aus dem 12. Jh. Die schmalen Kirchtürme gab es schon im 17. Jh., wie alte Kupferstiche beweisen. Sie fielen einem Brand zum Opfer, den 1740 ein Blitz auslöste. Sein heutiges Aussehen erhielt das Gotteshaus mit einer umfassenden Restaurierung in den 1950er Jahren. Beeindruckend sind die Glasmalereien der Kirchenfenster, die 1959 eingesetzt wurden, und die Orgelfassade (1779). Die historischen KUNSTSCHÄTZE sind im Glockenturm ausgestellt, während die neuen Kunstwerke in der hellen Kirche sehr gut zur Geltung kommen. Die Skulptur »Lebensquell« in Granit und Glas von *Göran Wärff* und der »Lebensbaum« von *Erik Höglund* (beide 1995) fungieren als Blickfang.

◎ Ältestes weltliches Gebäude im Stadtzentrum ist das **KAROLINSKA GYMNASIET** (17. Jh.). Zu den Zöglingen gehörten *Carl von Linné* und *Victor Rydberg*. Nördlich vom Dom bzw. links vom Haupteingang – das rote Haus mit den weißen Pilastern; hier ist auch eine SKULPTUR des Philosophen, Schriftstellers, Historikers Esaias Tegnér platziert. **(16)**

◎ An der Ostseite des Doms steht ein **RUNENSTEIN** (11. Jh.), der früher in die Chormauer eingelassen war. Die Inschrift ist rot nachgezeichnet.

◎ **BISKOPSGÅRDEN ÖSTRABO**, der BISCHOFSHOF, 1796 IM EMPIRESTIL errichtet, steht östlich des Doms auf einer Anhöhe. Wie schon Tegnér wohnt auch heute hier der Bischof.

◎ Südlich des Doms erstreckt sich der **LINNÉPARKEN**, gerade an heißen Sommertagen ein populärer, da schattiger Treffpunkt. Dort verteilen sich mehrere Skulpturen, auch eine Büste von CARL VON LINNÉ, dem bekannten Botaniker des Nordens.

STADTRUNDGANG

◎ **STADTFÜHRUNGEN**: Ende Juni bis Ende August Di 17.30 Uhr. Anmeldung und Ticket 50 SEK im Touristenbüro.

2011 wurde dem Heiligen Sigfrid zu Ehren der Pilgerweg Västra Sigfridsleden eingeweiht. Er beginnt am Dom und führt via Gemla, Alvesta, Moheda, Slätthög und Lyåsa zum Kloster Nydala (siehe Seiten 43, 92 und 122).

DAS KULTURELLE ERBE DER REGION: GLAS UND EMIGRANTEN

◎ Unter dem Dach KULTURPARKEN SMÅLAND sind alle öffentlichen Institutionen, die mit dem Bewahren und Archivieren des Kulturerbes der Region befasst sind, vereint. Das älteste Regionalmuseum Schwedens, das bereits 1885 eröffnete Smålands Museum, gehört ebenso dazu wie das Schwedische Glasmuseum, das Haus der Auswanderer und das Kronobergs Archiv. Als Außenstellen sind die Schlossruine Kronoberg, der Dampfer »Thor« und das Kronoberg Landwirtschaftsmuseum in Hjärtenholm Teil des **KULTURPARKEN SMÅLAND**. Der Museums- und Ausstellungskomplex am Südrand der Innenstadt kann mit einem Ticket besucht werden; vom Linnépark sind es nur wenige Meter über den Vattentorget an der Bucht. Södra Järnvägsgatan 2, Tel. 0470 – 70 42 00. Eintritt 50/0 SEK. Di–Fr 10–17 (Do bis 20) Uhr, Sa+So 11–17 Uhr. www.kulturparkensmaland.se **(17)** zu den beiden folgenden Attraktionen:

◎ Seit 80 Jahren konzentriert sich **SMÅLANDS MUSEUM** auf Sammlungen SCHWEDISCHER GLASKUNST mit Exponaten aus den Pioniertagen der Glasherstellung bis zu Kunstobjekten aus der jüngeren Vergangenheit. Wechselnde Ausstellungen in Smålands Museum befassen sich bevorzugt mit kulturhistorischen Themen, zum Museumsfundus gehören auch ein MÜNZKABINETT, Trachten und andere Textilien, Interieur aus Kirchen und archäologische Funde.

◎ **UTVANDRARNAS HUS**: Das HAUS DER AUSWANDERER beherbergt das Emigranten-Institut, mit Forschungszentrum und Archiv – die umfassendste Quelle über die Welle schwedischer Auswanderer nach Nordamerika, die weite ländliche Gebiete im 19. Jh. nahezu entvölkerte. »Der Traum von Amerika« und »Moberg und die Auswanderer« lauten Themen der Ausstellung. Hier befindet sich auch das originale Material, das Vilhelm Moberg für das Manuskript seiner Auswanderer-Romane benutzte. Seit 1968 wird am ersten Sonntag im August der »Tag der Auswanderer« gefeiert. Um diese Zeit sind viele Nordamerikaner in Växjö und Småland; ein Besuch in der Heimat ihrer Vorfahren, ein Versuch zu den Wurzeln zurückzufinden.

Von 1850 bis heute verließen rund 2,5 Mio. Schweden ihre Heimat; gleichzeitig fand in etwa die gleiche Zahl hier eine neue Bleibe. Auch die Immigranten haben inzwischen in Borås nahe Göteborg ein EINWANDERER-HAUS. Borås liegt im südwestschwedischen Västergötland, auf halber Strecke zwischen Jönköping und Göteborg und ist damit für die Benutzer dieses Buches erreichbar, etwa im Rahmen der An- oder Rückreise.

Zum Auswandererland beachten Sie bitte auch den Abstecher auf Seite 196.

◎ Im Jahr 2011 wurde in Växjö die **STRASSE DER GLASKUNST** eingeweiht: Skulpturen und Kunstobjekte aus Glas stehen auf der Sandgärdsgatan, die auf den Dom zuführt. Die Kunstwerke wurden von Künstlern in Smålands Glasreich entworfen und auch dort in den traditionsreichen Glashütten erschaffen. Es sind Skulpturen von Bertil Vallien, *Kjell Engman, Ulrika Hydman Vallien,* Göran Wärff, *Åsa Jungnelius* und *Ludvig Löfgren.* Besonders beeindruckend wirken sie bei Dunkelheit, wenn sie illuminiert sind. Mit der Straße der Glaskunst unterstreicht Växjö die Bedeutung der jahrhundertealten Tradition der Glasherstellung in Småland.

◎ Die **LEGENDE IN GLAS** von *Vicke Lindstrand* im Theaterpark symbolisiert den Schutzheiligen St. Sigfrid. Die 5,5 m hohe, 5 t schwere Skulptur entstand aus 1.100 acht Millimeter dicken Glascheiben und avancierte über Jahre zum heftig diskutierten Kunstwerk. Die DREI FONTÄNEN IM SPRINGBRUNNEN sollen die Mönche Unaman, Sunaman und Vinaman darstellen, jene ermordeten Neffen St. Sigfrids (siehe Seite 71). **(18)**

Das weiße Gebäude mit Halbrund ist das Konzerthaus, das mit dem »Elite Park Hotell« verbunden ist.

◎ **KONSTHALL**, Västra Esplanaden 10, Tel. 0470 – 414 75, www.vaxjo.se/konsthall. Di-Fr 12–18 Uhr, Sa+So 12–16 Uhr. Eintritt frei. **(6)**

Die Kunsthalle zeigt schwedische wie internationale Kunst in wechselnden Ausstellungen.

Ausflüge

IM NORDEN UND WESTEN

◎ Die SCHLOSSRUINE **KRONOBERG** steht auf einer Insel im See HELGASJÖN, 8 km nördlich der City. Kronoberg, die der Provinz ihren Namen gab, war im Mittelalter zunächst Residenz des Bischofs von Växjö und wurde unter Gustav Vasas Ägide königliches Schloss. Mit dem Frieden von Roskilde endgültig auf schwedischem Territorium, verlor die Festung im 17. Jh. ihre strategische Rolle und verfiel. Die erhaltenen WÄLLE sind jedoch BEGEHBAR. Eintritt 25/0 SEK. Sommerprogramm wie zu Zeiten, als die Burg noch bewohnt war (s.u.).

Unweit des Stegs zur Burg können Sie sich im Grünen eine Rast gönnen:

◎ **RYTTMÄSTAREGÅRDEN**, Kronobergs Slottsruin, Tel. 0470 – 630 00. Café von Ostern bis September, Tagesöffnungszeiten saisonabhängig, Richtwert 15-20 Uhr, 1.6.–31.7. und wochenends schon ab 11/12 Uhr.

Einstmals als Wohnsitz eines Leutnants in der Gemeinde Urshult erbaut, verbrachte man die kleinen roten Holzgebäude in den 1940er Jahren hierher; zum Teil hat man die mit Grassoden gedeckten Dächer in ihrem Stil bewahrt. Ryttmästaregården fungiert als Ausflugslokal und als ambitioniertes Restaurant mit einer »Stube« in der Schlossruine.

◎ Bei Kronoberg legt das historische **DAMPFSCHIFF THOR** (1887) zu Fahrten über den See Helgasjön ab.

Burg Kronoberg ist ein beliebtes Ausflugsziel: Im Innenhof der Anlage finden im Sommer Veranstaltungen für Jung und Alt statt. Für Kinder arrangiert Smålands Museum Aktivitäten wie Kochen im Mittelalter, Eisen schmieden, Holz schnitzen und mit Leder arbeiten. ▶

Aktueller Fahrplan, Anmeldung und Tickets bei Smålands Museum, Tel. 0470 – 70 42 00 (siehe Seite 73).

◎ **NYKULLA** (Tjureda, 25 km nördlich in Richtung Rotne): Vom **AUSSICHTSTURM** bietet sich ein weiter Blick über den Südhang des småländischen Hochlands und das herrliche Seengebiet. Das 25 m aufragende, hölzerne Bauwerk (1959, teilsaniert 2007) ist ein typisches Stück Schweden: Solche Türme wurden an erhöhten Positionen errichtet, um schnell auf Brände reagieren zu können: Die obere Etage Nykullas liegt immerhin auf 258 m ü.d.M. 1.5.–31.8. Sa+So 12 –18 Uhr, Juli auch Mo–Fr 13–16 Uhr. Eintritt 20/10 SEK. Abzweigung von der Str. 23, möglich im Rahmen der Weiterreise nach Oskarshamn.

◎ **KRONOBERGS LANTBRUKSMUSEUM**, Hjärtenholm/Alvesta (15 km westlich Växjös), verwaltet von Smålands Museum. Ende Mai bis Ende August täglich 11–18 (Do bis 21) Uhr. Kombiticket Smålands Museum gilt. Modelle und Exponate zeichnen ein authentisches Bild des früheren Alltags småländischer Bauern; ebenso ist die bäuerliche Waldwirtschaft ein Thema. Anbei ein gemütliches Sommercafé, das auch im Freien serviert. Kann mit dem Besuch von HUSEBY BRUK verknüpft werden. Str. 25.

IM SÜDWESTEN

Die folgenden Ausflugsziele eignen sich auch als Stationen im Rahmen der Anreise oder Rück-/Weiterreise. Unterkünfte gibt es auch vor Ort.

◎ INDUSTRIEGESCHICHTE: **HUSEBY BRUK** (18 km ab Växjö, Str. 23): 1.6.–31.8. täglich 11–17 Uhr, ab Ostern und 1.9.–30.9. Sa+So 11–17 Uhr. Eintritt Schloss, Führung je nach Dauer 70–35/0 SEK, Einzelmuseen 20/0 SEK.

Huseby Bruk umfasst einen gut erhaltenen Industriekomplex aus dem 17. Jh. Bereits 1628 wurde der erste Hochofen zur Roheisengewinnung vor Ort gebaut. In den Jahren 1813–1867 vergrößerte sich dieser Industriebereich auf den Stand, wie er in etwa heute zu sehen ist. Als 1867 der Engländer *Joseph Stephens* Eigentümer des Betriebs wurde, kümmerte er sich auch um die Landwirtschaft: Die Nutzflächen ließ er durch das Entwässern von Sumpflandschaften wesentlich vergrößern – die »Archimedesschraube«, die dabei zum Einsatz kam, ist zu besichtigen.

Das HERRENHAUS wurde 1844 erbaut und ist heute ein Museum mit KUNSTSCHÄTZEN und KURIOSA aus allen Kontinenten, die *Florence Stephens* mit ihrem Tod 1979 dem Staat vermachte.

Die Ausstellung über Gewinnung und Weiterverarbeitung von Sumpferz ist im JÄRNBRUKSMUSEET untergebracht, wo der Hochofen arbeitete. Ebenso zu besichtigen sind Mühle, Sägewerk, Werkstätten, Naturum und weitere Gebäude. Im Pferdestall hat man ein RESTAURANT »mit Stallmilieu« eingerichtet. Von dem herrlichen Park aus sind Sommerfahrten mit einem AUSFLUGSBOOT über den inselreichen See ÅSNEN möglich.

◎ **LINNÉS RÅSHULT** bei Stenbrohult, Råshult 543 (via Str. 23 knapp 35 km ab Växjö), Tel. 0476 – 213 18, www.linnesrashult.se. Mai bis Anfang September Di–So 11–16 Uhr. Eintritt freiwillig bzw. Spende erbeten. Das Gelände ist darüber hinaus jederzeit zugänglich.

LANDLEBEN wie vor 300 Jahren: Der elterliche Bauernhof Carl von Linnés ist heute mit all seinen Ländereien ein Kulturreservat und steht unter dem Schutz der obersten nationalen Denkmalspfleger vom Reichsantiquar-Amt. Diese Landschaft am See Möckeln hat Carl von Linné geprägt, bis er mit 21 Jahren die Heimat verließ, um »die Welt« zu studieren. Das Areal rund um den Geburtsort Råshult wurde als Kulturreservat im Laufe zweier Jahrzehnte wieder in den Zustand wie zu Beginn des 18. Jhs. zurückversetzt. Äcker und Wiesen werden bewirtschaftet wie zu alter Zeit, Bäume beschnitten, Moore kultiviert (und nicht trocken gelegt), Flachs angebaut. Hecken, Zäune, Wege, die Anlage von Beeten und die Fruchtfolge auf den Feldern – alles wie zu Linnés Zeiten. Der Kräuter- und Obstgarten ist voll botanischer Schätze – eine Inspirationsquelle für Garten-Freunde. Das Kulturreservat ist mit seinen Pflanzen, Tieren und Gebäuden ein lebendes Geschichtsbuch: Es lädt ein zur Zeitreise zurück in die Natur und zum Leben auf dem Lande, als Carl von Linné Kind war. Das Elternhaus selbst kann ebenfalls besichtigt werden.

In Huseby Bruk wurden übrigens keineswegs nur landwirtschaftlich genutzte Maschinen, Turbinen und Öfen produziert, sondern auch die ersten industriell gefertigten Fahrräder in Schweden.

CARL VON LINNÉ

Gerne wird er »Blumenkönig« genannt – Carl von Linné (1707–78), schwedischer Naturwissenschaftler und Botaniker, der in Småland zur Welt kam und im Pfarrhaus von DIÖ aufwuchs. Er war Zeitgenosse von Jean Jacques Rousseau und Wissenschaftler im Geiste der Aufklärung. Akribisch sammelte, sortierte und verglich er Blumen und andere Planzen, um irgendwann festzustellen, dass es eine Ordnung gibt, in der jedes Lebewesen – ob Tier oder Pflanze – seinen festen Platz hat. Geordnet nach Gattungen und Klassen, Arten und Familien. Die Nomenklatur der Lebewesen gilt als das Lebenswerk des Carl von Linné und ist die Grundlage der modernen Biologie.

Zum 300. Geburtstag wurde ihm zu Ehren in seiner Heimatregion ein Besuchszentrum eröffnet, mit einem großen Botanischen Garten und dem Nachbau einer Orangerie, eines Gewächshauses, das der »Blumenkönig« selbst entwarf sowie zu Lebzeiten in Uppsala hatte bauen lassen. Das neue Linné-Zentrum befindet sich bei Diö auf der Halbinsel Möckelsnäs.

◎ Von der kleinen Straße, die von der Kirche von Stenbrohult hinaus auf die Halbinsel Möckelsnäs führt, geht ein Spazierweg ab zum 173 m hohen Hügel **TAXAS KLINT**, der eine schöne Aussicht über den MÖCKELN freigibt.

◎ Bis Älmhult folgt man am besten dem LINNÉLEDEN. **ÄLMHULT** ist bekannt als Stammsitz des international vertretenen schwedischen Möbelkonzerns IKEA – der Firmenname setzt sich aus Namen sowie Wohnort des Gründers zusammen: Ingvar Kamprad, Emtaryd, Agunnaryd. Mit 17 Jahren gründete er 1943 das Unternehmen. Das **IKEA-MUSEUM** in Älmhult ist eigentlich kein offizielles Museum, sondern dient in erster Linie der Schulung der Mitarbeiter, die aus aller Welt in die Firmenzentrale nach Älmhult reisen, um sich mit der Unternehmensgeschichte und -kultur vertraut zu machen: Die Ausstellung von Einrichtungen im Untergeschoss des Verwaltungsgebäudes ist am Wochenende jedoch auch für Besucher geöffnet. Zu begutachten sind etwa zwanzig für die jeweilige Zeit typischen Einrichtungsbeispiele: von den frühen 1950ern bis in die Gegenwart. Ganz so, wie man es aus dem IKEA-Kaufhaus kennt, wandern die Besucher selbständig durch die Ausstellung. Auch sämtliche Kataloge werden gezeigt sowie Karten, die das Wachstum des Konzerns seit 1943 nachvollziehen. Fr–So 12–16 Uhr.

◎ **VÄRDSHUSET** HOTELL & RESTAURANG **IKEA** (Kontaktdaten Seite 68).

Wussten Sie's? In Deutschland ist IKEA vertreten – seit 1974.

EZ ab 795 SEK, DZ 995 SEK, weekend EZ ab 525 SEK, DZ ab 725 SEK. Eingerichtet nur mit IKEA-MÖBELN. Bar, Cafeteria, Restaurant.

SEEN-RUNDFAHRT ÅSNEN

Eine sehr schöne Fahrt führt ab Huseby bruk (siehe Seite 76) am Westufer der Åsnen-Bucht Skatelövfjord entlang nach Torne und von dort aus über den Åsnen in Richtung Solhem, dann rechts Richtung Urshult über ein Band aus Landzungen und Inseln MITTEN IM ÅSNEN:

◎ Südlich von VEVIK erstreckt sich das NATURRESERVAT **BJURKÄRR** auf einer Halbinsel mit Buchenwald. Auf den 34 ha wachsen aber auch stattliche Eichen, deren »Vorfahren« von Soldaten der Karolinerarmee aus Polen mitgebracht worden sein sollen, etwa um 1700. Specht, Eule, Hohltaube, Seeadler u.a. sind hier zu beobachten; gegen Jahresende rasten tausende Gänsesäger in dem Gebiet. Abends schwirren Fledermäuse umher, auch Dachse werden gesichtet. Infrastruktur: Parkplatz, Schutzhütte, Toilette, Grillplatz, Tafel sowie zwei MARKIERTE PFADE: Der blaue ist auf den 1,7 km leicht zu begehen, auch mit Kinderwagen oder Rollstuhl; bei dem orangefarben markierten handelt es sich um einen 2,6 km langen, naturbelassenen Waldweg.

◎ Der westliche Teil vom weit verzweigten See Åsnen mit seinen ungezählten Buchten und bewaldeten Inseln soll bis 2013 **NATIONALPARK** werden.

◎ ÜBER die Insel SIRKÖN gelangt man nach Västerbotorp, ab dort ist ein Abstecher nach Kurrebo möglich. Das Gut **KURREBO** ist ein gefragtes Ziel von Garten- und Blumenfreunden, die gesamte Anlage eine einzige inspirierende Gartenausstellung in formidabler Lage mit weitem Blick über das Insel- und Seenlabyrinth des südlichen ÅSNEN. In der Baumschule werden diverse alte schwedische Obstbaumsorten u.a. gezüchtet. Während der Saison finden eine Reihe Veranstaltungen statt. Auch Café und B & B gehören zu Kurrebo. 1.6.–31.8. täglich 11–18 Uhr, Mai und September Sa+So 11–17 Uhr. Ganzjährig ist der Garten geöffnet. Eintritt 25/0 SEK.

◎ Der weitere Weg führt durch das Obstanbaugebiet um **URSHULT**. Es gilt sich zu entscheiden, ob man den Rückweg auf der Straße am West- oder am Ostufer des Åsnen antritt.

◎ Die Westufer-Route ermöglicht den Abstecher nach RYD. Kurios der Autofriedhof **BILSKROTEN KYRKÖ MOSSE**: Für Torfstecher *Åke Danielsson* (1914–1999) war der Schrotthandel zunächst Zubrot, später Haupterwerb. Mitten im Wald schlummern die historischen Rostlauben vor sich hin, inzwischen »durchwachsen« und zugewuchert, wie ein von der Natur geschaffenes Freilichtmuseum. Eine Umweltprüfung ergab grünes Licht, so dass der Autofriedhof noch bis in die 2040er Jahre fortbestehen darf. Gelegen ca. 1 km südöstlich von Ryd, an der Str. 119 im Kyrkö Mosse.

Unweit von Kurrebo, auf einer nahen Insel, jedoch nur via Westufer des Åsnen zu erreichen, liegt die Unterkunft und Kanuzentrale Getnö Gård mitten im See (siehe Seite 70).

Ferien aktiv

WANDERN

◎ **NOTTERYDS NATURRSERVAT**: nordöstlich Växjös bzw. östlich vom Stadtteil Sandsbro, drüben am Ostufer des Sees TOFTASJÖN, ab Sandsbro via Notteryd und dann in nördlicher Richtung. Hier könnten TROLLE und andere Waldwesen hausen...

◎ Auf alten **PILGERWEGEN**: 220 Kilometer historische Pfade wurden neu ausgeschildert für spirituelle Wanderungen durch die abgeschiedene, schöne Natur Südschwedens. Beide führen zum ältesten Kloster Schwedens, dem Zisterzienserkloster NYDALA mitten in Småland (siehe Seite 122). Der 120 km lange Nydalaleden und der 190 km lange Sigfridsleden wurden 2011 vom Bischof des Stifts Växjö eingeweiht.

◎ **UTVANDRARLEDEN**: in Etappen 96 km durch das Auswandererland.

ANGELN

◎ **ANGELN**: Im Touristenbüro Växjö bekommen Sie die Angelscheine für die Växjö-Seen (im Zentrum), den Helgasjön, Åsnen u.a. sowie für den Fluss Helige å. Tages-/Wochenkarte Helgasjön 60/125 SEK.

BADEN, SCHWIMMEN

◎ **STADTNAH**: im Nordwesten in ARABY, ÖJABY, natürlich im Freizeitzentrum EVEDAL sowie rund um den HELGASJÖN im Norden.

GOLF

◎ **VÄXJÖ GOLFKLUBB**, Araby Sjöväg, Tel. 0470 – 215 15, www.vaxjogk.se. 18-Loch-Platz, im Nordwesten der Stadt, in Araby, Abzweigen von der Hauptachse Str. 23/25/27.

◎ **GLASRIKETS GOLFKLUBB** i Växjö, Fylleryd, Tel. 0470 – 653 20, www.glasriketsgk.se. 18-Loch-Platz sowie 6-Loch-Platz im Osten der Stadt, abzweigen von Str. 25 oder 23/37.

PADDELN

◎ Der **VÄRENDSLEDEN** im Fluss Mörrumsån mit dem See Helgasjön ist die populärste Route vor Ort. Die 120 km lange Strecke führt vom sog. småländischen Hochland im Norden bis zur Grenze nach Blekinge und ist ein Querschnitt der landschaftlichen Vielfalt. Als Kanustrecke ausgebaut, sind »Kanu-Campingschecks« für die Lagerplatznutzung Pflicht, die in der Kanumiete enthalten sein sollten.

KANUZENTRALEN Getnö Gård am Åsnen, am Helgasjön in Evedal (beide siehe Seite 70) und in Asa, 30 km nördlich Växjös, die Jugendherberge Asa Vandrarhjem (siehe Seite 80/81 unten). Värends-KARTE erforderlich.

RAD FAHREN

◎ Die Seen-Tour **ÅSNEN RUNT** ist 130 km lang und verläuft gut ausgeschildert auf den Trassen einer alten Schmalspurbahn und auf kleineren Wegen. Beschreibung, Karte und ein Paketangebot mit Verpflegung/Unterkunft im Touristenbüro. Die Karte sei trotz Beschilderung angeraten.

Es sei noch einmal daran erinnert, dass die lokalen Touristenbüros über Karten zu den meisten Fahrrad- und Wanderrouten verfügen, teilweise auch zu den populären Kanustrecken, die primär von den Kanuzentralen betreut werden.

◎ 50 km lang ist eine Rundfahrt um den See **ROTTNEN**, mal am See und den Buchten entlang, dann wieder durch tiefen Wald. Die Tour ist ausgeschildert. Ein guter Startpunkt ist Bahnhof HOVMANTORP, Gemeinde Lessebo. Karte im Touristenbüro.

Info-Mix

SIGHTSEEING

◎ Auf dem **HELGASJÖN** und den angrenzenden Seen verkehrt THOR, eines der ältesten mit Holz gefeuerten Dampfschiffe in Schweden. Die Abfahrtstelle befindet sich bei der Festung Kronoberg. Mittsommer bis etwa 20.8. Siehe auch Seite 74 f.

◎ **STADTFÜHRUNGEN**: s. Seite 72.

KONTAKT, HILFE

◎ **ÄRZTLICHE BEREITSCHAFT**: Lasarettet, Strandvägen 8, Tel. 0470 – 588 00.

◎ **POLIZEI**: Sandgärsgatan 31, Tel. 114 14. Notfall-Tel. 112.

◎ **POST**: S. Ringvägen 29 (Coop). **(4)**

TRANSPORT, PARKEN

◎ **BUS**: Busterminal an Norra Järnvägsgatan, Telefon 0771 – 76 70 76, www.lanstrafikenkron.se wird auch in englischer Fassung gepflegt.

◎ **TAXI**: Tel. 135 00 und 169 00.

◎ **PARKEN**: zwei Zonen, in Zone 1 (City) 18 SEK/Stunde, in Zone 2 (Citynah) 5 SEK/Stunde und Sa frei.

Weiterreise

◎ **FLUG**: Der Flugplatz von Växjö liegt 10 km westlich vom Zentrum. Tel. 0470 – 758 500. Verbindungen nach Stockholm und Kopenhagen, mit »Flysmaland« nach Berlin und mit »Rynair« mehrmals wöchentlich nach Weeze/Niederrhein (ca. 100 km nordwestlich von Düsseldorf). www.smalandairport.se.

◎ **BUS UND BAHN**: Der zentrale Bus- und Bahnhof liegt im Süden des Zentrums. Für den Regionalverkehr im Kronobergs Län ist »Länstrafiken Kronoberg« zuständig, Telefon 0771 – 76 70 76, www.lanstrafikenkron.se. Mit Krösatågen besteht eine direkte Verbindung nach Jönköping: www.krosatagen.se. Es gibt ferner direkte Züge nach Kalmar, Malmö und Göteborg. In Alvesta besteht Anschluss an die Hauptlinie Malmö-Stockholm.

◎ **AUTO**: **NACH VÄRNAMO**. Entweder Str. 30 am Westufer des Helgasjön bis LAMMHULT; wer schönen MÖBELN etwas abgewinnen kann, findet dort genug Anlaufstellen (siehe Seite 86); kurz nachdem die Uferstraße vom See Helgasjön abbiegt, ist das nostalgische ÖHRS LANTCAFÉ der Schwestern Skogsström für eine Kaffeepause zu empfehlen; anschließend auf Nebenstraßen westwärts nach Värnamo. Alternativ über Alvesta nach LJUNGBY an der E4, um ab dort auf der Autobahn – oder besser: parallel auf der »alten E4«, der ehemaligen Reichsstraße 1, der RIK-

Eine empfehlenswerte Station auf der Weiterreise nach Värnamo (oder Jönköping) ist der kleine Ort Asa am See Asasjön, gut 30 km nördlich von Växjö. Hier starten Paddler auf dem Värendsleden und kreuzen die Fernwanderwege ...

SETTAN – Richtung Värnamo zu fahren: In Ljungby befindet sich das SAGOMUSEUM zu der Erzählkultur in Småland; auf dem WALDFRIEDHOF SKOGSKYRKOGÅRDEN ist im Entrè-Gebäude eine kulturhistorische Ausstellung zur Begräbniskultur untergebracht. Auf der Route, die östlich um den See Helgasjön herum nach Värnamo führt, erlebt man das wirklich ländliche Småland: Das schmale Asphaltband schlängelt sich um Höfe, Hügel und Seen, oft gesäumt von uralten Steinmäuerchen. Hie und da erinnern die alten Meilensteine zwischen Rottne, Tolg und Asa daran, das auf genau diesem Weg Menschen schon seit Jahrhunderten von Hof zu Hof und von Kirchspiel zu Kirchspiel unterweg sind – früher zu Fuß, auf Ochsenkarren oder mit Pferdefuhrwerken. Im Anschluss hinter Lammhult empfiehlt sich die hoch gelegene Panorama-Route via Svensbygd auf der Ostseite des Sees Rusken gen Nydala und von dort nach Värnamo.

NACH JÖNKÖPING über Str. 30, beschrieben auf Seite 122.

NACH OSKARSHAMN Str. 37. Ca. 23 km nordöstlich von Växjö (Abzweigung Richtung Lenhovda) führt ein Abstecher zur DÄDESJÖ GAMLA KYRKA; auf der bemalten Holzdecke (13. Jh.) werden Motive der Geburt Jesu und der schwedischen Legende von *Staffan Stalledräng* in Form von Medaillons dargestellt, ein kleines Fernglas tut gute Dienste; die neue Kirche auf der anderen Straßenseite hat eine schöne Barockkanzel; der Pfarrhof ist Museum. An der Kreuzung mit der Str. 28 nach Lenhovda möglicher Abstecher zur GRANHULT-KIRCHE, eine der wenigen erhaltenen HOLZKIRCHEN aus dem 13. Jh., die der Abrisslust des Bischofs Tegnér entging; er wollte lieber Steintempel sehen, die Bürger widersetzten sich: eine erfolgreiche »Bürgerinitiative«; das Kirchlein auf einer Waldlichtung ist ganz mit Malereien (18. Jh.) ausgeschmückt, ein Kleinod; der hölzerne Glockenturm entstand 1702. – Der Abstecher zur SCHLUCHT MORE KASTELL via Fågelfors siehe Seite 158. – In der Kirche von HÖGSBY sind Altar (eine Lübecker Arbeit) und Kanzel zu begutachten, beide aus dem 17. Jh.

NACH KARLSHAMN Str. 29. Bei INGELSTAD (km 22), erhebt sich der INGLINGEHÖG, ein 4 m hoher Grabhügel (Durchmesser 35 m), der in einem Feld mit mehr als 100 Gräbern liegt, das etwa bis zum Jahr 1000 genutzt wurde; hier befindet sich auch das Heimatmuseum ÖSTRA TORSÅS. Die KIRCHE VON JÄT (25 km südlich, am Åsnen) ist im Bezirk eine der am besten erhaltenen mittelalterlichen Kirchen und wurde vermutlich Ende des 12. Jhs. aus Feldstein erbaut; die Sakristei und das Waffenhaus aus Holz kamen später hinzu, ebenso die Frauen- und die Männerempore; ab 1909 hatte die Kirche ausgedient, als die Gemeinde ein neues Gotteshaus gebaut hatte; Ende der 1950er Jahre wurde man sich des kulturellen Wertes der alten Kirche bewusst und begann mit Restaurationsarbeiten.

... Sigfridsleden und Höglandsleden. Als Unterkünfte fungieren das Hotel im Herrenhof »Asa Herrgård« (www.asaherrgard.se) sowie die Jugendherberge »Asa Vandrarhem« (www.friheten.nu) mit Boots- und Fahrradvermietung.

Rund um Värnamo

NATUR UND (MÖBEL-)DESIGN

Värnamo ist eine geschäftige Kleinstadt, deren Hauptattraktionen für viele Touristen in den Landschaften des Umlandes sowie in der Tradition der Möbelherstellung liegen. Hier lebte und arbeitete *Bruno Mathsson* (1907–1988), gelernter Möbelschreiner und avantgardistischer Designer – einer der ganz Großen der Klassischen Moderne. Die von ihm entwickelte Technik, geleimtes Buchenholz zu Schwingsesseln zu verarbeiten, revolutionierte in den 1930er Jahren die Möbelindustrie. Atelier und Werkstatt des Meisters gehören nun zum BRUNO MATHSSON-CENTER. Värnamo ist – zusammen mit dem nahen LAMMHULT – so etwas wie ein Zentrum der Designer-Avantgarde. Um diesem Fakt mehr Aufmerksamkeit in der Öffentlichkeit zu verschaffen, öffnete 2011 Värnamos Kunst- und Designzentrum VANDALORUM.

An beiden Ufern des Flusses LAGAN gelegen, wurde Värnamo schon im 13. Jh. als Handelsplatz an einer Furt über den Fluss erwähnt. Land- und Forstwirtschaft gaben nur karge Erträge, und als im 18.Jh. *Sven Nilsson Morin*, ein künstlerisch wie technisch begabter junger Mann, die Bauernsöhne lehrte, kleine Metallteile zu gießen, war das der Anfang der lokalen Metallwarenherstellung. Männer aus GNOSJÖ, die im 19. Jh. in Jönköpings Waffenmanufakturen gearbeitet hatten, brachten ihre Fertigkeiten mit nach Hause zurück, worauf sich Gießereien, Hammerwerke, Drahtziehereien und weitere Betriebe entwickelten. Der Geist von Gnosjö war geboren – in der Gemeinde, blühte die Kleinindustrie. Värnamo war der zentrale Handelsplatz, und die Region wurde so bald über ihre Grenzen hinaus bekannt. Mehr über Gnosjö erfahren Sie ab Seite 87.

Dass die Natur allem Unternehmergeist nicht zum Opfer fiel, davon kann man sich leicht selbst überzeugen: Seen, Laub- und Nadelwälder, Wiesen, Weiden und Moore ringsum. Eine Wanderung durch das Moor im Nationalpark STORE MOSSE ist ein famoses Erlebnis, ebenso wie ENTDECKUNGSTOUREN AUF EIGENE FAUST durch Westsmåland sehr populär sind. Unterwegs trifft man immer wieder auf jene typisch småländischen Steinmauern oder Steinhaufen (von den Feldern aufgesammelte Steine), die vom hartnäckigen Kampf der Landwirte um ein wenig fruchtbares Land zeugen.

INFORMATION

◎ **VÄRNAMO TURISM**, Storgatan 50, SE–33183 Värnamo, Tel. 0370–188 99, info@visit-varnamo.com, www.visit-varnamo.com. Mo–Fr 9–12.30 u. 13–16 Uhr. Broschürenauslage Mo–Fr 7–18, Sa+So 10–15 Uhr.

Im Design-Hotel »Scandic Värnamo« ▶

Unterkunft

◎ **SCANDIC VÄRNAMO**, Storgatsbacken 20 (Fußgängerzone), Tel. 0370 – 65 66 00, Fax 65 66 09, www.scandichotels.se/varnamo. EZ sowie DZ ab 1090 SEK, weekend- und Sondertarife auf Anfrage.

RETRO-HOTEL aus den 1950ern mitten im Zentrum, originalgetreu restauriert und eingerichtet. Das Besondere: die Designer-SHOWROOM-SUITEN der im Möbelreich ansässigen Möbelhersteller; außerdem eine komplett mit Bruno-Mathsson-Mobiliar eingerichtetete Suite. Ebenfalls eher selten: DOPPELBADEWANNEN. Unbedingt fragen, ob die Designer-Suiten frei sind! Siehe auch Seite 84.

◎ **TOFTAHOLM HERRGÅRD**, Lagan (12 km südlich von Värnamo), Tel. 0370 – 440 55, Fax 440 45, www.toftaholm.se. EZ ab 1.520 SEK, DZ ab 1.850 SEK. Weekend-Arrangements.

Edles, ROMANTISCHES Landhausambiente am Ostufer des Sees VIDÖSTERN. Anfahrt via E 4, Toftaholm.

◎ **GNOSJÖ VANDRARHEM**, STF, Gnosjö, Fritidsvägen 6, Tel. 0370 – 33 11 15, Fax 33 11 10, vandrarhemmet @gnosjo.se/ Ganzjährig geöffnet. 48 Betten. Im Mehrbett-Zimmer 175/85 SEK, als EZ ab 260, als DZ ab 400 SEK. Kanuvermietung. Randlage im Nordosten Gnosjös, Anfahrt via Str. 151 und Asehögsvägen.

◎ FERIENDORF **ISABERG** in Hestra, Nissastigen, Tel. 0370 – 33 93 00, Fax 33 93 29, www.isaberg.com auch auf

Deutsch. Ganzjährig geöffnet. Ferienhäuser ab 725 SEK, mit Hotelservice und Frühstück bei 2 Personen ab 1.400 SEK, des Weiteren Camping (4 Sterne) 220 SEK pro Stellplatz.

40 Kilometer nordwestlich Värnamos umfasst das Isaberg-Feriendorf Unterkünfte in fünf Kategorien für Selbstversorger ebenso wie mit Hotelservice, vom Wintercamping bis zum schicken Lofthaus für zwölf Personen mit drei Bädern sowie Sauna. Der Isaberg erhebt sich westlich des Nationalparks STORE MOSSE und überragt das smäländische Hügelland um gut 150 Meter. Im Winter ist Isaberg deswegen ein gefragtes SKIZENTRUM, im Sommer Ausgangspunkt für vielerlei Aktivitäten: Kanu, Klettern, Mountainbiken, Wandern, Programme für kindgerechte Kanutouren u.a. Auch ein Restaurant gehört zu der Anlage.

◎ **BOLMSÖ BED & BREAKFAST** UND **CAMPING**, Insel Bolmsö (20 km südwestlich von Värnamo), Hägern, Kyrkbyvägen 12, Tel. 0372 – 91 102, www.bolmsocamping.se. 1.5.–30.9. DZ mit Bad 700 SEK inklusive Frühstück, Stellplatz ab 150 SEK, Hütten ab 400 SEK, je nach Saison, günstigere Wochentarife.

Im See Bolmen auf der Insel Bolmsö, mit Fähr- und Straßenanbindung. Ein übersichtlicher, familienfreundlicher Waldplatz erwartungsgemäß direkt am See. Angeln, Baden, Kanus, Ruder- und (für Angler) Motorboote zu mieten, für Paddler ab 200 SEK je Tag. Mehr zum Bolmen Seite 89 ff.

Essen und Trinken

◎ In der FUSSGÄNGERZONE **STORGATSBACKEN** gibt es mehrere Lokale, wo Sie in den warmen Monaten angenehm draußen sitzen sowie Tagesgerichte und die üblichen Sandwiches, Salate etc. bestellen können. Als populär gelten das CAFÉ SNIPEN (No. 6), CAFÉ 18 (No. 18) und:

◎ **STADT BORD & BAR** im HOTEL »Scandic Värnamo«, Storgatsbacken 20, Tel. 0370 – 65 66 00. Mo–Fr 17–23 Uhr. Separater Eingang von der Fußgängerzone. Einladendes Ambiente im englischen Lounge-Stil, die Speisekarte international, auch Vegetarisches, die Hauptgerichte liegen vorwiegend zwischen 80 und 150 SEK.

◎ Wer einen Ausflug in die NATUR westlich von Värnamo unternimmt, erreicht über die Str. 27 zum Beispiel das **HERRESTADS CAFÉ**, Herrestad, Tel. 0370 – 28 410, ein Sommercafé mit Seeblick, Frühstücksbuffet während der Hochsaison, Selbstgebackenem und hin und wieder Live-Musik (Mi abends). – Dann in Bredaryd, gut 20 km westlich Värnamos, das urige **BREDARYDS WÄRDSHUS**, Telefon 0370 – 80 320, mit einer stolzen Auswahl an BIER- UND WHISKEYsorten und die ambitionierte Speisekarte im gehobenen Preisbereich. – FRISCHFISCH gibt's bei **TIRAHOLMS FISK** am Westufer des Sees Bolmen auf einer Landzunge, Verkauf und Restaurant von April bis Dezember; östlich von Unnaryd (und ausgeschildert).

Vandalorum im Winter ▶

VANDALORUM – INTERNATIONALES ZENTRUM FÜR KUNST UND DESIGN

Konzipiert vom renommierten Architekten *Renzo Piano,* erinnert das im April 2011 eröffnete Vandalorum von außen an große, rote Scheunen, wie sie für Småland typisch sind; es ist ein mutiger, reizvoller Kontrast zu Kunst und Kreativität, denen man im Inneren begegnet, zu den Glasfronten und großen Fenster-Dächern, durch die das Licht in die Säle und Galerien fließt. Als wäre das Gebäude »einfach aus der Erde Smålands gewachsen« – genau so hatte es sich der Architekt gewünscht, nachdem er Småland besucht und aus der Luft inspiziert hatte.

Der Name ist eine Anspielung auf die Vermutung, dass der Volksstamm der Vandalen ursprünglich aus Småland komme. Früher trug der schwedische König übrigens den Titel »König der Schweden, Goten und Vandalen« – eben »Rex Vandalorum«, wie es u.a. auf einer lateinischen Inschrift eines Königsgrabes steht.

Die Ausstellungen zeigen zum Einen Kunst und Design aus Småland, wo Möbelindustrie und Kreative sich seit über hundert Jahren gegenseitig befruchten. Auch das »Smålands Konstarkiv« stellt darin aus. Vandalorumn holt aber auch internationale Ausstellungen nach Småland. Mit 3.000 m^2 modernster Ausstellungsfläche, Ateliers sowie Tagungsräumen ist Vandalorum eine TOP-Location für Kunst in Südschweden.

◎ **VANDALORUM**, Skulpturvägen 2 (außerhalb der Stadt, nahe der E4, ausgeschildert), Tel. 0370 – 30 22 00, www.vandalorum.se. Täglich 11 bis 17/18 Uhr, donnerstags bis 21 Uhr. Eintritt 70 SEK. Anbei Shop, Cafeteria und das Bistro-Restaurant »Syltan«.

Im Möbelreich

Die Avantgarde schwedischer Möbeldesigner und -hersteller hat ihr Zentrum also in Småland. Das Gebiet zwischen Värnamo und Lammhult nennt sich MÖBELRIKET – das Möbelreich. Selbstbewusst verweist man auf die lange Handwerkstradition in der Möbelherstellung und auf Bruno Mathsson, den bedeutendsten schwedischen Designer der Klassischen Moderne. Sein Haus und Atelier in Värnamo beherbergt das Bruno Mathsson Center, wo die Experimente des Funktionalisten mit schichtverleimtem Bugholz und viele seiner Möbel ausgestellt sind. Eine seiner berühmtesten Kreationen ist das schwingende Sitzmöbel »Grashüpfer« GRÄSSHOPPAN. Mathssons Schwingsessel und Elipsen-Tische sind unverändert populär.

Junge Möbeldesigner arbeiten in der Nachfolge Mathssons bei innovativen Möbelherstellern wie KÄLLEMO, NORRGAVEL, LAMMHULTS und SVENSSONS, die alle im Möbelreich angesiedelt sind.

In Lammhult trifft man sie alle. Der kleine Ort an der Str. 30 zwischen Jönköping und Växjö muss einfach die höchste Dichte an Design- und Einrichtungsausstellungen pro Einwohner haben. Für das genüssliche Erkunden der aktuellen Trends und für anstehende Einkäufe sollte man sich ein Zeitpolster gönnen, obwohl die Showrooms von »Lammhults« und »Norrgavel«, »Svenssons«, »Abstracta« und »Nilssons« nahe beieinander liegen. Einzig »Källemo« ist in Värnamo beheimatet.

◎ Das HOTEL **SCANDIC VÄRNAMO** (selbst schon ein Fünfziger-Jahre-Klassiker) ist so etwas wie ein lebendiger Showroom der ortsansässigen Möbelindustrie. Die drei Suiten des Hotels sind eingerichtet von Bruno Mathsson, Källemo und Svenssons; aber auch sonst trifft man im Haus auf »Visitenkarten« des Möbelreichs.

Das Hotel ist, gibt es das eigene Budget her, der perfekte Ausgangspunkt für einen gelungenen Kurztrip in die aktuellen Trends und auf den Spuren schwedischen Möbeldesigns jenseits von »Ikea«.

◎ **BRUNO MATHSSON CENTER**, Värnamo, Tånnögatan 17, Tel. 0370 – 30 05 40, www.bruno-mathsson-int.com. Mo–Fr 13–17 Uhr.

Das ehemalige Atelier des Künstlers bewahrt seinen Nachlass und ist Dokumentationszentrum. Die Ausstellung zeigt einige seiner Möbel sowie andere Entwürfe. Zudem können die Besucher einen Blick in das authentische Arbeitszimmer Mathssons aus den 50er Jahren werfen; es wirkt erstaunlich zeitgenössisch.

Fans von Bruno Mathsson werden auch gern die »Glashäuser« des Designers und Architekten in Kosta besuchen (siehe Seite 192). Mathsson hatte in den 1950ern lichtdurchflutete und funktionale Reihenhäuser für Angestellte der Kosta Glasbläserei entworfen, einschließlich Einrich-

Im Bruno Mathsson Center ▶

tung. In diesen außergewöhnlichen Werkswohnungen – vor einigen Jahren im Originalzustand restauriert – nächtigen heute Kostas VIP-Gäste.

◎ **KÄLLEMO**, Collection Källemo AB, Värnamo, Växjövägen 30, Tel. 0370 – 15 000, www.kallemo.se. Mo–Fr 10 – 18 Uhr.

Das Firmengelände mitten in Värnamo ist nicht auf Besucherströme eingestellt. Ein Blick in den künstlerisch gestalteten Entré und die dort ausgestellten Produktneuigkeiten und »Källemo«-Klassiker ist interessierten Besuchern aber durchaus gestattet. Für »Källemo« hatte der Designer *Jonas Bohlin* 1980 den berühmten Stahl-Beton-Stuhl CONCRETE entworfen; eines der limitierten 100 Exemplare steht in der Galerie von »Källemo«. Furore machte auch *Mats Theselius* mit seinem Aluminiumsessel (Leder und Buche). Ein weiteres Beispiel für unkonventionelles Design ist die Leuchte, die aussieht wie ein beleuchteter Farbeimer: »Helle Farbe« von *Fredrik Wretman* (2005).

◎ **SVENSSONS**, Lammhult, Telefon 0472 – 48700, www.svenssons.se. Mo–Fr 10 – 18 Uhr, Sa+So 11 – 16 Uhr.

»Svenssons« widmet seinen Wurzeln in der småländischen Tischlerwerkstatt eine kleine Ausstellung im Untergeschoss der Showrooms. Die Firma produziert verschiedene Bruno-Mathsson-Möbel. Und zeichnet sich durch das NETWORKING innerhalb der lokalen Design-Branche aus. Hier finden sich innovative Lampenhersteller aus dem GLASREICH

(»Belysningsbolaget«) sowie Produzenten hochwertiger Treppen und Türen mit kreativer Formgebung.

◎ **NORRGAVEL**, Lammhult, Växjövägen 42, Tel. 0472 – 26 99 90, www.norrgavel.se. Mo–Fr 10 –18 Uhr, Sa+So 11–16 Uhr.

»Norrgavel« wird besonders die Freunde des klassischen skandinavischen Designs ansprechen. In der Möbelwerkstatt fliegen noch richtig die Späne, wenn von Hand gearbeitet wird. Holz ist bei »Norrgavel« der Werkstoff Nummer Eins.

◎ **NILSSONS**, Lammhult, Norra Fabriksgatan 2, Telefon 0472 – 26 00 41, www.nilssonsilammhult.se. Mo–Fr 10 –18 Uhr, Sa+So 11–16 Uhr.

Das Möbelhaus steht für einen ordentlichen Querschnitt sämtlicher schwedischer Möbelhersteller.

◎ **LAMMHULTS**, Lammhult, Växjövägen 41, Tel. 0472 – 26 95 00, www.lammhults.se. Mo–Fr 10–17 Uhr.

»Lammhults« wurde 1945 als Mechanische Werkstatt gegründet, da Gründer *Edvin Stål* aus Konkurrenzausschlussgründen zunächst einmal keine reine Möbelfabrik starten durfte, nachdem er »Lammhults Stol & Snickerifabrik« verlassen hatte. In seiner zweifachen Kompetenz in der Metall- und Holzverarbeitung lag der Schlüssel für den Erfolg des jungen Unternehmens, beispielsweise mit dem Stapelstuhl Model PYRAMIDE. Heute ist »Lammhults« als Designunternehmen mit preisgekrönten Entwürfen u.a. von *Gunilla Allard, Love Arbén, Anya Sebton* ein Begriff.

Ausflüge ab Värnamo

NACH GNOSJÖ

Das schon erwähnte Gnosjö liegt ca. 25 km nordwestlich Värnamos und ist über die Straße 151 zu erreichen. Auf dem Hinweg empfiehlt sich ein Abstecher via Str. 152:

◎ **HIGH CHAPARRAL**, Hillerstorp, Tel. 0370 – 82 700, www.highchaparral.se. Mitte Mai bis Ende August täglich 10–18 Uhr, ab Mitte Juni bis 19 Uhr. Eintritt ab 180 SEK, Kinder kleiner als 1 m frei.

In der WILD-WEST-STADT gibt es Restaurants, Saloons, Dampfschiff, Eisenbahn (mit Überfällen muss gerechnet werden), eine Indianer-Insel, zahlreiche Läden, Rummelplatz, Tiergehege etc. Alles was eine Westernstadt ausmacht – und gutes Geld einbringt. Der Eintritt zu Shows wie »Lucky Luke«, »Saloon show« oder »Indian show« ist frei, auch STUNTS gehören zum Repertoire. Übernachten kann man hier auch: in Western-Hotel, Feriendorf, Campingplatz.

INDUSTRIMUSEUM GNOSJÖ

Mehrere Industriedenkmäler rund um Gnosjö erhalten die Erinnerung an die Zeit ab dem 18. Jh., als Erz aus Sumpfgebieten und aus dem Taberg nahe Jönköping verarbeitet wurde, der Auftakt der hiesigen Industrie.

◎ **INFORMATION**: GNOSJÖ TURISTBYRÅ (Zentrum), Tel. 0370 – 33 10 41, turism@gnosjö.se, www.gnosjo.se. – Speziell zu den Industriedenkmälern

Achtung: Die lokalen Möbelhersteller machen etwa von Anfang Juli bis Anfang August normalerweise Werksferien und sind dann nicht zu besuchen.

www.industrimuseum.gnosjo.se in Teilen auch auf Deutsch. Lagepläne zum Download, ebenso ausgeschildert ab Str. 151.

◎ **TÖLLSTORPS INDUSTRIMUSEUM**, Gnosjö, Töllstorps Friliftsområde, Tel. 0370 – 99 106. 1.6.–31.8. täglich 13–16 Uhr. Führung (rund 90 Minuten) 50/25–0 SEK.

Im 18. Jh. betrieb man in der Gemeinde drei HOCHÖFEN, die Erz aus den Sümpfen und das hochwertige Erz des TABERGS (siehe Seite 118) zu Roheisen schmolzen. Als die Waffenmanufakturen Jönköpings um 1800 Arbeiter entließen und die betroffenen Gnosjöer wieder zurückkehrten, konnten sie ihr erworbenes Knowhow in der Metallverarbeitung weiter verwenden. So gab es in der Gemeinde Gnosjö im 19. Jh. mehr als 100 Eisen verarbeitende Betriebe, darunter »Töllstorps Industri«. In der originalen, funktionstüchtigen Anlage wird die VERGANGENHEIT unmittelbar LEBENDIG, wenn aus Eisen Draht und dieser zu Schneebesen, Haarnadeln, Sicherheitsnadeln oder Plätzchenformen verarbeitet wird.

Den Strom liefert die eigene Wasserkraftanlage. Am Nordostrand von Gnosjö, östlich der Str. 151.

◎ **HYLTÉNS INDUSTRIMUSEUM**, Gnosjö, Tel. 0370 – 91 700. 1.6.–31.8. täglich 13–16 Uhr. Führung (rund 90 Minuten) 60/30–0 SEK.

Diese Manufaktur gründete 1874 J. Hyltén als Metallwarenfabrik; sie war 100 Jahre lang im Betrieb. In der KOMPLETTEN ANLAGE mit Gießerei, Schmiede und mechanischer Werkstatt ist SEIT 80 JAHREN NICHTS MODERNISIERT worden; sogar das eigene Wasserkraftwerk liefert Strom wie vor 110 Jahren. Zur Demonstration werden die mittels Riemen und Wellen angetriebenen Maschinen stets in Gang gesetzt. Für den Museumsverkauf stellt man Glocken, Mörser, Schmuck u.a. her. Im Süden Gnosjös, südlich der Str. 151.

◎ **GÅRÖSTRÖMS INDUSTRIMUSEUM**, Gnosjö. Ist nur in Verbindung mit dem nahe gelegenen Hylténs Industrimuseum zu besichtigen. Hier hat man Maschinen aus der Region zusammengetragen – intakt oder repariert, werden sie teilweise zu Demonstrationszwecken in Gang gesetzt. Etwas für Spezialisten.

▲ **Töllstorps Industrimuseum, mehr nur als ein Hauch Nostalgie: die zum Teil angegrauten Holzhütten, die hölzernen Wasserräder und das über große Steine plätschernde Flüsschen – von Birken und Nadelbäumen stimmungsvoll umrahmt**

3 x ELCH (= ÄLG) SÜDLICH VON VÄRNAMO

Zwischen Värnamo und Markaryd sind Elche garantiert zu Gesicht zu bekommen. Alle Websites haben auch eine deutschsprachige Fassung.

◎ Zur Autobahnraststätte (E 4) **LAGANLAND**, 10 km nördlich von Ljungby, gehört ein einsehbares FREIGEHEGE, das den Kontakt mit dem »König der Wälder« herstellt. 1.6.–30.9. täglich 9–18 Uhr, ab 1.4. u. bis 31.10. 10–17 Uhr. Eintritt 50/25 SEK. www.laganland.se.

◎ **ÖSTRA ELINGES ÄLGPARK**: Gehege südlich von Ljungby bei Hamneda. Geöffnet täglich 9–19 Uhr. Eintritt 50 SEK. www.elingealgpark.com.

◎ **SMÅLANDET** ist eine Freizeitanlage mit einem ELCHSAFARI-DRIVE-IN: Über 3 km lang schlängelt sich der Weg durch ein Waldstück mit Elchbestand, zu befahren mit dem eigenen Auto oder als Gast im Bimmelzug. In Misterhult bei Markaryd. Mai bis Oktober täglich 10–18 Uhr, sonst Sa+ So 11–17 Uhr. www.smalandet.se.

NISSAFORS

Dieser Ort liegt 8 km Kilometer weiter nordöstlich von Gnosjö am Paddelfluss Nissan und an der Str. 151.

◎ **KALLFELDTS LÄDER**, Nissafors, Norra Bruksgatan 5, Tel. 0370 – 33 62 06, www.kallfeldt.se. Werksshop Mo bis Do 9/10–16, Fr 9/10–13/14 Uhr.

Die Ledermanufaktur in Nissafors verarbeitet vor allem Elchleder und Rentierhaut sowie Kalbsleder. Für ein echtes Elch-Souvenir ist ein Besuch im Werksshop also genau richtig. – In den dichten Wäldern Schwedens gibt es so viele Elche, dass jedes Jahr rund ein Viertel (zurzeit etwa 100.000) zur Jagd freigegeben werden muss. Die Haut wird dann bei Kallfeldts verarbeitet. Elchleder gilt als flexibel, strapazierfähig und extrem haltbar. Die Firma wurde erst 1989 gegründet und ist längst weit über die Grenzen Smålands hinaus bekannt. Die Werkstatt kann besichtigt werden. Kinder dürfen sogar ihre eigenen Geldbörsen anfertigen.

SKILLINGARYD

Skillingaryd liegt knapp 30 km nördlich von Värnamo ebenfalls an der E 4 und empfiehlt sich als Station auf der Weiterreise nach Jönköping.

◎ 2012 öffnet das **MILISEUM** auf einem über 300 Jahre lang militärisch genutzten Areal. Im Rahmen des nationalen Netzwerks für Militärhistorie SFHM (www.sfhm.se) soll hier die Militärgeschichte Smålands präsentiert werden – Exponate aus Jönköping (Waffenschmiede in Huskvarna, früher: Försvarshistoriska museet) und Eksjö (Garnisonsgeschichte) werden in den neuen Ausstellungen zur Geltung kommen. Neben einem Offizierskasino, einer Krankenstation und ähnlichen Infrastruktur-Einrichtungen soll auch die Lebenssituation smäländischer Soldaten-Familien in früherer Zeit eine Rolle spielen: So kann ein typisches »Soldattorp« besichtigt werden: ein Häuschen, wie es Soldaten und ihren Familien zur Verfügung gestellt wurde. Bis zur Eröffnung Tel. 0370 – 71 730 und unter www.sfhm.se via Menü »SHMA«.

BOLMEN
Südschwedens, abgesehen von Vänern und Vättern, größter Binnensee (184 km^2) ist ein fantastisches Naturgebiet, das sich bei Wassersportlern großer Beliebtheit erfreut (siehe Seite 90). Wer die Gegend eher »in passiver Bewegung« erleben will, kann an einer Bootsfahrt teilnehmen oder ein paar (bescheidene) kulturhistorische Orte aufsuchen.

◎ Via E 4 und Vittaryd ist Bolmstad zu erreichen, wo im Sommer **M/S KAVALJEREN** zu Mini-Kreuzfahrten auf dem See aufbricht. Fahrplan-Tel. 0370 – 211 50.

◎ **KULTURGESCHICHTE**: BOLMSÖ KYRKBY ist ein beliebter Ausgangspunkt für Unternehmungen in der Region, Heimatmuseum sowie frühgeschichtliches Gräberfeld SPÖKEBACKEN. – Bei HÅRINGE findet man nicht weniger als fünf Gräberfelder und weitere frühhistorische Denkmäler. – ODENSJÖ liegt direkt am See: Heimatmuseum und eine alte Kirche. – SÖDRA UNNARYD liegt am Nordufer: Kirche von 1833, Burgruine, Gräber und Steinsetzungen aus frühgeschichtlicher Zeit (Bedjarör).

Ferien aktiv

Rund um Värnamo ist die Vielfalt an Aktivferien besonders groß: Es gibt mehrere Naturreservate, viele Wanderpfade und Nebenwege zum Radeln, den See Bolmen sowie die Flüsse Lagan und Nissan zum Paddeln – dies nur eine Auswahl. Eine gute Infrastruktur besteht am ISABERG und im Nationalpark STORE MOSSE.

WANDERN

◎ **STORE MOSSE** (siehe auch Seite 91 f.), auf Holzbohlen und präparierten Wegen durch den Nationalpark: Kävsjön runt, 14 km Rundwanderung ab Naturum. – Lilla Lövö runt, 6 km Rundwanderung ab Naturum. – Andersberg, Kittlakull, Lövö, 13 km einfache Strecke. Geführte Touren während des Sommers siehe Seite 92.

◎ **ISABERG**: mehrere Rundstrecken nahe des Feriendorfs, Länge von 1,5 bis 12,5 km, Dauer von 20 Minuten bis ca. 3 Std. (Bjärsvedsleden). Sehr zu empfehlen: Der 5 km lange Rundweg ETTÖSPÅRET führt ins Naturreservat Ettö (siehe unten). Info: im Feriendorf oder via www.isaberg.com.

Nicht vergessen: das »Besteigen« des 150 m hohen Isabergs (Aussicht).

◎ **JÄRNBÄRARLEDEN**: 21 km misst der Pfad zwischen Feriendorf Isaberg und Gnosjö, der östlich von Isaberg das **NATURRESERVAT ETTÖ** durchquert, eine vom Fluss Nissan gebildete Delta-Landschaft, die fast jedes Jahr überschwemmt wird und so die

Voraussetzung für eine reichhaltige Flora bildet. Die Seen Ettosjön und Svartviken gehörten einst zum Flusslauf, heute sind sie stehende Gewässer. Zu erreichen auch via Str. 26, nahe Hestra, Parkplatz nördlich des Naturschutzgebiets. Der markierte Pfad endet an TÖLLSTORPS Industrimuseum (siehe Seite 87). Dauer 4–5 Std.

◎ Der Järnbärarleden geht in Töllstorp in den **KÄVSJÖLÄNKEN** über, der über 20 km an den KÄVSJÖN im Nationalpark STORE MOSSE heranführt. Markiert, Dauer 4–5 Std.

◎ FERNWANDERWEG **GISLAVEDSLEDEN**: 85 km vom Isaberg bis nach Kinnared in Halland.

◎ PILGERWEG **NYDALALEDEN** von Markaryd im Süden via Ljungby und Värnamo zum ÄLTESTEN SCHWEDISCHEN KLOSTER nach Nydala, gelegen am Nordufer des Sees RUSKEN, 30 km nordöstlich von Värnamo an der Str. 127 (siehe auch Seite 122). Der südliche Abschnitt zwischen Värnamo und Ljungby verläuft im Bereich der E 4 und ist bescheiden attraktiv. Nördlich Värnamos aber knickt der Pfad nach Nordosten ab und durchquert reizvolle Naturgebiete.

ANGELN

◎ Im Touristenbüro Värnamo gibt's Angelscheine für viele **SEEN** in der Region. Die Preise variieren für eine Tages-/Wochenkarte von 15/30–40 SEK (Fyrele und Hindsen) bis 75/250 SEK für den großen **BOLMEN**, worin zum Beispiel Barsch, Hecht, Lachsforelle, Zander u.a. leben.

BADEN, SCHWIMMEN

◎ Badestellen an den vielen **SEEN** rund um Värnamo gibt es reichlich – zu empfehlen in Richtung Osten (die Seen FLÅREN und HINDSEN mit dem Badestrand Näsbyholm an der Nordspitze) und gen Süden (VIDÖSTERN und BOLMEN). Nordwestlich Värnamos, in Isaberg, kann eine Fahrradtour gut mit einem Bad im See kombiniert werden; auf den Fahrradkarten des Feriendorfs sind die besten Plätze eingezeichnet (Download).

GOLF

◎ **VÄRNAMO GOLFKLUBB**, Näsbyholm, Tel. 0370 – 239 91. 27-Loch-Platz am See Hindsen.

PADDELN

◎ **LAGAN**: Der Oberlauf des Flusses zwischen Skillingaryd (nördlich von Värnamo) und der Mündung des Bolmån (südlich Värnamos) ist über ca. 120 km als Kanustrecke ausgebaut. Beim Lagan am See Prostsjön, nördlich des Zentrums, vermietet Värnamo Camping Boote.

◎ Auf der Landzunge Näsudden im See **HINDSEN** befindet sich die Kanuzentrale Värnamo Kanotcentral, Tel. 0370 – 230 35. 7 km nordöstlich Värnamos, Str. 127 und Abzweigung nach Hindsekind.

◎ Der weiter westlich in Nord-Süd-Richtung verlaufende Fluss NISSAN eignet sich eher für Kanuwanderer. Interessanter für das Zielpublikum dieses Buches sind die Seen sowie Wasserwege im Bereich **ISABERG**, zumal im Feriendorf auch Kanus ge-

Store Mosse: der Vogelbeobachtungsturm beim Naturum am Kävsjön. Übrigens kann in Store Mosse auch übernachtet werden; das Touristenbüro in Värnamo vermietet die Unterkunft in restaurierten Gehöften, je nach Objekt mit mehr oder weniger Komfort. ▶

NATIONALPARK STORE MOSSE (GROSSES MOOR)

Store Mosse liegt zwischen Värnamo und Hillerstorp, auf halbem Weg nach Gnosjö. Die INFRASTRUKTUR für Besucher besteht aus Parkplätzen, rund 40 km Wanderpfaden, Aussichts- und Vogelbeobachtungstürmen. Am KÄVSJÖN hat man ein NATURUM (Dokumentations- und Infozentrum) eingerichtet; dort steht auch ein Vogelbeobachtungsturm (behindertengerecht), zu erreichen ab Str. 151. Ebenfalls mit dem eigenen Fahrzeug zu erreichen sind SVÄNÖ (im Norden) sowie LÖVÖ (im Süden).

◎ Store Mosse – seit 1982 Nationalpark – ist mit 7.740 ha SCHWEDENS GRÖSSTES **HOCHMOOR- UND SUMPFGEBIET** SÜDLICH VON LAPPLAND mit vielen Pflanzen- und Vogelarten, die sonst nur in nördlicheren Breiten vorkommen. Das Moor entstand vor rund 8.000 Jahren, als der ausgetrocknete, sandige Seegrund durch Klimaveränderung versumpfte. Die DÜNEN IM MOOR trug der Wind zusammen; auf den Sandrücken verlaufen heute die Wanderwege.

◎ **INFORMATION**: NATURUM (Str. 151/Bushalt 201), www.storemosse.se auch auf Deutsch. 1.6.–31.8. täglich 11–17 Uhr, sonst Sa+So, Oktober bis März nur So 11–17 Uhr. Info-Tel. 0370 – 237 92.

FORTSETZUNG SIEHE NÄCHSTE SEITE

FORTSETZUNG **NATIONALPARK STORE MOSSE (GROSSES MOOR)**

◎ Der Vogelsee **KÄVSJÖN** ist nicht nur Station für rastende Zugvögel; die meisten der im Park brütenden Vögel bevorzugen das Gebiet dieses hier einzigen Sees mit klarem Wasser (kein Zutritt 1.3.–30.9.): Entenvögel, Lachmöwe, Singschwan, Grünschenkel, Zwergschnepfe, Rohrweih etc. Im Moor brütet die größte KRANICHKOLONIE Südschwedens, auch Sumpfohreule, Brachvogel, Goldregenpfeifer, Turmfalke u.a. haben hier ihre Nester.

◎ Im Winter geht das **ADLERRESTAURANT** in Betrieb, der Futterplatz für Seeadler und andere Raubvögel, den man per Webcam beobachten kann.

◎ Die **VEGETATION** erreicht eine gewisse Spannbreite: In nährstoffarmen Zonen wachsen Glockenheide, Moosbeere und Zwergbirke, während im nährstoffreicheren Björnekullakärret auch Orchideen blühen (hier Zutritt 1.4.–15.7. verboten, gilt nicht für den Wanderweg). Eine artenreiche Flora findet man auch bei Lövö und Svänö.

◎ Ein besonderes Wandererlebnis sind die **SOMMERLICHEN SCHNEESCHUH-TOUREN** über die Feuchtgebiete! Unter fachkundiger Leitung geht es mitten hinein ins Moor ABSEITS DER WEGE, die man sonst, wenn man ohne Guide unterwegs ist, auf keinen Fall verlassen sollte! Termine und Informationen gibt es im Naturum.

mietet werden können. So empfiehlt sich ein Ausflug zum VÄRÖ-NATURRESERVAT, einer kleinen Insel im Algustorpasjön. In der Waldlandschaft im Süden der Insel ragen stolze Kiefern auf, die älter als 100 Jahre sind.

◎ Auch der verzweigte **BOLMEN** ist ein Paradies für Paddler. Ein von mehreren Ausgangspunkten (und Kanuzentralen) ist am Südostufer Bolmen Marin & Fritid, Telefon 0372 – 231 00, www.bolmen.com. Auch Camping. 1.5.–30.9.

RAD FAHREN

◎ **ISABERG**: Mehrere Rundstrecken tangieren das Feriendorf, Länge von 8 bis 25 km, Dauer von 30 Minuten bis 2 Std. ohne Pausen, auf Apshalt, Schotter und Waldwegen. Mit nur kurzen Abschnitten über breite Straßen kommen vor allem STORA SJÖLEDEN (25 km) sowie HESTRALEDEN (10 km) aus. – Karte und Fahrradvermietung (60 SEK/Tag) im Feriendorf.

◎ Ein günstiges Revier für Radfahrer sind die kaum frequentierten Nebenstraßen rund um den **BOLMEN**. Auf den meisten der Campingplätze und sogar Kanuzentralen sind Fahrräder zu mieten. Auf der Website des Touristenbüros von Ljungby stehen mehrere Karten und Broschüren mit TOURENVORSCHLÄGEN in Westsmåland zum Download bereit: www.ljungby.se auch auf Deutsch.

Store Mosse trägt auch den Beinamen »Norrland in Miniatur«. Norrland ist die nördlichste schwedische Provinz, auf beiden Seiten des Polarkreises.

VOGELBEOBACHTUNG

◎ Im Nationalpark **STORE MOSSE** (siehe Seite 93 f.) gibt es sieben Beobachtungstürme, drei davon rund um den Kävsjön inklusive dem beim Doku- und Infozentrum Naturum.

◎ Der VOGELSEE **DRAVEN** wurde 1993 renaturiert, indem man die verwilderte Vegetation rodete und den Wasserspiegel anhob, um den Watvögeln bessere Nistplätze zu schaffen. Auf den Beobachtungstürmen lässt sich die Vogelwelt belauschen. Die Ostseite bei Väcklinge erreicht man vom Weg zwischen Reftele und Sunnaryd aus, und die Abzweigung zum Draven ist ausgeschildert. Zur Westseite, bei Fridsnäs, ist der Weg in Richtung Hamra und danach südwärts am günstigsten. Der Draven liegt 33 Fahrkilometer westlich von Värnamo.

Info-Mix

SIGHTSEEING

◎ Die MUSEUMSEISENBAHN **OHSABANAN** wurde 1907 bis 1910 als Schmalspurbahn gebaut. Die 15 km lange Strecke – 600 mm Spurweite – war bis 1967 in Betrieb. Heute verkehren zwischen den Stationen Ohsbruk und Bor an den Sommerwochenenden sowie im Advent Museumszüge mit alten Dampf- und Dieselloks sowie historischen Waggons. Möglich sind eine kurze (5 km) und eine lange (15 km) Tour. Juni bis August Sa+So, im Juli zudem werktags. Tickets ab 80/40 SEK.

KONTAKT, HILFE

◎ **ÄRZTLICHE BEREITSCHAFT**: Värnamo Sjukhus, Doktorsgatan, Telefon 0370 – 69 74 00.

◎ **POLIZEI**: Storgatan 53 (Zentrum), Tel. 114 14. Notfall-Tel. 112.

◎ **POST**: Doktorsgatan 2 (ICA).

TRANSPORT

◎ **TAXI**: Värnamo Taxi, Tel. 0370 – 101 47. – Munkholm Taxi (Forsheda, 14 km westlich von Värnamo an der Str. 27), Tel. 0370 – 816 45.

Weiterreise

◎ **BUS UND BAHN**: Värnamo liegt an der »Kust-till-kust«-Bahn zwischen Kalmar und Göteborg; so gelangt man auch nach Alvesta, wo Anschluss an die Bahnstrecke Malmö - Stockholm besteht. Mit der Regionalbahn geht es direkt nach Jönköping und auch nach Växjö, bzw. weiter nach Kalmar. Orte im Umland mit Bahnanschluss sind Rydaholm, Forsheda, Bredaryd, Hörle und Kärda. Zudem bedienen die Busse von Jönköpings Länstrafik regionale Verbindungen (www.jlt.se).

◎ **AUTO**: Auf der E4 nach Norden benötigt man weniger als eine Stunde für die Fahrt **NACH JÖNKÖPING**.

Kurz vor dem Ziel besteht die Möglichkeit, den Abstecher zu dem Ausflugsziel TABERG einzuschieben, der hier im Zusammenhang mit den Industriemuseen in Gnosjö ein Thema war. Mehr auf Seite 118 f.

NACH EKSJÖ Str. 127 und 128. Auf der Str. 127 in Richtung Sävsjö, Vetland und Eksjö liegt eines der ältesten Klöster Schwedens, KLOSTER NYDALA direkt am Weg (siehe Seiten 122 und 92 zum Pilgerweg Nydalaleden). – In Vrigstad lohnt sich ein Stop zum Einkauf von original VRIGSTAD OSTKAKA, der lokalen Käsekuchen-Spezialität.

NACH SÜDEN. Die überwiegend zur Autobahn ausgebaute E4 ist insbesondere wegen der drei Elchparks bemerkenswert, die auf Seite 89 als Ausflugsziel vorgestellt werden. Parallel zur E4 kann man streckenweise auch der Ausschilderung RIKSETTAN folgen, der alten Reichsstraße 1.

NACH WESTEN führt die Str. 27 via Anderstorp und Gislaved in Richtung Borås (Einwanderermuseum) und weiter nach Göteborg (Fähre). Die Str. 151 nimmt parallel dazu etwas weiter nördlich die Route mitten durch den in diesem Kapitel vorgestellten Nationalpark STORE MOSSE gen Westen; von mehreren Parkplätzen aus lassen sich WANDERUNGEN angehen (siehe Seite 90 ff.).

NACH VÄXJÖ. In umgekehrter Richtung beschrieben unter »Växjö, Weiterreise«; nicht zu vergessen die Showrooms der Möbelproduzenten in Lammhult (siehe Seite 86).

FARBSEITEN 97 – 104:

Seite 97 oben:
Menschen in Tracht erlebt man heute selten in Småland, selbst wie hier an Mittsommer.

Seite 97 unten:
Schwedische Traumhäuser müssen nicht immer Rot tragen, wie hier in Vetlanda.

Seite 98:
Markant – der Dom in Växjö

Seite 99 oben:
Ohsabanan im Winter

Seite 99 unten:
Möbelmacher Norrgavel in Lammhult steht vor allem für Holzmöbel im klassischen skandinavischen Design.

Seite 100 oben:
Pilgerpfad Sigfridsleden in Westsmåland

Seite 100 unten:
Spezialität und Souvenir – süße Leckereien in Gränna

Seite 101:
Kulturhuset Spira in Jönköping, unten die Band John Bauer Brass

Seite 102 oben:
In der Altstadt Gamla Stan in Eksjö

Seite 102 unten:
Herbst in Höglandet

Seite 103 oben:
Wanderziel Skurugata

Seite 103 unten:
Astrid Lindgrens Welt in Vimmerby – Bühnenshow mit vielen Protagonisten

Seite 104:
Unterwegs in Smålands Natur

22

NOVE: VALLIS: SICILL: ABBIS
PILGRIMSLEDER
SMÅLAND - ÖLAND
VÄSTRA
SIGFRIDSLEDEN

Grenna Polkagriskokeri
Brahegatan 39 • Gränna • 0390-100 39
Gränna Original Polkagris
Vikt: ca 500 g
Grenna Polkagriskokeri
Brahegatan 39 • Gränna • 0390-100 39
Gränna Original Polkagris
Vikt: ca 500 g

11

15

Sjöhaga 1

TRYGG-HANSA

Jönköping

DREHSCHEIBE AM VÄTTERN

Die Stadt Jönköping umschließt das südliche Ende des VÄTTERN, Schwedens zweitgrößtem See, im Halbrund – schön anzusehen von den Höhenzügen rundum.

In die Großstadt Jönköping fahren die Einheimischen zum Shoppen in der City oder in die »A6«-Shopping-Mall außerhalb der Stadt an der E 4. Studenten, Geschäftsleute und Regierungsbeamte prägen die Innenstadt. Zur Mittagszeit sind die stylishen Lunchrestaurants gut besucht, es herrscht das viel zitierte rege Treiben. Ihre Seelage genießen die Jönköpinger an Sommerabenden gern an der Pier. – Ein Besuch in der Stadt mit den breiten Boulevards, Restaurants und Geschäften kann eine reizvolle Ergänzung zu naturbetontem Urlaub im ländlichen Småland sein.

Rund 90.000 Einwohner zählt Jönköping heute. 1971 waren auf einen Schlag gut 20.000 hinzugekommen, als das benachbarte HUSKVARNA eingemeindet wurde. Ein Begriff ist Huskvarna durch die alte Waffenfabrik und die Huskvarna-Werke: Berühmte Produkte der »Marke Huskvarna« (auch Husqvarna) waren oder sind: Nähmaschinen, Motorsägen, Öfen, Motorräder, Waffeleisen u.a.

Innerhalb der Gemeindegrenzen liegt auch GRÄNNA, 1652 gegründet und Geburtsort des Ingenieurs *S.A. Andrée*, den seine Ballonexpedition zum Nordpol berühmt machte; der Ort liegt 30 km nördlich Huskvarnas am Ostufer des Vättern und gilt als Stadt der POLKAGRISAR, rot-weiß geringelter Zuckerstangen. Gränna vorgelagert ist die Insel VISINGSÖ, ein populäres Ausflugsziel mit historischen Stätten, darunter Schwedens ältester Königsburg.

Jönköping versorgt als Dienstleistungszentrum ein großes Umland, auch in Bildung und Forschung; die Universität hat etwa 11.000 Studenten. Wie vor 700 Jahren profitiert die Stadt von der zentralen Lage, indem hier große Unternehmen in Produktion, Verwaltung, Handel und Logistik ansässig sind bzw. Dependancen betreiben. Messen und Konferenzen sind Alltag, besonders in Land- und Forstwirtschaft sowie Telekommunikation. Viele Arbeitsplätze stellen Kommune und Gesundheitswesen.

INFORMATION

◎ **DESTINATION JÖNKÖPING** betreibt drei TURISTBYRÅS (Jönköping, Gränna, Visingsö). Turistbyrå Jönköping, Resecentrum im Bahnhof, Järnvägsgatan 12, SE – 55315 Jönköping, Tel. 036 – 10 50 50, turist@destinationjonkoping.se, www.destinationjonkoping.se. Ca. 20.6.–10.9. Mo–Fr 9.30 –19/18 Uhr, Sa+So 9.30–15/14 Uhr, sonst Mo–Fr 9.30–18 Uhr, Sa 9.30–14 Uhr. **(1)**

Aus Jönköping stammt auch der Schriftsteller Victor Rydberg (1828–1895), der übrigens die Werke Edgar Allan Poes ins Schwedische übersetzte.

Unterkunft

HOTELS

Über www.destinationjonkoping.se des Touristenbüros sind Hotels in Jönköping und Umland zu buchen.

◎ ELITE **STORA HOTELLET**, Jönköping, Hotellplan, Tel. 036 – 100 000, www.elite.se. Dynamische Tarife je nach Buchungslage. EZ ab 977, DZ ab 1.317 SEK, weekend und Sommer EZ ab 637, DZ ab 807 SEK. **(5)**

In einem EDLEN, repräsentativen Gebäude zwischen Vättern und dem See Munksjön, 1860 im Stil der Neo-Renaissance errichtet.

◎ CLARION COLLECTION **HOTELL VICTORIA**, Jönköping, F.E. Elmgrensgatan 5, Tel. 036 – 71 28 00, www.victoriahome.com. EZ ab 790 SEK, DZ ab 890 SEK. **(6)**

Modernes Hotel in historischem Gewand, mitten in einem der ältesten Viertel Jönköpings. Einladende, angenehme Atmosphäre.

◎ **HOTEL AMALIAS HUS**, Gränna, Brahegatan 2, Telefon 0390 – 413 23, www.amaliashus.se. EZ ab 1.350 SEK, DZ ab 1.690 SEK.

MITTEN IN GRÄNNA, im Haus von »Tante Amalia«, der Erfinderin der Polkagris-Zuckerstangen! Verteilt über alle Gebäude des historischen Hofs inklusive Ställe, Schuppen. Liebevoll bewahrt und eingerichtet.

◎ **GYLLENE UTTERN**, Gränna, Tel. 0390 – 108 00, www.gylleneuttern.se. EZ Anbau ab 940 SEK, DZ ab 1.255 SEK, Haupthaus ab 1.255/1.470 SEK.

Gleich einer BURG am Hang OBERHALB DES VÄTTERN bei Gränna, mit Blick auf die Insel Visingsö. Panorama-Restaurant und große Terrasse.

JUGENDHERBERGEN

◎ STF **HUSKVARNA HOTELL & VANDRARHEM**, Odengatan 10, Tel. 036 – 14 88 70, 148870@hhv.se, www.hhv.se. Ganzjährig geöffnet. 98 Betten. Preis pro Bett 160 SEK, als EZ ab 350 SEK, als DZ ab 450 SEK, Familienzimmer 500 SEK. Hotelzimmer mit Bad ab 1.095 SEK. **(7)**

Zimmer ohne Bad, teils mit Extraservice (EZ ab 545, DZ ab 695 SEK), diese mit Toilette, Bettwäsche, Frühstück. Ab Jönköping mit Bus 1 bis Esplanaden. In Huskvarna ab Ausfahrt E 4 ausgeschildert, Parkplätze.

◎ STF **ÅSENS BY VANDRARHEM**, Aneby, Åsen Haurida, Tel. 036 – 830 55, info@asensby.com, www.asensby.com. Rund 30 Betten. Preis je Bett 225 SEK, EZ ab 325, DZ ab 450 SEK.

Eine Jugendherberge MITTEN IM KULTURRESERVAT! Man wohnt auf einem authentischen Hof vom Anfang des 20. Jhs. Småländischer geht es kaum, wenn man Bullerbü-Idyllen vor Augen hat. Str. 132 bis Lekeryd, abzweigen nach Haurida, ca. 35 km ab Jönköping. Siehe auch Seite 116.

◎ STF **VISINGSÖ VANDRARHEM**, Visingsö, Tunnerstad, Tel. 0390 – 401 91, www.visingso-vandrarhem.se. 1.5.–1.9. 120 Betten. Preis je Bett 190 SEK, als EZ 250 SEK, als DZ 400 SEK. Hüttendorf in der Inselmitte, 3 km ab Fährhafen Richtung Inselnorden.

Eine Übersicht zu den Parkplätzen, Geschäften, Cafés und Restaurants in der Jönköpinger Innenstadt gibt auch die Website www.jonkopingcity.com (Text jedoch nur auf Schwedisch).

JÖNKÖPING

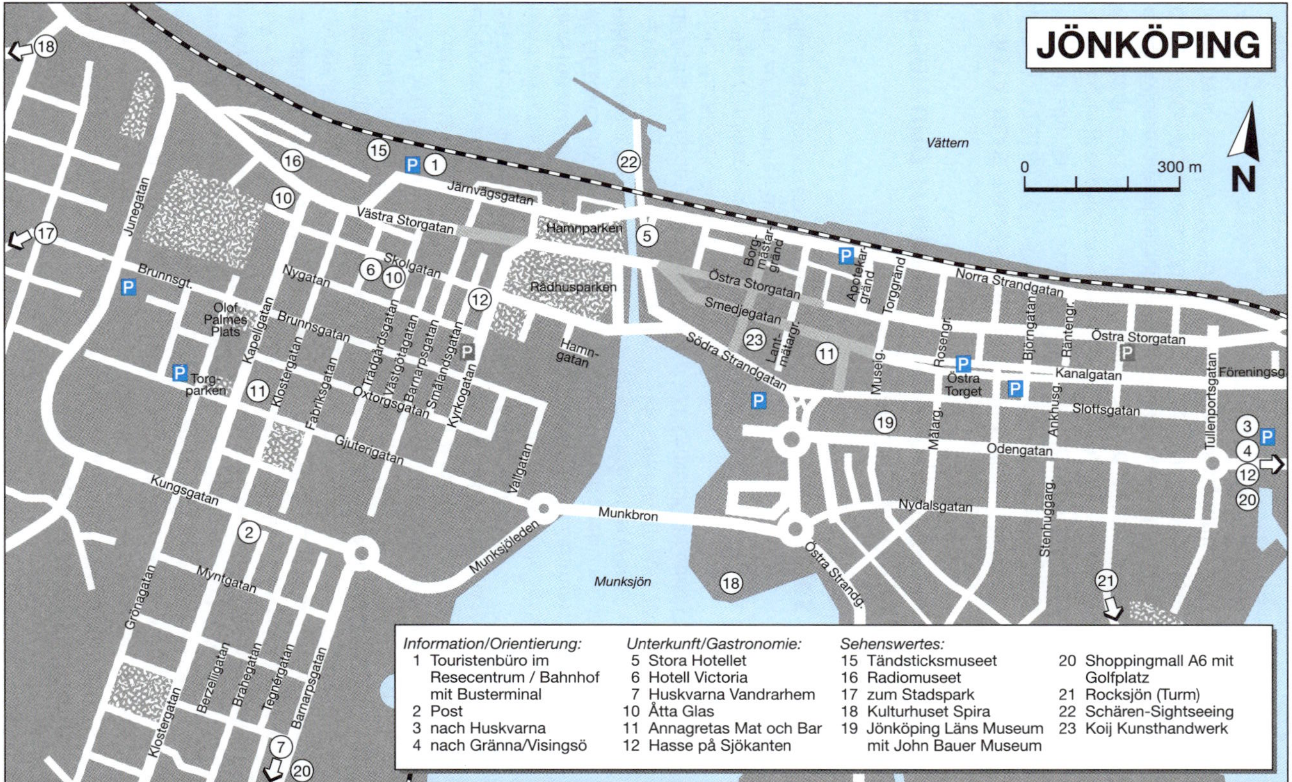

Information/Orientierung:
1 Touristenbüro im Resecentrum / Bahnhof mit Busterminal
2 Post
3 nach Huskvarna
4 nach Gränna/Visingsö

Unterkunft/Gastronomie:
5 Stora Hotellet
6 Hotell Victoria
7 Huskvarna Vandrarhem
10 Åtta Glas
11 Annagretas Mat och Bar
12 Hasse på Sjökanten

Sehenswertes:
15 Tändsticksmuseet
16 Radiomuseet
17 zum Stadspark
18 Kulturhuset Spira
19 Jönköping Läns Museum mit John Bauer Museum
20 Shoppingmall A6 mit Golfplatz
21 Rocksjön (Turm)
22 Schären-Sightseeing
23 Koij Kunsthandwerk

CAMPING
Die Plätze nahe Jönköping sind von überschaubarem Reiz und vor allem verkehrsgeplagt. Am ruhigsten lässt es sich ca. 7 km westlich der Stadt an einem kleinen See bei AXAMO CAMPING aushalten, Tel. 070 – 840 25 24. 1.5.– ca. 20.9. Anfahrt via Str. 26/40.

◎ **GRÄNNASTRANDENS CAMPING**, Gränna, Tel. 0390 – 107 06, www.grannacamping.se. Ganzjährig geöffnet. Stellplatz ab 180 SEK, Campinghütten ab 500, Ferienhütten ab 700 SEK.

Gepflegte Anlage am Vättern, mit einer abgetrennten Badelagune, anbei Angelrevier und Bootshafen. Am Fährhafen nach Visingsö. Strandurlaub mit Ausflügen am Vättern.

◎ **GETINGARYDS FAMILJECAMPING**, Gränna, Getingaryd, Tel. 0390 – 210 15. www.camping.se/f02. Ende April bis Ende September. Stellplatz ab 180 SEK. Auch Hütten

9 km nördlich von Gränna am Vättern, zu erreichen über die frühere E 4, ausgeschildert als »Turistvägen«.

Essen und Trinken

◎ **ÅTTA GLAS**, Trädgårdsgatan 6, Tel. 036 – 12 93 80. Mo–Do 11–23 Uhr, Fr 11–01 Uhr, Sa 12–01 Uhr. **(10)**

Bar, Lounge und Restaurant in der Innenstadt. Gute Küche, aufmerksamer Service, moderates Preisniveau. Gute LUNCH-Adresse, am Abend die Hauptgerichte über 100 SEK.

◎ **ANNAGRETAS MAT OCH BAR**, Kapellgatan 19, Tel. 036 – 71 25 75. Mo–Fr 11.30–14 Uhr, zudem Mo–Do 17–23 Uhr, Fr+Sa 17–24 Uhr. **(11)**

Nicht weit vom Zentrum entfernt, Restaurant und Stadtteil-Kneipe mit schwedischer sowie internationaler Küche. Dagens Lunch 85 SEK, am Abend Tapas sowie kleine Gerichte unter 100 SEK.

◎ **HASSE PÅ SJÖKANTEN**, Rekrytvägen 5, Tel. 036 – 77 77 377. Mo–Fr 11.30–14 Uhr Lunch, sonst abhängig von Jahreszeit und Nachfrage, teils bis 14.30 Uhr, teils bis 16 Uhr, teils bis spätabends. **(12)**

Ländliche Idylle am See Rocksjön. im Osten des Zentrums. Beliebt zum Lunch mit Seeblick, günstige Tagesgerichte. After Work-Club am Strand im Sommer. Erhielt 2011 eine AUSZEICHNUNG als Lunch-Restaurant.

Sehenswertes

IM STREICHHOLZ-GEBIET
Tändsticksområdet liegt direkt westlich vom Bahnhof, vom Vättern nur durch die Bahngleise getrennt. Das verkehrsberuhigte Gebiet rund um die 1971 still gelegte Zündholzfabrik wurde behutsam restauriert: Kleine Läden, Werkstätten, Bühnen für Musik und Theater (Stickan) hielten Einzug. In der alten Zündholzfabrik residiert längst ein Museum mit gehörig Lokalkolorit:

Der Eingang zum Streichholzmuseum. – Das Streichholz erwies sich nicht nur praktisch, es wurde geradezu populär dank der Schachteln und Etiketten, die zu Sammlerstücken avancierten. Der Museumsfundus umfasst sogar Fälschungen dieser Papierbildchen. ▶

Das **ZÜNDHOLZMUSEUM** erzählt von einer zündenden Idee und der Geschichte des berühmten Jönköpinger Streichholzes. Im frühen 19. Jh. war die Produktion gefährlich und gesundheitsschädlich, da der Phosphor in den Zündköpfen sich leicht entzündete und schwere Krankheiten auslöste. 1845 begannen die Gebrüder *Lundström* vor Ort mit der Fabrikation der »Sicherheitszündhölzer«, wofür sie das Patent in Deutschland erworben hatten. 1890 stellte man von Handarbeit auf speziell entwickelte Maschinen um, die einen starken internationalen Wettbewerbsvorteil bedeuteten. 1892 betrug die Tagesproduktion bereits 40.000 Zündhölzer. 1917 fusionierten zwei Konzerne zur Aktiengesellschaft »STAB« (Svenska Tändsticks AktieBolag), die unter *Ivar Kreuger* mit der »International Match Corporation New York« Ende der 20er Jahre 70 % des Weltmarkts kontrollierte. Heute produziert »Swedish Match« in Tidaholm und Vetlanda.
◎ **TÄNDSTICKSMUSEET**, Tändsticksgränd 27, Tel. 036 – 10 55 43, www.matchmuseum.se. 1.6.–31.8. Mo–Fr 10 – 17 Uhr, Sa+So 10 – 15 Uhr, sonst Di–Sa 11–15 Uhr. 1.11.–28.2. Eintritt frei, sonst 40/0 SEK. Texte teilweise auch auf Deutsch. Das Museum ist facettenreich: Zeitzeugenberichte, Arbeitsstuben, Maschinen sowie jede Menge Zündhölzer und Schachteln, die prächtige Souvenire abgeben. Film auch in deutscher Sprache. **(15)**

◎ **RADIOMUSEET**, Tändsticksgränd 16, Tel. 036–71 39 59, www.radiomuseet.com. 1.6.–31.8. Mo–Fr 10–17 Uhr, Sa 10–14 Uhr, So 11–15 Uhr, sonst Di–Fr 10–17 Uhr, Sa 10–14 Uhr. Eintritt 20/0 SEK. **(16)**

Auf dem Areal von Tändsticksområdet. Für Fans von Technik und Kommunikation – der Museumsfundus umfasst mehr als 1.000 Apparaturen und Exponate: Radiogeräte, Grammofone, Schallplatten, Mikrofone, Lautsprecheranlagen, Funktechnik, Telefone. Vom Museumsgründer ist überliefert, dass er 1923 im Alter von 14 Jahren bereits sein erstes Radiogerät selbst zusammenbaute.

JÖNKÖPINGS STADSPARK

Der Stadtpark am Skänkeberg ist ein populäres Ausflugsgebiet mit Spazierwegen, Arboretum, Tiergehege, einfachen Sehenswürdigkeiten, Imbiss und nicht zuletzt einer formidablen AUSSICHT über die Stadt. Westlich des Munksjön, gut 1 km ab Tändsticksområdet via Kapellgatan, dann Brunnsgatan, S:t Pauligatan und links in die Von Platensgatan. **(17)**

◎ Das Freilichtmuseum **FRILUFTSMUSEET** im Stadtpark vermittelt mit seinen verschiedenen Gebäuden einen guten Einblick in die Kultur und die bäuerliche Bewirtschaftung in Småland vor 1900.

◎ Beliebt ist auch der Spaziergang durch das **ARBORETUM** mit vielfältigem Busch- und Baumbestand. Auf Etiketten sind die botanischen und die schwedischsprachigen Bezeichnungen und Heimatländer der Gewächse angegeben.

◎ Die **TIERGEHEGE** mit Schafen, Ziegen und Rehwild sind besonders bei den Kindern beliebt.

◎ Das **FÅGELMUSEUM** (Vogelmuseum) zeigt einen Teil seiner Sammlung, die mehr als 1.450 präparierte Vögel von 341 Arten umfasst, darunter über 300 in Schweden brütende Vogelarten und viele Vogeleier. 1.5.–31.8. täglich 11–17 Uhr. Eintritt frei.

ÖSTLICH DES MUNKSJÖN

◎ **KULTURHUSET SPIRA**: Erst 2011 wurde das neu erbaute Kulturhaus von Jönköping eröffnet. DIREKT AM MUNKSJÖN gelegen, fungiert es als Podium für sämtliche Formen von Bühnenkunst: 800 Veranstaltungen sollen auf den 4 Bühnen stattfinden: Konzerte, Tanz, Theater, Vorlesungen, Jazz, Comedy ebenso wie Oper, Drama, Ballett. Der Name »Spira« (= Knospe, Trieb) impliziert blühendes Kulturleben. An der Innenausstattung waren hauptsächlich Designer und Künstler aus Småland beteiligt. Führungen: Mo 15 Uhr, Do 16 Uhr. Ticket 50 SEK. www.spira.se. **(18)**

Im Restaurant »Spira« ist mit *Tommy Myllimäki* einer der besten Köche Schwedens verantwortlich. Das Restaurant bietet sowohl das große Dinner wie die kleine Mahlzeit mit der womöglich schönsten Aussicht der Stadt. Café täglich 9–17 Uhr, Lunch Mo–Fr 11–14 Uhr, Restaurant & Bar: Di–Sa 17–23 Uhr. Tel. 036–32 80 40, www.restaurangspira.se.

◎ **JÖNKÖPINGS LÄNS MUSEUM**, Dag Hammarskjölds plats 2, Tel. 036–30 18 00. Umbau bis Ende 2012. **(19)**

Dieses Regionalmuseum spricht, auch dank seiner Architektur außen wie innen, ein breites Publikum an. Die Ausstellungen widmen sich sowohl der Kunst als auch (lokal-)historischen Themen. www.jkpglm.se.

◎ **JOHN BAUER MUSEUM**, Teil des Läns Museum. Umbau bis Ende 2012.

Diese separate Ausstellung stellt den smaländischen Maler *John Bauer* (1882–1918) vor. Seine Illustrationen in den Büchern »Unter Trollen« machten ihn Anfang des 20. Jhs. auf einen Schlag in Schweden berühmt. Die großformatigen, märchenhaften Bilder von Elfen und Elchen im Wald verzaubern auch heute noch!

IN HUSKVARNA

Die Werkssiedlung östlich der Stadt war Anfang des 20. Jhs. so groß geworden, dass sie 1911 als Huskvarna eigene Stadtrechte erhielt und erst 1971 wieder eingemeindet wurde. In Huskvarna befand sich im 18. Jh. der Mittelpunkt der Waffenschmiede:

◎ **SMEDBYN** ist ein Vorbild für die Restaurierung eines alten Holzhausviertels – und Heimat für Künstler, Kunsthandwerker, Galeristen. Werkstätten, Ateliers und eine der landesweit größten Kunstgalerien füllen die alten Handwerkshäuser mit Leben.

Die Website www.smedbyn.se ist das Sprungbrett zu den ansässigen Galerien etc. Geöffnet u.a. an jedem 1. Sonntag im Monat 11–16 Uhr. **(3)**

◎ **HUSQVARNA FABRIKSMUSEUM**, Hakarpsvägen 1, Tel. 036–14 61 62, www.husqvarnamuseum.se. 1.5. bis 30.9. Mo–Fr 10–17 Uhr, Sa+So 12–16 Uhr, sonst Mo–Fr 10–15 Uhr, Sa+So 12–16 Uhr. Eintritt 50/20–0 SEK. **(3)**

Seit 1689 wird am Wasserfall des Flusses Huskvarnaå geschmiedet: zuerst Gewehre, später Nähmaschinen. Kamine, Öfen und Herd sowie Haushaltsgeräte wie Waffel- und Bügeleisen machten die Marke »Husqvarna« zunächst in Nordeuropa bekannt.

Die Husqvarna-Fabrik ist mit ihrer enormen Produktvielfalt und Wandlungsfähigkeit ein spannendes Stück schwedischer Industriegeschichte und war oftmals ihrer Zeit voraus. Die ersten Mikrowellen wurden schon in den 60er Jahren entwickelt. Das Museum auf dem historischen Werksgelände zeigt Produkte aller Jahrhunderte und beleuchtet in Sonderausstellungen einzelne Epochen und Sparten. Zum Beispiel die Kettensägen: Mit der Vorstellung der ersten Kettensäge gelang den Entwicklern 1959 ein bahnbrechender Erfolg. Bis dahin wurde in der Forstwirtschaft manuell mit Axt und Säge gearbeitet. Das erste Modell, die orangefarbene »90 A«, war mit 11,5 kg nun kein Leichtgewicht. Aber sie war der Stolz der Forstarbeiter und sparte viel Kraft und Schweiß. Designt wurde sie von *Sixten Sason* – der auch den ersten Saab entworfen hat. »Husqvarna«-Motorsägen sind immer noch orange, verfügen aber über Finessen wie Vibrationsdämpfer, Griffheizung,

RÜCKBLENDE – JÖNKÖPING UND HUSKVARNA

Im Mittelalter war Jönköping ein Kreuzungspunkt der Wege aus Süden, Osten und Westen: Hier ritten neu gewählte Könige mit ihrem Gefolge von Västergötland nach Östergötland die ERIKSGATA, um sich vom Volk huldigen zu lassen, und es war am Südende des Vättern-Sees ein günstiger Platz, um Handel zu treiben. Auch dank der stretegischen Lage unweit der Grenze zu den dänischen Provinzen Skåne (Schonen) und Halland unterzeichnete König *Magnus Ladulås* 1284 einen (erhaltenen) Privilegienbrief: Handel und Handwerk ließen sich in Jönköping nieder; zwei Mal im Jahr wurde Markt gehalten, die Kaufleute und Bauern des Umlands mussten ihre Waren hier verkaufen.

Die strategische Lage brachte aber auch viel Leid mit sich: Streitigkeiten um die Thronfolge, häufige Grenzkonflikte mit dem Nachbarn Dänemark. Gustav II. Adolf ließ im 17. Jh. weiter westlich eine neue Stadt errichten; die Landenge zwischen Munksjö und Vättern sollte die Verteidigung erleichtern. Jönköping wuchs, erste Steinbauten entstanden. Gustav Adolf verlegte eine Waffenschmiede hierher; im Tal des Flusses Dunkelhallaå, dessen Wasserfälle Energie lieferten, siedelten sich weitere Manufakturen an – die schwedischen Bemühungen um die Vormacht in Europa gaben ihnen genügend zu tun. 1689 zog die Waffenschmiede nach Huskvarna um: Karl XII. benötigte im 18. Jh. für seine Kriege immer mehr Waffen. Jönköping war nun auch keine Grenzstadt mehr: Die südlichen Landschaften gehörten seit 1658 endgültig zu Schweden. Gefahren drohten fortan eher durch Epidemien (Anfang des 18. Jhs. die Pest sowie 1834 die Cholera) und Naturkatatrophen (1831 eine große Überschwemmung).

Jönköping blieb ein administratives Zentrum u.a. mit Oberlandesgericht. Neue Gewerbe in Industrie und Handwerk kamen auf, erfolgreich war die Herstellung von SNUS, Schnupftabak. Der Bau des GÖTA KANALS sorgte für weitere Impulse: So gründete *C.F. Lundström* 1844 eine Metallwarenfabrik und kurze Zeit später eine Streichholzmanufaktur, die Jönköping international bekannt machte; bedeutend war auch die »Mekaniska Werkstad«. Ans Eisenbahnnetz wurde Jönköping frühzeitig (1864) angeschlossen, die alten Verteidigungswälle waren bereits geschleift, Gasbeleuchtung und Wasserleitungen wurden eingeführt. Das erste Auto rollte 1903 durch die Stadt, ab 1907 fuhr eine Straßenbahn, und bis zu den 1950er und 1960er Jahren wich vieles an alter Bebauung der neuen Zeit.

Aus den Waffenschmieden am Huskvarna-Wasserfall sollte der Weltkonzern »Husqvarna« werden, der im Lauf seiner bald 400-jährigen Geschichte neben Waffen ganz verschiedene Produkte hergestellt hat, darunter Öfen, Motorräder und Nähmaschinen. Heute ist der Husqvarna-Konzern Weltmarktführer für Garten- und Forstgeräte mit zahlreichen Tochterfirmen rund um den Globus, zum Beispiel »Gardena«.

Katalysatoren, emissionsarme Motoren. Der Konzern hat sich inzwischen auf Werkzeuge und Gerät für Garten und Forstwirtschaft spezialisiert.

Die Haushaltswaren werden mittlerweile als Marke unter dem Dach des schwedischen »Electrolux«-Konzerns neben weiteren wie u.a. »AEG«, »Zanussi«, »Juno« produziert. 1997 herausgelöst, ist die Nähmaschinen-Sparte als »Husqvarna Viking« des Unternehmens »VSM Group« (Viking Sewing Machines) ein eigenständiger Global Player – weiter mit Sitz in Huskvarna –, in den auch die Marke »Pfaff« aufgegangen ist.

◎ **KRUTHUSET**, Grännavägen, Tel. 036 – 14 30 58. So 15–17 Uhr. Eintritt frei. **(3)**

Das Stadtmuseum HUSKVARNAS STADSMUSEUM zeigt FUNDE vom Grund des Vättern; ebenso wird die Entwicklung dieser Region seit der Steinzeit bis zur Neuzeit dokumentiert. Das frühere Pulverhaus (1771, Magazin für Schießpulver) musste wegen des Baus der Autobahn E 4 1965 um 17 m an den jetzigen Standort verlegt werden.

◎ Die aus zahllosen hölzernen Latten zusammengesetzte, 11 m hohe Skulptur des Riesen **VIST** direkt neben der Autobahn ist nicht zu übersehen. Der Künstler *Calle Örnemark* (*1933) hatte sie 1969 als eines seiner ersten großen Werke errichtet. Der Legende nach warf der Riese Vist, als er den See Vättern überqueren wollte, eine Grassode als Trittstein in den See, damit auch seine Frau trockenen Fußes hinüber gelangte: So entstand die Insel Visingsö... Örnemark lebt und arbeitet in Gränna.

◎ Oberhalb Huskvarnas steht die alte KIRCHE **HAKARPS KYRKA**. Warum im Mittelalter dort ein einsames Kirchlein weit entfernt vom nächsten Dorf errichtet wurde, ist unbekannt. Die jetzige Kirche wurde 1694 eingeweiht und ist mit ihrem separatem Glockenturm, den Deckenmalereien und einigen mittelalterlichen Schnitzereien sehenswert.

◎ Schon seit dem 14. Jh. besteht der **BRUNSTORPS GÅRD**, an einem Abhang zum Vättern hin. In diesem Garten werden vor allem alte Obstsorten gepflegt und neue gezüchtet. Einzigartig in der Zusammenstellung sind die etwa 500 Primelarten, 1.000 Exemplare von Steingartengewächsen, der Kräuter- und Heilpflanzengarten. Von Anfang Mai bis Ende August ist **BRUNSTORPS CAFÉ** täglich geöffnet (mindestens 11–19 Uhr). 50 Meter über dem Vättern gelegen, ist dies eines der schönsten Cafés mit AUSSICHT in Småland. www.brunstorpscafe.com.

▲ **International sorgte »Husqvarna« zunächst mit seinen Motorrädern (seit 1903) für Furore. 1986 an den italienischen »Cagiva«-Konzern in Varese verkauft, übernahm 2007 »BMW« die traditionsreiche Motorradmarke, um sie erfolgreich neu zu beleben.**

Ausflüge

GRÄNNA

Gränna ist die Stadt Per Brahes: 1652 baute er das Dorf zu seiner Handelsstadt aus und die Einwohner hieß er einen Birnenbaum pflanzen. Birnen gibt es immer noch in Gränna, und die Straßen verlaufen genau wie zur Brahe-Zeit. Nur wenige Städte haben ein so intaktes Holzhausviertel, der Ort blieb von Großfeuern verschont. Obstplantagen ringsum setzen die Tradition von Brahes Birnen fort.

Heute tummeln sich in der Stadt die SOMMERGÄSTE, geht es von Juni bis August quirlig zu in dem langen, schmalen Örtchen auf der ANHÖHE zwischen dem Vättern und den steil aufsteigenden Felswänden. Von der Hauptstraße Brahegatan aus geben steil hinab führende Seitenstraßen mehrfach den Blick auf den See und die Insel Visingsö frei. Kleine Läden mit KUNSTHANDWERK, nette Lokale und die allgegenwärtigen Hinweise auf die bei Kindern so beliebten Zuckerstangen reihen sich aneinander.

◎ **INFORMATION**: Gränna Turistbyrå (gehört zu Destination Jönköping), Grenna Kulturgård, Brahegatan 36, SE – 563 32 Gränna, Tel. 036 – 10 38 60, granna@destinationjonkoping.se, www.destinationjonkoping.se/grannavisingso. 16.5.–31.8. täglich 10–18 Uhr, sonst 10–16 Uhr.

◎ Gränna ist die Heimatstadt Salomon August Andrées. Im Sommer 1897 brach er mit seinen Kameraden *Frænkel* und *Strindberg* von Spitzbergen aus zu einer legendären Ballonfahrt zum Nordpol auf, eine Reise ohne Wiederkehr. Gränna ist folgerichtig das Zentrum der schwedischen Heissluftballonfahrer, die alljährlich am 11. Juli (dem JAHRESTAG jenes Starts auf Spitzbergen) mit einem Aufstieg an Andrée erinnern.

Die gut erhaltenen Gegenstände, Tagebuchaufzeichnungen und Fotografien der Ballonfahrt, die nach 33 Jahren (!) noch entwickelt werden konnten, sind im GRENNA MUSEUM – ANDRÉE-EXPEDITIONEN **POLARCENTER** ausgestellt. Erst 1930 entdeckte eine norwegische Expedition das letzte Lager der Verschollenen auf der Insel Vitö und barg die Überreste zweier Teilnehmer und die verbliebene Ausrüstung, darunter eben das unentwickelte Fotomaterial.

Das Museum befindet sich im Grenna Kulturgård im Zentrum (Brahegatan), wo auch das Touristenbüro beheimatet ist. Gleiche Öffnungszeiten. Entré 50/20–0 SEK. www.grennamuseum.se.

◎ Gränna ist zudem die Stadt der **POLKAGRISAR**, einer rot-weißen, klebrigen Süßigkeit, für deren Herstellung die Witwe *Amalia Eriksson* 1859 die schriftliche Genehmigung des Magistrats erhielt, um sich ein Zubrot zu verdienen; warum sie allerdings die Zuckerstange *Polkagris* (POLKASCHWEINCHEN) nannte, hat Amalia nicht verraten. Heute bietet »Grännas Polkagriskokeri« das ganze Jahr über FÜHRUNGEN in mehreren

Die Fotos der gescheiterten Nordpol-Expedition konnten nach 33 Jahren im Eis noch entwickelt werden, zu sehen im Polarcenter im Grenna Kulturgård in Gränna. ▶

Sprachen an. Die Polkagrisar haben Gränna jedenfalls in ganz Schweden bekannt gemacht. Brahegatan 39.

◎ Unterhalb von GYLLENE UTTERN (ein Rastplatz mit Hotel der E 4) liegt **RÖTTLE BY**, dessen Ursprung ins 13. Jh. zurück reicht. Mit Per Brahe begann einst die Blütezeit des kleinen Ortes, Gebäude aus dem 17. / 18. Jh. sind erhalten. Hat man das beschauliche DENKMALGESCHÜTZTE DÖRFCHEN auf schmalen Wegen erreicht, fühlt man sich in eine andere Zeit zurück versetzt. Versunken daliegende, rote Holzhäuser, ein sprudelnder Bach mit stufenförmigen Wasserfällen, alte Mühlen, ein kleiner Bootshafen – diese IDYLLE bleibt haften.

◎ Einige Kilometer nordöstlich von Gränna erhebt sich nahe der Autobahn die Ruine **BRAHEHUS**. 1644 erbaut, brannte das ehemalige Schloss bereits 1708 nieder. Die Ruine ist wegen der Aussicht auf Vättern und Visingsö ein populäres Besuchsziel, zu Fuß rasch von der Tankstelle an der E 4 zu erreichen. – Vom Turistvägen (frühere E 4) führt ein Weg (vorbei an dem Imbiss) zu der Ruine.

◎ Der Abstecher von Gränna an die Seen **BUNN** und **ÖREN** ermöglicht eine ROMANTISCHE Bootstour über schmale Wasserwege vorbei an Inseln und Buchten (siehe Seite 120).

◎ **ÅSENS BY**, Haurida, ca. 7 km südlich von Bunn: LANDLEBEN wie zu Großmutters Zeiten. Was ausschaut wie Bullerbü-Idylle pur, zeigt die Lebensumstände zu Anfang des 20. Jhs. Åsens By im nördlichen Småland bei Aneby ist eine Zeitmaschine, die Besucher in jene Jahre zurück versetzt. Hier DUFTET DIE LANDLUFT noch nach Heuschober und Schweinestall, denn die Höfe werden wie früher bewirtschaftet. »Teklas Haus« ist im Originalzustand: Noch nie hat darin eine Glühlampe geleuchtet, aber an den Besuchstagen wird täglich im Ofen Brot gebacken. Je nach Jahreszeit können die Besucher, besonders gern Kinder, an Aktionstagen bei der Landarbeit helfen: säen, Heu ernten, Stall ausmisten. Jugendherberge vor Ort (siehe Seite 106).

Das Reservat mit seinen schönen Spazierwegen durch die Felder und Wiesen ist jederzeit zugänglich. Teklas Haus, der Hofladen und das Café sind geöffnet: Mai bis September Sa+So 11–17 Uhr, Juni, Juli und bis Mitte August täglich 11–17 Uhr. Tel. 036 – 830 55, www.asensby.com.

VISINGSÖ

Vor Gränna liegt die Insel Visingsö, die nachweislich SEIT 6.000 JAHREN bewohnt ist. Man nimmt an, dass die Burg NÄS um 1160 von *Karl Sverkersson* erbaut wurde. Im frühen Mittelalter war sie ein häufiger Aufenthaltsort der schwedischen Könige: Der Letzte, der oft hierher kam, war Magnus Ladulås; er starb hier 1290. Mit Beginn der Großmachtzeit erhielt Schwedens erster Graf, Per Brahe d. Ä., 1562 Visingsö als Lehen von *Erik XIV*. Er baute Schloss Visingsö, das zuletzt sein Neffe Per Brahe d. J. bewohnte. Die Familie Brahe hinter-

Wer die Insel Visingsö besuchen möchte, nimmt die Fähre. Der aktuelle Fahrplan ist unter www.trafikverket.se/farja einzusehen. Wer unbedingt auf vier Rädern hinüber muss, reserviere besser über Tel. 036 – 10 37 70. – Kleines Bild: Radeln auf Visingsö ▶

ließ auf Visingsö wertvolle Kulturdenkmäler. 1681 zog die Krone das Lehen wieder ein.

◎ **INFORMATION**: Visingsö Turistbyrå (gehört zu Destination Jönköping), Hamnen, SE – 560 34 Visingsö, Tel. 036 – 10 38 89, visingso@destinationjonkoping.se, www.destinationjonkoping.se/grannavisingso. 1.5.–31.8. täglich 10–17, sonst Mo 11–18, Di–Fr 8–15 Uhr. Am Fähranleger.

◎ Ein Besuch der Insel beginnt mit der 20-minütigen **FÄHRFAHRT**. Vor Ort begibt man sich entweder mit dem Fahrrad oder mit dem zünftigen Pferdefuhrwerk namens REMMALAG auf Erkundung über die 14 km lange und etwa 3 km breite Insel.

◎ **FAHRRADVERMIETUNG**: auch Kinderräder, Helme, Fahrradkörbe und Kindersitze. Ganzjährig im Touristenbüro am Hafen (siehe oben).

◎ **VISINGSBORG**, einst eines der stattlichsten Schlösser Schwedens, wurde 1718 ein Raub der Flammen; nur der Südflügel blieb erhalten.

◎ Die **BRAHEKYRKAN** wurde um 1630 auf den Mauern einer mittelalterlichen Kirche errichtet sowie mit prachtvollem Inventar ausgestattet.

◎ Im Kräutergarten VISINGSBORGS **ÖRTAGÅRD** wachsen Küchen-, Heil- und Zierkräuter. 1.5.–31.8.

◎ Die Kirche **KUMLABY KIRKE** aus dem 12. Jh. zieren ziemlich gut erhaltene Fresken aus dem 15. Jh. Um 1630 richtete Per Brahe vor Ort eine Schule ein, jedoch nur für die Kinder gräflicher Abstammung. Die Kirchturmspitze ließ er abtragen, um eine Plattform für astronomische Beobachtungen zu haben. Heute dient sie als Aussichtsplatz. 1.5.–31.8.

◎ Die RUINE DER BURG **NÄS** aus der Mitte des 12. Jhs. markiert die südliche Inselspitze.

EINZIGARTIGER TABERG

18 km südlich von Jönköping erhebt sich der Taberg 343 m ü.d.M. Man hat dort eine schöne Sicht über die umliegenden Dörfer, Wälder, den See Vättern und die kleineren Seen, bei klarer Sicht bis zu 70 km weit! Sagen und Geschichten ranken sich um den Taberg. Die Überlieferung, er sei ein Meteor, der vor über 1 Million Jahren die Erde traf, kann nicht bewiesen werden; nachweisbar aber ist, dass es diese Gesteinszusammensetzung nur noch ein Mal auf der Erde gibt. Seit Jahrhunderten siedeln Fantasie und Aberglaube in dem mystischen Berg eine Bewohnerin an: die TROLLBERGFRAU. Wehe dem, der ihre Behausung zerstört... Trotz alledem begann man 1500 am Taberg mit der Ausbeutung der reichen und qualitativ hochwertigen Erzvorkommen; anfangs im Tagebau, später auch unter Tage. Um die Menschen von ihrem Tun abzubringen, soll die Trollbergfrau durch ihr Erscheinen immer wieder Unglücksfälle angekündigt haben – aber umsonst. Bauern wurden verpflichtet, im Berg zu arbeiten. Im 19. Jahrhundert gab es 17 Schmelzöfen, ca. 20 Stangeneisenwerke und in deren Folge Eisen verarbeitende Betriebe. Zum Ende dieses Jahrhunderts stagnierte die Eisenindustrie, so dass der Berg zur Ruhe kam. Mit dem Ausbruch des Zweiten Weltkriegs begann die erneute Ausbeutung, diesmal (bis 1955) noch effizienter. Der Vorschlag, den Berg abzutragen und aus den Schlacken einen neuen zu »bauen«, stieß bei der ortsansässigen Bevölkerung allerdings auf Ablehnung.

◎ Heute ist der Taberg ein **REFUGIUM** für SELTENE GEWÄCHSE, KLEINGETIER UND VÖGEL – in den Stollengängen hausen einige Fledermausarten. Sämtliche Pflanzen vor Ort sind geschützt – Naturschutzgebiet!

◎ Als Spazierwege eignen sich der **BERGTEMPELSTIGEN**, ein Treppenweg vom Fuß des Berges zum Aussichtslokal TOPPSTUGAN und der Weg von dort zur westlichen Erhebung. Auch eine Straße führt hinauf.

◎ GEFÜHRTE **GRUBENWANDERUNG** von Mai bis Oktober, Information: Gruvgården im Ort Taberg, Tel. 036 – 642 23. Mitzubringen sind festes Schuhwerk, warme Kleidung und Taschenlampe! www.taberg.info. **(7)**

◎ Vom Ort aus wirkt der Taberg nicht sehr aufregend. Allerdings wird er in der dunklen Jahreszeit von Anfang November bis Ende Februar spektakulär **ILLUMINIERT**. Fr–So erstrahlt der Taberg eine halbe Stunde nach Einbruch der Dunkelheit bis Mitternacht in verschiedenen Farben und wechselnder Intensität, im Advent und bis Mitte Januar täglich.

◎ Im Nordosten, an der Landstraße zwischen Jönköping und Taberg, liegt **NORRAHAMMARS INDUSTRI MUSEUM**, Norrahammar, Hammarvägen 39, Tel. 036 – 31 66 21, www.industrimuseet.se. 1.6.–31.8. Do–So 13–17 Uhr, ab Mitte Mai u. bis Ende September Sa+So 13–17 Uhr. Eintritt 40/0 SEK. Im Fokus stehen der Taberg-Erzabbau, die Eisen-Herstellung und nicht zuletzt die Bedeutung der Arbeit für die lokale Bevölkerung.

Ferien aktiv

WANDERN

◎ **STADTNAH**: Auf dem Golfgelände der Shoppingmall »A 6« verlaufen einige Pfade und Wege, die für alle zugänglich sind. Faltblatt mit Karte bei »A 6«. **(20)**

◎ Der neuere GULALEDEN führt am Fuße des **TABERG** parallel zu Fluss und Eisenbahnlinie nach Süden zum Bahnhof MÅNSARP järnvägsstation. Markiert, 3 km einfacher Weg ab Taberg Bahnhof. Karte via www.taberg.info, Stichwort »Vandringsleder«.

◎ Der SÖDRA VÄTTERLEDEN führt auf 85 Kilometern von Mullsjö über Bottnaryd nach Huskvarna. Im Gebiet **TABERG** und NORRAHAMMAR zieht eine Schleife, die eine 7 km lange RUNDTOUR ermöglicht. Karte als PDF-Download via Website der Gemeinde Jönköping (www.jonkoping.se, Menü »Fritid och kultur«).

◎ In Huskvarna setzt sich der Fernwanderweg als ÖSTRA VÄTTERLEDEN bis Gränna fort, bekannter unter dem Namen **JOHN-BAUER-LEDEN**. Es heißt, dass auf diesem Abschnitt die Chancen auf Begegnungen mit Elchen besonders günstig sind.

◎ 15 km als Rundweg angelegt ist der **VÄSTANÅLEDEN** im Süden von Gränna. Er führt streckenweise am Vätternufer entlang und auf der Spur des John-Bauer-Leden sowie ins Naturreservat Västanå. Startpunkte ab Gränna-Touristenbüro oder Gyllene Uttern (siehe Seite 106).

ANGELN

◎ Beliebt sind sowohl **VÄTTERN** als auch die kleineren **SEEN**, wo Barsch, Bachsaibling, Hecht, Zander, Regenbogenforelle, Felch, Forelle beißen.

Das Touristenbüro hat eine Broschüre über lokale Angelgewässer und informiert über Angelscheine.

BADEN

◎ **STADTNAH**: mehrere Kilometer SANDSTRAND am Vättern zwischen City und Huskvarna. – Ostufer des ROCKSJÖN (siehe Seite 120).

◎ **GRÄNNA**: BADLAGUN nahe Anleger Visingsö-Fähre. – 4 km östlich Grännas BUNNSTRÖMS BADPLATS am See Bunn, Str. 133.

GOLF

◎ **JÖNKÖPINGS GOLFKLUBB**, Kättilstorp, Tel. 036 – 765 67. 18-Loch-Platz im Süden der Stadt, via Str. 40 Richtung Westen (Stadtteil Haga).

◎ **A6 GOLFKLUBB**, Centralvägen 37, Tel. 036 – 30 81 30. 27-Loch-Anlage südöstlich der Shoppingmall. **(20)**

PADDELN

◎ Auf den Seen **BUNN** und **ÖREN**: Kanuvermietung beim »Café Ottorina« in Bunn Sjövik, Tel. 036 – 540 16, www.ottorina.se. Am südlichen Ausläufer Södra Bunn, ab Olmstad nach Osten. Die Seen Bunn und Ören sind durch einen Kanal verbunden.

NATURRESERVATE

Innerhalb der Kommune sind rund 30 Naturreservate ausgewiesen.

Ein besonderes Naturerlebnis ist auch der Wanderweg durch das als Naturreservat geschützte Moor Dumme Mosse südwestlich der Innenstadt. Der Parkplatz als Startpunkt ist ab Flugplatz ausgeschildert (siehe Seite 120).

◎ Mitten in der Stadt erstreckt sich der SEE **ROCKSJÖN**, Naturreservat (Pflanzen, Vögel, Otter, Biber) sowie Naherholungsgebiet zugleich. Bestes Beispiel ist der neue hölzerne Turm auf der Landzunge am Westufer, der im Winter eher zur Vogelbeobachtung und im Sommer eher im Rahmen von Kanurennen genutzt wird. **(21)**

◎ Beim Flugplatz erstreckt sich das Moor **DUMME MOSSE**, das ein markierter Pfad streckenweise auf Holzbohlen durchquert. Südwestlich der City, ab Flugplatz ausgeschildert.

RAD FAHREN

◎ Rund 270 km Radwege gibt es in Jönköping. Eine recht anspruchsvolle Tour führt vom Zentrum ostwärts nach **HUSKVARNA** und dann östlich der E4 hinauf nach **KAXHOLMEN** am See **LANDSJÖN**, der zudem umrundet werden kann. Total ca. 50 km, Dauer 5–6 Stunden.

◎ Wer die Insel **VISINGSÖ** erfahren möchte, sollte für die 25–30 km lange Tour mindestens 3–4 Stunden veranschlagen. Auf der Nordhälfte geht es hin und retour nur auf dem Hauptfahrweg, während in der Südhälfte sogar eine Rundfahrt möglich ist.

◎ Die Umrundung des **VÄTTERN** ist ausgeschildert: Vätternleden ist rund 410 km lang und im Touristenbüro auch als Paket mit Unterkunft, Verpflegung, Karte etc. zu buchen.

◎ **FAHRRADVERMIETUNG**: Bikerental direkt beim Zündholzmuseum, Tändsticksgränd, G-Huset, Tel. 036 – 12 17 67, www.bikerental.se.

Info-Mix

SIGHTSEEING

◎ **VÄTTERN**: Das betagte »M/S Nya Skärgården« (1915) legt im Sommer zu Ausflugsfahrten ab, jedoch in Verbindung mit dem Verzehr an Bord, eigene Verpflegung nicht gestattet. Reservierung Restaurant: Tel. 070 – 637 17 00 oder wwww.rederiabkind.se. Ab Jönköping Kleinhafen, gleich östlich vom Bahnhof. **(22)**

◎ Bootstouren im Gewässersystem von **BUNN/ÖREN**, östlich von Gränna. Information: Trolska Båtturer, Tel. 070 – 791 78 10, www.trolska.se. Juli bis Mitte August täglich 12.30 Uhr, im Juni und zweite Augusthälfte nur Sa+So. Ticket 160/80 SEK. Ab Bunnströms badplats, am Nordwestufer des Bunn. 4 km östlich von Gränna, via Str. 133 Richtung Tranås.

SHOPPINGMALL A 6

Das gewaltige Einkaufszentrum ist an der E4 nicht zu verfehlen. Mo–Fr 10–20 Uhr, Sa 10–18 Uhr, So 11–17 Uhr. Lageplan im Entré. 3.600 Gratis-Parkplätze. www.a6center.se. **(20)**

VERANSTALTUNGEN

Auf der Website des Touristenbüros können Sie sich im Kalender über die aktuellen Termine informieren.

◎ Zweimal im Jahr, im Juni und November, findet in Jönköping mit **DREAMHACK** das angeblich größte DIGITALE Festival der Welt statt. Angefangen als gigantische WLAN-

Die Zahlen in Fettschrift beziehen sich auf unseren Stadtplan auf Seite 107.

Party, zu der sich gut 15.000 überwiegend jugendliche Computerfans trafen, ist Dreamhack ist inzwischen ein Branchentreff. Party ist weiterhin angesagt: strikt alkoholfrei übrigens. www.dreamhack.se.

◎ **VAKTPARAD I CITY**: Zwischen Mai und September zieht das Norrahammar MUSIKKORPS an mehreren Samstagen durch Jönköping. Flotte Rhythmen ab Hovrättstorget, 11–12 Uhr. 40-Jahr-Jubiläum in 2012.

◎ Im August: Ritterspiele und Mittelaltermarkt an einem Wochenende auf der Insel **VISINGSÖ**, Schlossruine Visingsborg.

KUNSTHANDWERK

◎ **KOIJ** – KONSTHANTVERKARNA I JÖNKÖPING: In der Fußgängerzone im östlichen Stadtzentrum stellen Kunsthandwerker aus der Region in einem denkmalgeschützten Haus aus. Smedjegatan 22, Tel. 036 – 12 18 94, www.koij.se. Mo–Fr 10–18 Uhr, Sa 10–16 Uhr. **(23)**

◎ **GALLERI SMEDBYN**, Huskvarna, Smedbygatan 3 C, Tel. 036 – 14 35 70, www.gallerismedbyn.se. Täglich 10 bis 18 Uhr. Siehe auch Seite 111. **(3)**

◎ Produkte aus Fell und Wolle der **GOTLANDSCHAFE**: Ateljé Guldtackan, siehe Seite 122.

KONTAKT, HILFE

◎ **ÄRZTLICHE BEREITSCHAFT**: im Krankenhaus Länssjukhuset Ryhov, Tel. 32 10 00.

◎ **POLIZEI**: Vallgatan 3–5, Tel. 114 14. Notfall-Tel. 112.

◎ **POST**: Klostergatan 25 (ICA). **(2)**

TRANSPORT, PARKEN

◎ **BUS**: Busterminal am Bahnhof, Centrum Väst, Stadtbusse und Nahverkehr. Zuständig ist »Jönköpings Länstrafik«, Tel. 0771 – 444 333, www.jlt.se. Das Touristenbüro im Reisezentrum verkauft Fahrscheine. **(1)**

◎ **TAXI**: Tel. 036 – 34 40 00. – City-Taxi (Biogas) Tel. 036 – 12 12 12.

◎ **PARKEN**: Langzeitparkplätze je nach Citynähe 25 / 45 / 100 SEK / Tag. Siehe Stadtplan Seite 107.

Weiterreise

◎ **FLUGZEUG**: Jönköping Airport, (Axamo), 9 km südwestlich der City, Bus 27. Tel. 036 – 31 11 00, www.jonkopingairport.se. Mo–Fr mehrmals täglich aus/nach Stockholm.

◎ **BUS UND BAHN**: Bus- und Bahnhof **(1)** liegen zwischen Vätternufer und Västra Storgatan. Fernverbindungen via Nässjö an die Hauptstrecke Malmö-Stockholm sowie durchgehende Verbindungen nach Alvesta, Oskarshamn, Skövde, Vetlanda, Växjö, Halmstad, Göteborg, Kalmar und Norrköping.

◎ **AUTO**: **NACH EKSJÖ**. Str. 31 nach Nässjö, dann Str. 40. – Alternativ ab Gränna über Str. 133 vorbei am See Bunn (siehe Seiten 119 und 120) und Str. 32; an der Str. 133 bei Gripenberg Ateljè Guldtacken (siehe Seite 122).

PELZSTADT TRANÅS

Tranås am See Sommen, nordöstlich von Jönköping, war Anfang des 20. Jhs. die Pelzstadt Schwedens: Kürschner und Pelznäherinnen sorgten für edle, warme Kleidung. Rund 70 % der schwedischen Pelzproduktion kamen von hier. Die »Pelz-Touristen« brachten Geld und sogar die Beatles sollen hier Wolfspelze bestellt haben. Bis in die 1970er hinein konnte die Stadt gut von ihrer Pelzindustrie leben, bis der Anorak und die immer lauter werdenden Proteste gegen Pelze Nachfrage und Absatz allmählich den Garaus machten. Heute ist das alte Handwerk fast ausgestorben. Außer im Ateljé Gudtackan, das Kleidungsstücke und Einrichtungsgegenstände aus Fellen und der Wolle der eigenen Gotlandschafte fertigt. Das Material wird im Großen und Ganzen so behandelt wie vor hundert Jahren, doch das Design ist modern. Seit 1991 entwickelt Ateljé Guldtackan, teilweise in Zusammenarbeit mit Textildesignern, ständig neue Produkte. Das Sortiment reicht von Jacken und Mützen über Kuschelschäfchen bis hin zu Kissen und Überwürfen.

◎ **ATELJÉ GULDTACKEN**, Göberga Hult bei Gripenberg, an der Str. 133 von Gränna Richtung Tranås, Tel. 0140 – 602 17, www.ateljeguldtackan.se. Mo+Di, Do+Fr 11–17 Uhr.

NACH VÄRNAMO schnell auf der E 4, gut einzuflechten der Abstecher zum Taberg.

NACH VÄXJÖ. Str. 30, unterwegs möglicher Abstecher via Str. 127 nach Nydala am See RUSKEN sowie zum KLOSTER NYDALA, das 1143 als erstes schwedisches Kloster zusammen mit Kloster Alvastra von Zisterziensern gegründet wurde. Beide Klöster waren natürliche Pilgerstationen auf dem Weg zum Grab des im Mittelalter europaweit stark verehrten Heiligen Olav im norwegischen Trondheim. Während vom Kloster Alvastra heute nur noch Ruinen stehen, sind die Kirche und Teile des Klosters von Nydala gut erhalten und in Betrieb. Nydala ist Station bzw. Start und Zielpunkt der Fernwander-/Pilgerwege Nydalaleden, Munkaleden sowie Västra Sigfridsleden (siehe Seite 43). – MUNKSTOLARNA, die Mönchsstühle, kleine Sitzplätze aus Stein, sind vermutlich eine Steinmetzarbeit der Mönche. Man findet sie auf JÄRNUDDEN, 1 km vom Herrenhof Nydala entfernt. – Wer Zeit und Lust hat, auf schmalen, kurvenreichen Landstraßen richtig tief einzutauchen in das ländliche Småland mit seinen tiefen Wäldern, hellen Seen, offenen Wiesen, vorbei an Gehöften, alten Dorfkirchlein und entlang kilometerlanger moosgrüner Steinmäuerchen, sollte parallel zur Straße 30, aber etwas östlich davon, folgende Stationen zwischen Jönköping und Växjö anpeilen: Tenhult, Malmbäck, Sävjö, Asa, Tolg, Rottne und Växjö.

Eksjö

ALTSTADT-IDYLLE PUR

Eksjö ist eine der drei schwedischen Städte, deren historische Stadtkerne komplett unter Denkmalschutz stehen, um die in Holz errichteteten Gebäude als Gesamt-Ensemble zu erhalten. So wie Nora, Hjo und Eksjö sahen vor ein-, zweihundert Jahren viele Kleinstädte in Schweden aus: dicht stehende Wohnhäuser, Werkstätten, Stadthöfe mit prachtvollen, umbauten Innenhöfen – alles aus Holz und leider in vielen anderen Orten irgendwann ein Raub der Flammen geworden.

Eksjö ist seiner selbst willen also schon einen Besuch wert. Das småländische Hochland rund um das historische Städtchen kennzeichnet, anders als Smålands Süden, der Wechsel aus tiefen Tälern und Höhenzügen. Wanderer schätzen die Belohnung, die mancher Aussichtspunkt am Ende eines steilen Hanges bietet, während die Paddler vor allem die Seen-Ketten und das Quellflusssystem des Emån bevorzugen.

Die Geschichte Eksjös reicht bis in das Mittelalter. 2003 feierte man das 600. Stadtjubiläum. 1856 allerdings brannte der südliche Teil der Stadt ab und wurde nach den Anforderungen der neuen Brandschutzverordnungen mit breiten, von Bäumen gesäumten Straßen wieder aufgebaut, so dass Eksjö heute zwei ganz verschiedene Stadtbilder vereint. In der Stadt leben knapp 10.000 Menschen.

Einer der wichtigsten Arbeitgeber der Gemeinde ist seit jeher die ortsansässige Garnison, dazu öffentliche Einrichtungen wie Verwaltung, die Dienstleistungssparte und etwas Industrie (Holzverarbeitung, Chemie).

Kulturgut wird in Eksjö auf allen Ebenen gepflegt, ob die viel beachteten Blasmusikorchester oder der Aufmarsch der VAKTPARADEN samt anschließendem Konzert auf dem Stortorg an den Sommersamstagen. Die Engströmspiele sind seit 40 Jahren eine Institution: Laiendarsteller führen Stücke und Erzählungen von *Albert Engström,* einem berühmten Sohn der Kommune, auf: Seit einigen Jahren kommt das Gedenkspiel »Mellan Eld & Eld« (Zwischen Feuer & Feuer) zur Aufführung.

INFORMATION

◎ **EKSJÖ TURISTBYRÅ**, Norra Storgatan 29 (Eksjö Museum), SE – 57580 Eksjö, Tel. 0381 – 36170, Fax 36179, turism@eksjo.se, www.visiteksjo.se. Etwa 25.6.–25.8. Mo–Sa 9–18 Uhr, So 10–14 Uhr, sonst Mo–Fr 10 –17 Uhr, Sa 10 –14 Uhr. **(1)**

Das Touristenbüro ist im selben Gebäude wie die örtliche Jugendherberge untergebracht. Als Service u.a. Fahrradvermietung.

Dank der Wahrung und Pflege von Gamla Stan (bzw. 56 denkmalgeschützter Gebäude) erhielt die Stadt Eksjö 1997 das renommierte Europa Nostra Diplom.

Unterkunft

◎ **HOTELL GAMLA STAN**, Arendt Byggmästares gata 8, Tel. 0381 – 140 40, Fax 140 47, www.vaxblekaregard en.com. EZ 995 SEK, DZ ab 1.295 SEK, Sommertarif EZ 795 SEK, DZ ab 1.095 SEK. **(5)**

Charmantes Hotel mit nur 13 Zimmern mitten in der historischen ALTSTADT. Das Restaurant serviert in der warmen Jahreszeit auch draußen.

◎ **HOTEL ULLINGE**, Tel. 0381 – 810 60, www.ullinge.se. EZ 1.350 SEK, DZ 1.680 SEK, weekend EZ 925 SEK, DZ 1.290 SEK. **(6)**

Idylle direkt am See Södra Vixen, 8 km südwestlich von Eksjö. Mit Sauna am See, Gourmet-Restaurant, zur Mittagszeit erschwinglicher Lunch.

◎ STF **EKSJÖ VANDRARHEM**, Norra Storgatan 29, Tel. 0381 – 361 70, Fax 361 79, vandrarhem@eksjo.se, www.visiteksjo.se/boende/vandrar hem. Ganzjährig geöffnet. 56 Betten. Preis je Bett 175/95 SEK, als EZ 275, als DZ 390 SEK. **(1)**

NOSTALGISCH in zwei Holzhäusern mitten in der Altstadt, im Service tadellos. Fahrradvermietung.

◎ **EKSJÖ CAMPING & KONFERENS**, Tel. 0381 – 39500, Fax 14096, www.eksjocamping.nu. Ganzjährig geöffnet. Stellplatz 150 SEK. Campinghütten 300–450 SEK, Zimmer ab 300 SEK, Frühstück nach Absprache. **(7)**

Am Südufer des Sees HUNSNÄSEN, großer Aktivitäten-Kalender. Str. 33 Richtung Eksjö Zentrum ca. 1 km.

◎ **MOVÄNTA CAMPING**, Hult, Telefon 0381 – 30028, Fax 30166, www.movantacamping.se. Ende April bis Ende September. Stellplatz 150 SEK, Campinghütten ab 270 SEK, mit Dusche ab 500 SEK.

Tolle Lage am See FÖRSJÖN, etwa 10 km östlich von Eksjö. Angeln, Baden, Boostvermietung und weitere Aktivitäten vor Ort.

◎ **MYCKLAFLONS CAMPING**, Tel. 0381 – 430 00, www.swe.mycklaflons camping.com. 1.5.–30.9. Stellplatz 140 SEK, Campinghütten 300 SEK.

Am See Mycklaflon, herrlich gelegen am Naturreservat NORDSÅNNA, 25 km südöstlich von Eksjö, 1 km östlich von Hult. RUHIG, Baden, Bootsvermietung. Lokal mit Terrasse.

Essen und Trinken

◎ Viel Charme und Ambiente vermitteln gleich mehrere Lokale in der Altstadt **GAMLA STAN**: das gemütliche LILLA CAFÉET (das kleine Café), Norra Storgatan 24, Tel. 0381 – 148 50. Di–Do 11–18 Uhr, Fr 11–15, Sa 10–14 Uhr. **(8a)** Populär zum Lunch ist auch das SALT N' PEPPER, Södra Storgatan 10, Tel. 0381 – 107 91. Mo –Fr 11.30–14.30 Uhr. **(8b)** Wie eine Heimat-Begegnungsstätte ist der Innenhof des KRUSAGÅRDENS SOMMARCAFÉ, Norra Storgatan 29 C (Komplex Touristenbüro), Mo–Do 12–15, Juli Mo bis Fr 11–17, Sa 10–15 Uhr.

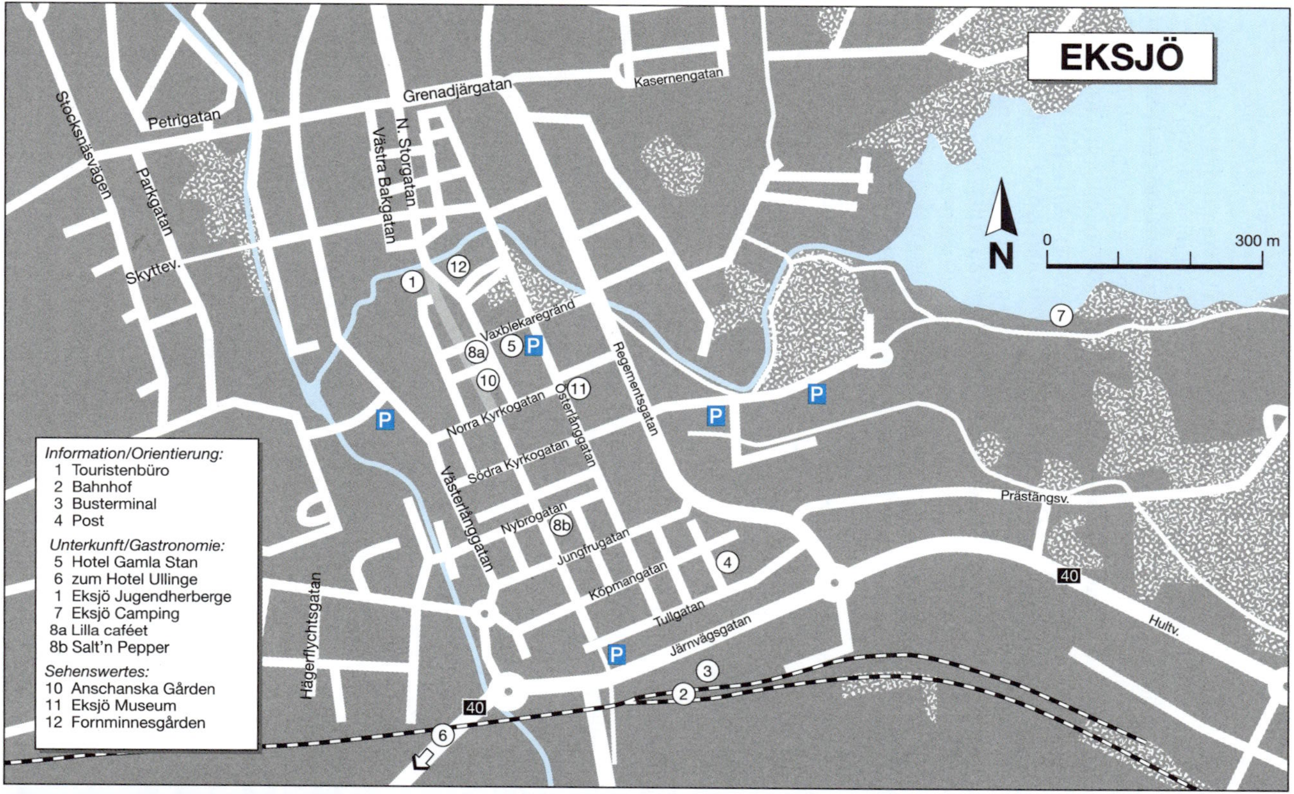
EKSJÖ
Information/Orientierung:
1 Touristenbüro
2 Bahnhof
3 Busterminal
4 Post
Unterkunft/Gastronomie:
5 Hotel Gamla Stan
6 zum Hotel Ullinge
1 Eksjö Jugendherberge
7 Eksjö Camping
8a Lilla caféet
8b Salt'n Pepper
Sehenswertes:
10 Anschanska Gården
11 Eksjö Museum
12 Fornminnesgården
Stocksnäsvägen
Petrigatan
Grenadjärgatan
Kasernengatan
Parkgatan
Skyttev.
N. Storgatan
Västra Bakgatan
Vaxblekaregränd
Norra Kyrkogatan
Södra Kyrkogatan
Österlånggatan
Regementsgatan
Västerlånggatan
Nybrogatan
Jungfrugatan
Köpmangatan
Tullgatan
Järnvägsgatan
Hägerflychtsgatan
Prästängsv.
Hultv.
40
N
0
300 m

Sehenswertes

GAMLA STAN

◎ Die geschlossene **ALTSTADT** sieht mit ihren schmalen Gassen, der harmonischen Holzhausarchitektur und den kopfsteingepflasterten Innenhöfen wie eine Kulisse für einen historischen Film aus, wird aber unverändert bewohnt. Die Benennung der Höfe verweist entweder auf ein Handwerk oder den Namen der früheren Eigentümer: Im VAXBLEKAREGÅRDEN befand sich eine Wachsbleiche, im BRÄNNERIGÅRDEN ging man der lukrativen Schnapsbrennerei nach, FORSELLSKA GÅRDEN gehörte einem Hutmacher mit Namen Forsell. Von innen können auch besichtigt werden:

◎ **ASCHANSKA GÅRDEN**, Norra Storgatan 18, Telefon 0381 – 361 60. 1.7.–31.8. Führungen täglich um 13 und 16 Uhr. Ticket 60 SEK, vorzubestellen bei Eksjö Museum. **(10)**

Die Villa der begüterten Familie Aschan ist das wohl BEKANNTESTE Gebäude der Stadt. Das Holzhaus ist nicht nur von außen schön anzusehen; in den Wohnräumen mit Mobiliar der zweiten Hälfte des 19. Jhs. sieht es aus, als würden die Besitzer jeden Moment zurückkehren.

◎ **EKSJÖ MUSEUM**, Österlånggatan 31, Tel. 0381 – 361 60, www.eksjomuseum.se. 20.6.–20.8. Mo–Fr 11–18, Sa+So 11–15 Uhr, sonst Di–Fr 13–17, Sa+So 11–15 Uhr. Entré 50/0 SEK nur 15.5.–15.9., sonst frei. **(11)**

Die Ausstellung zur 600-jährigen STADTGESCHICHTE sei als Herzstück bezeichnet, jedoch hat das Museum auch eine besondere Ausstellung zu einem Sohn dieser Gegend zu bieten, die seit 2011 NEU AUFBEREITET ist: Die AUSSTELLUNG ALBERT ENGSTRÖM befasst sich mit Leben und Wirken des populären Künstlers, einem Schüler *Carl Larssons*, der vor allem durch witzige Zeichnungen und Karikaturen bekannt wurde. Seine spitze Feder benutzte er außerdem zum Verfassen volksnaher Theaterstücke und Erzählungen. Auch mehr als 100 Grafiken und Aquarelle hat er geschaffen. Albert Engström (1869 – 1940) stammte aus dem Nachbarort Hult; einen Großteil seines Lebens verbrachte er aber in Stockholm, vor allem in Roslagen, dem Schärengarten nördlich der Hauptstadt.

Das Museum arrangiert wechselnde Kunst- und Themenausstellungen und umfasst schließlich noch eine militärhistorische Ausstellung.

◎ **FORNMINNESGÅRDEN**, Arendt Byggmästaregatan 22. Ende Juni bis Ende August Mo–Sa 11–15 Uhr. Eintritt 20/0 SEK. **(12)**

Dieses HEIMATMUSEUM zeigt historische Möbel, Werkzeug, eine eingerichtete KUPFERSCHMIEDE, ebenso alte Fotoapparate und Fahrräder. In der BUCHBINDEREI Bildstens Bokbinderi werden hin und wieder die traditionellen handwerklichen Fertigkeiten dieser Zunft gepflegt.

◎ **STADTFÜHRUNGEN** Ende Juni bis Mitte August: siehe Seite 130.

Oben und unten links: Unterwegs in Eksjös Altstadt Gamla Stan. – Unten rechts: Wandern in der Schlucht Skurugata (siehe Seite 129). ▶

9

Ausflüge

◎ Die Schlucht **SKURUGATA** wird unter »Ferien aktiv« erwandert. Die Tour kann mit folgendem Trip nördlich von Eksjö verbunden werden:

◎ Bei **ANEBY**, 20 km nördlich von Eksjö, bildet der Fluss SVARTÅN das Wasserfällchen STALPET. Die ganze Fallhöhe von fast 20 m ist in der Regel aber nur im Frühjahr als Resultat der Schneeschmelze zu bewundern. Früher nutzte eine Mühle den Wasserstrom; heute speist eine Wasserkraftanlage die gewonnene Energie in das allgemeine Stromnetz ein.

Anbei versorgt das »Stalpets Café & Hantverk« Sommergäste mit Kaffee und Kuchen und kleinen Speisen. Anfang Mai bis Ende August täglich 11–20 Uhr. Station auf dem ANEBY-LEDEN (siehe Seite 131).

◎ **KLEVA GRUVA** bei Holsbybrunn (östlich von Vetlanda, gut 35 km ab Eksjö), Tel. 0383 – 540 33, www.klevagruva.com. Mitte Juni bis Mitte September täglich 11–16 (im Juli bis 18) Uhr, ab Mitte Mai Sa+So 11–16 Uhr; bei EISBILDUNG in der Grube Änderungen möglich. Führungen in deutscher Sprache ca. 10.7.–25.7. 3 x am Tag. Ticket 90/50 SEK, mit Führung plus 40 SEK.

Im Klevaberg begann man Ende des 17. Jhs. mit dem Abbau von Kupfer; um 5 t betrug die jährliche Ausbeute des minderwertigen Kupfers. 1738 fand man Gold in der Nähe, in Ädelfors. Das Interesse an der Kupfergrube ließ nach, bis man von 1838 bis 1889 im Klevaberg Nickel abbaute. Während des Ersten Weltkriegs wurde die Grubenarbeit wieder aufgenommen, doch 1920 war endgültig Schluss.

Ab 1991 hat man Stollen, Gruben, und Schächte restauriert: Touristen begeben sich mit Helm und Taschenlampe ausgerüstet auf Entdeckungsreise unter die Erde. Unerlässlich sind warme Kleidung und festes Schuhwerk. Achten Sie auf die mystische Madonna in der Erzkirche, im Saal des Bergkönigs wird's ebenso spannend. Die Betreiber bieten des Weiteren verschiedene Touren und Aktivitäten wie GOLDWASCHEN an.

◎ **GULDVASKNING ÄDELFORS**, Holsbybrunn, Tel. 0383 – 46 01 10, www.guldstrom.se via »Guldströms erfarenhet«. Ende Juni bis Mitte September täglich 10 – 17 Uhr, ab 1.5. sowie bis 30.9. Sa+So 10–17 Uhr. 300 SEK mit Anleitung und Ausrüstung. Unempfindliche Kleidung und eigenes gutes Schuhwerk anzuraten, da die gestellten Stiefel in der Hochsaison nicht immer ausreichen.

Nur einige Kilometer östlich von Kleva kann man im EMÅN, bei Ädelfors, GOLD WASCHEN. Von 1890–98 hat man hier 111 kg Gold geschürft. Der Flusskies enthält so viel Gold, dass jeder geschickte Goldwäscher – und das können Sie nach 2-3 Stunden leicht werden! – Goldkörner finden soll. Dem Goldrausch erliegt jedoch niemand. Kinder unter 9 Jahren waschen aufs Ticket der Eltern.

Noch mal rund 27 km nordwestlich von Aneby liegt Åsens By, das bereits im Kapitel über Jönköping gewürdigt wird (siehe Seiten 116 und 106).

Ferien aktiv

WANDERN

◎ Ca. 12 km nordöstlich von Eksjö versteckt sich die ENGE SCHLUCHT **SKURUGATA**, die bis zu 56 m hohe Felswände einfassen. – Die vorherrschende Gesteinsart ist Schokoladebrauner Phorphyr, der an manchen Stellen rötlich schimmert. Besagter Albert Engström schrieb in einer Schilderung, eine Wanderung durch die Schlucht sei wie ein Gang durch eine prähistorische Landschaft.

Für das Erkunden der 7–24 m breiten Skurugata sind unempfindliche Kleidung und fest sitzende Schuhe anzuraten. Der 550 m lange Nordteil des Canyons beginnt auf 280 m Höhe mit ca. 8 m hohen Felsen in einer fast moorartigen Ebene und verläuft bald mit fast senkrechten Wänden in südöstlicher Richtung. Der Boden ist zwar trocken, allerdings liegen Steine und Felsblöcke herum, scheren sich umgestürzte Bäume und andere Vegetation nicht um die Bequemlichkeit für Wandersleute. Mit einer fast rechtwinkligen Richtungsänderung ändert sich schließlich die Schlucht:

Nach 50 m beginnt sozusagen der zweite, 650 m lange Abschnitt in südlicher Richtung, wobei der östliche Berghang bis zu 20 m hoch ist, während der Westhang allmählich in die flachere Landschaft übergeht. Dieser Teil der Schlucht kann in nassen Wetterperioden sumpfig sein. Dauer retour rund 1 Stunde plus Pausen.

◎ FERNWANDERWEG **HÖGLANDSLEDEN**: siehe Seite 131.

BADEN, SCHWIMMEN

◎ **STADTNAH**: Prästängsbadet im Osten der Stadt am See HUNSNÄSEN (nahe Campingplatz), im Westen Rolandsdamm am See Södra Rokalven.

◎ Långanässjöbadet am See **LÅNGANÄSASJÖN**, südwestlich Eksjös, Str. 40 oder 32. Sommercafé.

GOLF

◎ **EKSJÖ GOLFKLUBB**, Skedhult, Tel. 0381 – 135 25. 18-Loch-Platz südwestlich Eksjös, Str. 40 Richtung Nässjö, abzweigen nach Skedhult, 5 km.

PADDELN

◎ 104 km auf dem Fluss **EMÅN** hat man als Kanustrecke ausgebaut, beginnend in VÄRNE im Süden der Gemeinde in Richtung Vetlanda.

◎ **KANUVERMIETUNG**: Höglandets Kanotcenter, Bocksjöstugan, Tel. 0381 – 400 81 und (mobil) 0170 – 857 01 14. Str. 32 nach Vetlanda, abzweigen nach Prostorp, Bocksjöstugan.

RAD FAHREN

◎ Die Website des Touristenbüros (www.visiteksjö.se) stellt MEHRERE Routen von 20 bis 350 km Länge vor, zum Teil mit Karten-PDF-Download: darunter die **ALBERT-ENGSTRÖM-ROUTE** an der Skurugata vorbei.

◎ **FAHRRADVERMIETUNG**: Cykelsmedjan i Eksjö, Norra Storgatan 25 A, Tel. 0381 – 361 70. – Fahrräder und Karten auch im Touristenbüro. **(1)**

Auf der Ostseite der Skurugata hat man vom »Gipfel« Skuruhatt (337 m) einen weiten Ausblick, ein Abstecher vom Fernwanderweg Höglandsleden.

Info-Mix

SIGHTSEEING

◎ **STADTFÜHRUNG**: Ende Juni bis ca. 10.08. Di 15 Uhr ab Touristenbüro. Ticket 50 SEK. – Alternativ sind Audioguides im Touristenbüro zu mieten.

VERANSTALTUNGEN

◎ **HUSARDAGEN**: Seit 1929 feiert Eksjö den Tag der Husaren am zweiten Juniwochenende. Mit Paraden.

◎ **VAKTPARAD**: UMZUG der Militärkapelle durch Eksjö, ab dem Mittsommer-Freitag und danach bis Ende August Sa 11.30 Uhr ab Södertull.

◎ **EKSJÖ** INTERNATIONAL **TATTOO**: Musik, Paraden, Umzüge am zweiten verlängerten Augustwochenende.

◎ **EKSJÖ STADSFEST**: STADTFEST mit vielen Konzerten für junge Leute am letzten Augustwochenende.

KONTAKT, HILFE

◎ **ÄRZTLICHE BEREITSCHAFT**: im Krankenhaus Höglandssjukhuset, Lasarettvägen, Tel. 0381 – 350 00. Ambulanz und Zahnbehandlung.

◎ **POLIZEI**: Mosstegsgatan 2, Tel. 114 14, Notfall-Tel. 112.

◎ **POST**: Prästgatan 4 (ICA). **(4)**

TRANSPORT, PARKEN

◎ **BUSTERMINAL**: Järnvägsgt. **(3)**

◎ **TAXI**: Tel. 121 00.

◎ **PARKEN**: viele kostenfreie Parkplätze, aber mit Zeitlimit. Langzeitparkplatz u.a. östlich der City, Sportanlagen Prästängen / Camping.

Weiterreise

◎ **BUS UND BAHN**: Eksjö liegt an der Bahnstrecke Nässjö–Hultsfred, betrieben von »Krösatågen« (www.krosatagen.se bisher nur auf Schwedisch). – In der Nachbarstadt Nässjö kreuzt diese Bahn die Linie Malmö–Stockholm und gewährt so raschen Anschluss an die Hauptbahntrasse Südschwedens. – Den regionalen öffentlichen Busverkehr regelt »Jönköpings Länstrafik« (siehe Seite 121).

Bus- und Bahnhof liegen nebeneinander am südlichen Cityrand.

◎ **AUTO**: **NACH VIMMERBY** via Str. 40. In HULT wuchs Albert Engström auf; er ist auch hier begraben; sein Elternhaus gehört zu einem Freilichtmuseum, wo jeden August als lokale Größe die Albert-Engström-Festspiele aufgeführt werden.

NACH VÄXJÖ. Entweder Str. 40, 128 bis Sävsjö, 127 bis Vrigstad (Einkaufen der lokalen Käsekuchen-Spezialität Vrigstadt Ostkaka) und 30. – Oder östliche Route via Str. 32, 31, 23, an der Glashütte Lindshammar vorbei. Östlich Lindshammars erstrecken sich die Naturreservate STORA FLY und LILLA FLY, 100 ha Moorlandschaft, zum Teil mit Kiefern bestanden und (bereits früher) trocken gelegt (siehe unten).

NACH JÖNKÖPING Str. 40 nach Nässjö, dann Str. 31. – Alternativ Str. 32 nach Norden und vor Tranås auf Str. 133 nach/über Gränna; mehr zu diesem »Umweg« auf Seite 121 f.

Die Naturreservate Stora Fly und Lilla Fly sind auf einem rund 3 km langen Pfad zu durchwandern. Start am Parkplatz, zu erreichen ab Str. 31 sowie nördlich von Lindshammar über Millestorp und ab dort die Straße Richtung Lemnhult.

FERNWANDERWEG **HÖGLANDSLEDEN**

Eine Wanderung durch das småländische Hochland im Viereck zwischen Eksjö, Vetlanda, Sävsjö und Nässjö und »Abstechern« Richtung Mariannelund und Vimmerby oder Richtung Lammhult, durch dichte Fichtenwälder, vorbei an plätschernden Flüssen und an größeren wie kleinen Seen, umgeben von Vogelgezwitscher, immer gewahr, Rehwild oder gar einem Elch zu begegnen – näher kann man der Natur nicht kommen. Der rund 370 km lange Höglandsleden unterteilt sich in folgende Routen:

◎ **ASA – INGATORP**, 142 km, auch **NJUDUNGSLEDEN**: Von Asa (westlich von Lammhult) führt der Wanderweg in östlicher Richtung vorbei an Ramkvilla, Lindshammar (Glashütte), dann durch das Naturreservat STORA FLY und weiter nördlich durch TROLLEBO PORTAR, ein Urwaldgebiet mit über 300-jährigen Kiefern und dem Loch der Hölle, HELVETETS HÅLA, einer 500 m langen und 35 m breiten Schlucht. Noch einmal ein Schwenk nach Osten – bei Högarp ist man 224 m ü.d.M., umgeben von Blumenwiesen – und weiter zwischen den Seen Saljen und Skirösjön durch den sogenannten »Garten Smålands« nach ÄDELFORS zu den Goldwäschern am Emån und in nördlicher Richtung durch das Kondition fordernde Gebiet bei ÖKNA bis Ingatorp, zwischen Eksjö und Mariannelund.

◎ **VIKSKVARN – ASA**, 60 km, auch **SÄVSJÖLEDEN**: Vom Wandergebiet Vikskvarn (Almesåkra, Vikskvarn-Spalte, geologisch interessant) führt der Weg bei MATTARP durch einen imposanten Buchenwald vorbei an Bringetofta nach SÄVSJÖ mit der Schlossruine Eksjöhofgård auf einer Halbinsel. Sehenswert im Ort sind das Kulturzentrum Ekebyhov sowie die romanische Kirche. Der letzte größere Ort vor Asa ist Hultsjö.

◎ **LÖVHULT – MARIANNELUND**, 92 km auch **UTSIKTERNAS LED** (Pfad der Aussichten): Wandern durch das Naturreservat KULLAPARADISET, mit Blumenwiesen, Laubwäldern und reichem Vogelleben, um den See Norra Vixen herum nach **EKSJÖ**. Von dort weiter zu SKURUGATA / Skuruhatt (siehe unter »Ferien aktiv«, Seite 129), dann in östlicher Richtung vorbei an Bruzaholm zum Aussichtsberg VALBACKEN bei Ingatorp, schließlich über Fågelvik und durch das Tal des SILVERÅN bis zum Zielort.

◎ **LÖVHULT – BÄCKALYCKAN**, 77 km: Vom Freizeitgebiet bei Nässjö führt der Wanderweg am Gräberfeld TORSA STENAR vorbei, über den Berg HULU mit herrlicher Rundumsicht zum Gebiet Almesåkra/Vikskvarn und weiter zur höchsten Erhebung Smålands, dem TOMTABACKEN. An Hok vorbei und zwischen den Seen Sandsjön und Fången hindurch erreicht man Bäckalyckan, im Norden von Vaggeryd.

◎ Nordöstlich von Eksjö knüpft der **ANEBYLEDEN** an den Höglandsleden an und führt über 85 km nach Nordwesten an den See ÖREN, nahe Gränna und sozusagen im Hinterland von Jönköping (siehe Seite 114 ff.).

◎ **KARTEN** und Information zu Holzbruch: u.a. im Touristenbüro Eksjö.

Vimmerby

DIE STADT ASTRID LINDGRENS

Die berühmteste Schwedin wuchs in Vimmerby auf, hier ist sie begraben. Mit dem Elternhaus der berühmten Kinderbuchautorin, einer großen Ausstellung zu Leben und Werk sowie dem Freizeit- und Erlebnispark »Astrid Lindgrens Welt« gibt es einige Gründe, Vimmerby zu besuchen, falls man ein Fan der Schriftstellerin ist. – Das kleine Städtchen, die Bauernhöfe und die Landschaft der Umgebung dienten als Vorlage für ihre Schilderungen. Man meint, vieles aus den Büchern – und Verfilmungen – wieder zu erkennen. Kein Wunder, denn LÖNNEBERGA, MARIANNELUND, KATTHULT und BULLERBY gibt es wirklich und liegen nicht weit von Vimmerby entfernt. Der Ort ist also bestens geeignet als Ausgangpunkt zu einer Reise auf den Spuren von den Kindern aus Bullerbü oder Michel aus Lönneberga!

Vimmerby liegt auf einem Bergrücken, der früher den einzigen Weg durch eine Moorlandschaft bildete. Viele archäologische Funde aus vorchristlicher Zeit bewiesen, wie frühzeitig sich hier eine Siedlung befand. Die topografisch günstige Lage trug dazu bei, dass bereits zur Wikingerzeit ein wichtiger Marktflecken entstand, den die Dänen 1192 niederbrannten. Im 14. Jh. trieb Vimmerby jedoch wieder regen Handel mit ihnen. Gustav Vasa missfiel die aufstrebende Macht der Handelsstadt im Landesinneren. Er entzog Vimmerby 1532 die Stadtrechte und versuchte – erfolglos – die Umsiedlung der Einwohner in die strategisch wichtige Hafenstadt Kalmar zu erreichen, um dort den Handel zu stärken. 1604 erhielt Vimmerby als fortgesetzter Konotenpunkt der Handelswege aber die Stadtrechte zurück.

Lange Zeit war die Stadt Zentrum für den småländischen Viehhandel. Daraus entstanden weitere wichtige Erwerbsquellen, Gerbereien und Leder verarbeitende Betriebe. Die letzte Gerberei steht seit 1937 im Freilichtmuseum Skansen in Stockholm.

Wirtschaftlich gehört der Tourismus dank Lindgren zu den größten Arbeitgebern, ebenso wie Metallproduzent Ljunghäll und weitere Industriebetriebe (u.a. Lebensmittel), Kommune und Dienstleister/Handel für Stadt und Umland.

INFORMATION

◎ **VIMMERBY TURISTBYRÅ**, Rådhuset 1, SE–59821 Vimmerby, Tel. 0492 – 310 10, Fax 130 65, turistbyra @vimmerby.se, www.vimmerbyturistbyra.se. Ca. 1.7.–10.8. täglich 9–20 Uhr, Juni u. Rest August Mo–Fr 9–18, Sa+So 9–14 Uhr, ab ca. 10.5.und bis 30.9. Mo–Fr 9/10–17/18 Uhr, Sa 9–14 Uhr, sonst Mo–Fr 10–16/17 Uhr.

Rund 450.000 Besucher zählte Astrid Lindgrens Welt im Jahr 2010. Der Freizeitpark ruht sich nicht auf den Lorbeeren aus und pflegt seine Anlagen. Ronjas Räuberburg wurde neu gebaut, nun erwartet Katthult seinen »Relaunch«.

ASTRID LINDGREN (1907–2002) zählt zu den Autorinnen, deren Werke die größte VERBREITUNG überhaupt fanden.
Lindgrens kleine Helden waren oft EIGENWILLIGE KINDER, die Regeln (und das Spießertum ihrer Umgebung) in Frage stellten und ERNST GENOMMEN werden wollten. Lindgren hat die Kinder ernst genommen und viel Gutes bewirkt. Ihre Bücher haben die Fantasie der Kinder angeregt und werden bis heute in zahlreichen Auflagen verschlungen.
Dass ausgerechnet diese Frau nie den Literaturnobelpreis bekam, mag ein Sinnbild dafür sein, wie selbstständige Kinder – und Frauen – in der Realität (statt in Lobesreden) geschätzt wurden, wobei gerade die Skandinavier sich hierbei zu überzeugenden Vorbildern entwickelt haben.
Der Themen- und Theaterpark ASTRID LINDGRENS VÄRLD, der mehrheitlich der Familie Lindgrens gehört, bewahrt nicht nur das Andenken an ihre Geschichten und die Lust am Lesen. Ganz im Sinne der Kämpferin für die Rechte der Kinder und eine bessere Welt soll der Park möglichst nachhaltig betrieben werden. Fastfood wurde darum vor Jahren verbannt. Stattdessen gibt's gesunde, frisch zubereitete Hausmannskost aus der Region.

Unterkunft

◎ **FREDENSBORG HERRGÅRD** in Storebro, Tel. 0492 – 306 00, www.fredensborg.com. EZ ab 910 SEK, DZ ab 1.330 SEK. Auch Golfpakettarif.

STILVOLL nächtigen mit schönem Park, Golfplatz anbei, Baden im See GISSEN, Ruderboote und Kanus, und nicht zu vergessen das Restaurant. Ca. 11 km südlich von Vimmerby.

◎ **BJÖRKBACKEN**, Traktorgatan 3, Tel. 0492 – 798 90, Fax 181 51 www.bjorkbacken.se. EZ ab 995 SEK, DZ ab 1.130 SEK. Ferienhütten je nach Saison/Bettenzahl ab 380 SEK, Camping ab 140 SEK.

Noch junge Anlage mit schicken Hotelzimmern sowie neueren Camping-Servicegebäuden. Stark auf die Lindgren-Touristen ausgerichtet.

◎ **SMÅLANDSBYN**, Tallholmen, Tel. 0492 – 122 59, Fax 137 09, www.smalandsbyn.se. EZ/DZ ab 995 SEK, Hütten ab 695 SEK ohne Bad, ab 995 SEK mit Bad. Frühstück/Bettzeug extra.

Lindgren-Bilderbuch-Anlage mit Hotel in 200 Jahre altem Haus, Campinghütten und drei Häuschen wie in Bullerbü. Entzückende Malereien in den Hotelzimmern mit Motiven aus Lindgren-Büchern.

◎ STF **VIMMERBY VANDRARHEM**, Hörestadhult, Telefon 0492 – 102 75, www.nossen.nu/hhult. 1.6.–31.8. 38 Betten. Bett im Mehrbett-Zimmer 190/130 SEK, als DZ 380 SEK.

Ruhige Lage, trotz Str. 40, ca. 2 km östlich von Vimmerby.

Das Touristenbüro hat eine Online-Buchung für Übernachtungen aller Art eingerichtet. Und eigentlich alle Hotels und Pensionen vor Ort bieten ein Kombi-Ticket für die Übernachtung inklusive Eintritt in Astrid Lindgrens Värld.

◎ **ASTRID LINDGRENS VÄRLD**, Tel. 0492 – 798 00, Fax 158 85, www.alv.se. Campingplatz, Campinghütten und Ferienhütten stehen nur Besuchern des Theaterparks zur Verfügung. Hier erst recht sind die Tarife kombiniert mit Eintrittskarten, z.B. Zeltplatz für eine Nacht und Eintritt in Astrid Lindgrens Welt an 2 Tagen für eine Familie (2 Erw., 3 Kinder) ab 1.100 SEK. Buchung im Voraus wird dringend empfohlen. Basiskomfort. In der Hochsaison Aktivitäten, im Kino Verfilmungen von Lindgren-Büchern. Mehr unter »Sehenswertes«.

◎ **VIMMERBY CAMPING** NOSSENBADET (Str. 40, 3 km östlich von Vimmerby), Telefon 0492 – 31410, www.nossen.nu. Mitte Mai – Anfang September. Stellplatz ab 170 SEK, Hütten ab 600 SEK, Zimmer ab 280 SEK.

Am See NOSSEN, Badeplätze und tadellose Sanitäranlagen, Sauna. Ein empfehlenswerter Platz.

Essen und Trinken

◎ Kosten Sie leckere **REGIONALE HAUSMANNSKOST** in Astrid Lindgrens Värld: Aus Småland stammen Spezialitäten wie *Isterband, Kroppkakor* und RAGGMUNKAR: eine typische Griebenwurst, Klöße und Kartoffelpuffer. – Oder Pfannkuchen aus der eigens erfundenen Pfannkuchen-Back-Maschine, die viel frische Ware in kurzer Zeit herstellen kann.

Sehenswertes

ASTRID LINDGREN

◎ **ASTRID LINDGRENS VÄRLD**, Fabriksgatan, Tel. 0492 – 79800, www.alv.se. 2. Maiwoche bis September sowie 2 Wochen im Herbst täglich 10 –17 Uhr. Eintritt ab 235/175 SEK (Kinder 3–12 Jahre), Familienticket (2+3) ab 775 SEK. Auch 2-Tages-Tickets.

Ein Muss für Astrid Lindgrens Fans ist ein Besuch im Themen- und Theaterpark Astrid Lindgrens Welt. Pippi, Michel, Ronja, insgesamt über 60 Figuren aus den Erzählungen sind hier anzutreffen, auch viele der berühmten Orte wie die Villa Kunterbunt, die Burg von Ronja Räubertochter, das Heckenrosental der Brüder Löwenherz, den Katthulthof von Michel aus Lönneberga, die Krachmacherstraße von Lotta usw. Überall wird gesungen, getanzt, gespielt: manchmal Theater, manchmal einfach nur so, denn Pippi und Co. mischen sich unter die Besucher und spielen und unterhalten sich mit ihnen.

◎ **ASTRID LINDGRENS NÄS** (liegt östlich von ALV), Prästgården 24, Tel. 0492 – 76 94 00, www.astridlindgrensnas.se. Eintritt 80/35 SEK. Ausstellungen ca. 10.6.–20.8. täglich 10–18 Uhr, ab Mitte Mai sowie bis Anfang September täglich 10–16, sonst Mi–So 11–15 Uhr. FÜHRUNGEN im Elternhaus nur mit Anmeldung.

Auf dem Hof Näs kam Astrid Lindgren 1907 zur Welt und verlebte dort glückliche Kinderjahre. Haus und

Szenen aus »Astrid Lindgrens Värld« – Übrigens ist der Park neuerdings auch im Herbst geöffnet: Anfang November wird der traditionelle Herbstmarkt abgehalten; so einen, wie ihn die Leser von Michel aus Lönneberga kennen. ▶

Villekulla

Garten sehen heute noch so aus wie vor gut hundert Jahren, als die kleine Astrid im Limonadenbaum, der übrigens immer noch steht, herumgeklettert ist. Im Pfarrhaus nebenan ist seit dem 100. Geburtstag im Jahr 2007 das Astrid Lindgren Kulturzentrum beheimatet. Darin gibt es die Ausstellung »Astrid Lindgren für die ganze Welt« zum Leben und Wirken der Schriftstellerin sowie wechselnde Themenausstellungen. Café.

Die **BRAUEREI ÅBRO** sorgt seit 1856 für eine spezielle Bekanntheit von Vimmerby in Schweden. Neben dem Klassiker »Åbro Original« und anderen Bieren werden heute auch Cider sowie alkoholfreie Getränke hergestellt.

◎ **ÅBRO BRYGGERI**, Åbrovägen. Führungen Ende Juni bis ca. 10.8. Mo–Do 11 u. 15 Uhr. 60/40 SEK.

UNTERWEGS IN VIMMERBY

◎ Entlang der **STORGATAN** stehen mehrere BÜRGERHÄUSER aus dem 17. Jahrhundert. Eines davon ist der GRANKVISTGÅRDEN (Nr. 32), in dem man 1962 barocke Wand- und Deckenmalereien entdeckte. – Malereien (1767) im TENNGJUTAREGÅRDEN (Nr. 17) und RADMANSGÅRDEN (Nr. 20). Diese Häuser sind bewohnt und leider nicht zu besichtigen.

Einige der alten Gebäude sind immer noch nicht untersucht worden; aber man geht davon aus, dass sie weitere Raritäten verbergen. Der BORGMÄSTAREGÅRDEN (Nr. 3, Bürgermeisterhof) ist zu besichtigen (Antiquitätenladen). Zwar hat man hier noch keine Malereien wieder entdeckt, dafür gibt's alte Möbel, so ein Esszimmer aus Eichenholz und viel vom Flair dieser alten Häuser.

◎ **MUSEET NÄKTERGALEN**, Sevedegatan 43, Tel. 0492 – 76 94 59. Mi–Fr 12–16 Uhr, Sa 11 –14 Uhr, je nach Ausstellung, Mitte Juni bis Mitte August auch Mo–Do. Eintritt 20/10 SEK.

Das STADTMUSEUM, zu Hause in einem Holzgebäude aus dem 18. Jh., zeigt eindrucksvoll Malereien jener Zeit, als die reichen Bürger Decken und Wände in ihren Häusern kunstvoll mit Landschaftsmalereien oder biblischen Motiven ausschmücken ließen. Die Wikingerzeit dokumentieren Funde eines über 1.000 Jahre alten Gräberfelds im südlichen Stadtgebiet. – Eine andere Ausstellung schildert die Stadthistorie samt ökonomischer Entwicklung.

Ausflüge

Die Gemeinde Vimmerby und Umgebung bietet mit ihrer schönen, abwechslungsreichen Landschaft und den kulturgeschichtlichen Denkmälern für jede/n etwas. Die folgende Auswahl soll neugierig machen und auf Entdeckungsreise schicken. Die Fahrt geht nach Süden und im Uhr-

An die Werksbesichtigung der Åbro-Brauerei schließt sich eine Verkostung von – »leichten«, d.h. alkoholfreien und alkoholarmen – Getränken an, die im Eintrittspreis inbegriffen ist.

zeigersinn durch die Gemeinde; einzelne Stationen sind ebenso im Rahmen der Weiterreise möglich.

◎ **STOREBRO** ist ein Beispiel für industrielle Traditionen wie moderne Industrie. »Storebro Bruks AB« wurde 1728 gegründet, als man Sumpferz aus den Seen zu Eisen verarbeitete. Das Bruksmuseum (Werksmuseum), die alte WERKSSIEDLUNG, die Hammerschmiede und die Mühle erzählen von der alten Zeit. Die neue Zeit vertreten Gießerei, Maschinenbau sowie schnittige, große Motoryachten. Die derzeitige Verwaltung arbeitet in den Räumen des alten Herrenhauses (1821). – Die Steinsetzung VISANS SKEPP bilden 20 1978–80 errichtete GRANIT-Platten, eine EHRUNG der schwedischen Sangesfreude im Stil frühzeitlicher Schiffssetzungen. Die Inschriften geben 40 der bekanntesten VOLKSLIEDER wieder, die bei sommerlichen Anlässen in Gesellschaft eines TROUBADOURS angestimmt werden. Storebro liegt ca. 10 km südlich Vimmerbys, Str. 34.

◎ Der See **STORA HAMMARSJÖN** liegt südwestlich von **HULTSFRED**. Spazierwege, Bade- und Angelplätze sorgen für Entspannung und Erholung, das NATURUM am Färgsjön befasst sich mit lokalen Orchideenarten, der Fülle an Beeren und Pilzen im Spätsommer und Hjortron, jenen Moosbeeren, die hier wachsen (sollen) und sonst nur im Norden Schwedens auftreten.

Auch am Hammarsjön sind einige typisch schwedische, rote Holzhäuschen zu mieten. Kontakt: Turistbyrå Hultsfred, Stora Torget, SE–57726 Hultsfred, Tel. 0495 – 24 05 05, Fax 24 09 02, turism@hultsfred.se, www.hultsfred.se. Ca. 15.6.–20.8. Mo–Fr 9 –18, Sa 10 –14, So 12–15 Uhr, sonst Mo–Do 12.30 –16.30, Fr bis 15.30 Uhr.

◎ **VIRSERUM**, weiter südwestlich, hat mitten im Ort, am Virserumssjön, ein Naturreservat und im Freilichtmuseum die alte Papiermühle FROÅSA HANDPAPPERSBRUK (1802). In dem Industriedenkmal wird im Sommer die Herstellung von Papier aus Lumpenmasse demonstriert. Sonst ist das Gelände frei zugänglich, sind die Gebäude aber verschlossen.

Im Kulturzentrum DACKESTOP ist VIRSERUMS MÖBELINDUSTRIMUSEUM interessant, die Kopie einer Möbelfabrik (1920) mit originalen Maschinen, der (mittels Wasserrad angetriebene) Transmissionsantrieb ist funktionsfähig. Eine Auswahl an in Virserum hergestellten Möbeln ist ebenfalls zu besichtigen, ein altes Sägewerk und GILLMANS SCHMIEDE. 1.6.–31.8. täglich 11–17 Uhr.

Kontakt: Turistbyrå Virserum, DackeStop, SE–57080 Virserum, Tel. 0495 – 307 85, info@dackestop.se u. www.hultsfred.se. Täglich 11–17 Uhr.

◎ **LÖNNEBERGA**, liegt nordwestlich von Hultsfred; der Ort ist Astrid-Lindgren-Kennern geläufig. »Michel aus Lönneberga« heißt der Lausbub (im Original Emil), den fast alle Kinder kennen. Aber: Wer Lindgrens Bücher gelesen oder die Filme gesehen hat, wird in Lönneberga vergeblich

Die Steinsetzung Visans Skepp ist einem Mann namens Ivar Gustafsson zu verdanken. Dem Sprachgebrauch auf vielen Runensteinen nach müsste es heißen: »Ivar setzte diese Steine.«

nach Bekanntem suchen – die Serie zu diesem Buch wurde IN GIBBERYD gedreht (siehe rechte Spalte).

◎ Albert Engström (1869–1940, siehe Seiten 123/126), Autor und vor allem ZEICHNER mit spitzer Feder, ist nach wie vor vielen Schweden ein Begriff. Vor seinem Geburtshaus in **BÄCKFALL** stellte man 1969 aus Anlass seines 100-jährigen Geburtstags einen GEDENKSTEIN auf. Bäckfall ist ein kleines, HÜBSCH gelegenes Dorf, 1 km ab der Lönneberga-Kirche.

◎ In **SEVEDSTORP**, ungefähr 15 km südwestlich von Vimmerby, fragen Touristen immer: »Und wo ist Bullerbü?« Hier in Sevedstorp wurden die Filme »Die Kinder aus Bullerbü« gedreht. Der Vater von Astrid Lindgren verbrachte hier seine Jugend, seine Tochter ließ die Romankinder durch die Dorfstraßen toben. Zur Ferienzeit ist hier einiges los und das CAFÉ SÖRGÅRDEN täglich geöffnet.

◎ In **PELARNE**, 8 km westlich Vimmerbys, steht eine der ältesten noch zum Gottesdienst besuchten HOLZKIRCHEN im Land (Anfang 13. Jh.). Die mittelalterliche Freskomalerei wurde zum Teil erst 1989 entdeckt; zu beachten sind auch die Sanduhren an der Kanzel und die Orgel (1999).

◎ **SPILHAMMAR** heißt das Gebiet bei MARIANNELUND (18 km westlich von Vimmerby) am Fluss Silverån. Hier können Sie an einem riesigen Findling rütteln, dem RUNKESTEN (Wackelstein). Ausgerechnet auf seiner schmalsten Kante über einem Abhang liegend, hält er jedoch seit Jahrtausenden die Balance. Hier treffen sich die Wanderwege Sevedeleden und HÖGLANDSLEDEN (siehe auch Seite 131), auf dem sich ein Kurztrip nordwärts Richtung Stubbaberg empfiehlt. Die Aussicht über das Tal des SILVERÅN ist fantastisch.

◎ In **RUMSKULLA**, nördlich der Str. 40, ist in der DORFKIRCHE (1838) der mittelalterliche Flügelaltar aus der früheren Kirche erhalten, vermutlich eine Lübecker Arbeit.

◎ **GIBBERYD**, etwa 2 km nördlich von Rumskulla, ist eine unverzichtbare Station im Rahmen der Astrid-Lindgren-WALLFAHRT: Gibberyd war Drehort für die Verfilmung des Buches »Michel aus Lönneberga«. Hier kann man ausprobieren, wie es ist, in einem Tischlerschuppen seine Strafe abzusitzen. KATTHULT vermarktet sich konsequent. Ca. 20.6.– 20.8. täglich 10 –19 Uhr. Eintritt 20/0 SEK.

◎ **RUMSKULLAEKEN** (= Kvilleken), die Rumskulla-Eiche östlich von Gibberyd, ist über 1.000 Jahre alt. Im Umfang fast 14 m, wird sie seit Jahrzehnten von einem STAHLBAND zusammengehalten und hat im Stamm einen großen Hohlraum, der für viele Erinnerungsfotos als Kulisse diente; da dies dem Baum nicht gut bekam, gilt nun eine »Bannmeile« von 5 m.

Als die wehrhaften Rundkirchen bei Kalmar gebaut wurden, dürfte die Eiche bereits 100 Jahre alt gewesen sein, das Christentum hatte das Land erreicht. Als Gustav Vasa die Geschicke Schwedens lenkte, war sie ein knorriger, gut 500 Jahre alter

Einzelne Stationen der unter »Ausflüge« vorgestellten Ziele lassen sich recht gut im Rahmen der An- oder Weiterreise aus/nach Eksjö, Växjö, Oskarshamn besuchen.

Baum. Als die Industrialisierung einsetzte, begann der Verfall, fielen Teile der Rinde ab, starben Äste. Doch sie steht immer noch, eine grüne Krone über dem gewaltigen knorrigen, breiten, hohlen Stamm.

◎ Natur-Liebhaber zieht es in den **NATIONALPARK NORRA KVILL**. Er umfasst 114 ha unberührte Wildnis; seit 150 Jahren hat der Mensch hier nicht mehr eingegriffen. Den größten Teil des Parks bildet Nadelwald; bis zu 35 m hohe Fichten mit einem Umfang von 2,5 m und über 350 Jahre alte Kiefern streben in die Höhe. Die moosbewachsenen, herumliegenden Felsblöcke, das sich wie ein Teppich ausbreitende dichte Buschwerk der Blaubeeren und das durch die hohen Bäume gedämpfte Licht heben den Urwaldcharakter hervor. Vom höchsten Punkt – IDHÖJDEN – hat man einen herrlichen Ausblick. Den See ST. IDGÖLEN, fast mitten im Nationalpark, bedecken im Sommer Seerosen und Laichkraut.

Ein markierter Wanderweg führt am See und der 45 m hohen Idhöjden vorbei. Parkplatz und Hinweistafeln am See St. Grytgölen.

◎ **NILS HOLGERSSONS VÄRLD**, Södra Vi, Käbbo 110, Tel. 076 - 815 42 28, www.nilsholgerssonsvarld.se. Mitte Juni bis Mitte August 10–18 Uhr. Eintritt 135/65 SEK. Unterkunft in Hütten ab 590 SEK.

Nach Nils Holgersson, der Schweden als Däumling mit den Wildgänsen bereist hat, nennt sich dieser Park, der Schweden in Miniatur dargestellt, so dass man das winzig kleine Land wie mit Siebenmeilenstiefeln oder »wie im Flug« bereisen kann. Nur 314 m lang, zeigen typische Bauwerke im Maßstab 1 : 3 von Nord gen Süd, wie Schweden Ende des 19. Jhs. aussah. Öland vertreten Leuchttürme, Småland die Djursdala-Kirche sowie die Insel Visingsö im Vättern. Selbst an Dialekte wurde gedacht. Dargestellt sind auch Kattegatt und Ostsee, die zusammen 10.000 m² bedecken; die Klein(st)en planschen an dem flachen Sandstrand der Riga-Bucht. 10 km nördlich Vimmerbys.

◎ In **DJURSDALA**, 5 km nordöstlich von Södra Vi, steht eine HOLZKIRCHE (1692) mit einem markanten Glockenturm. Die Ausschmückung mit biblischen Motiven, naive und farbenfrohe Malereien an Wand und Decke, entstand 1707. Das Kleinod der Kirche ist der Flügelaltar des Lübecker Bildhauers *Bernt Notke*. Der Kirchhügel gibt eine SCHÖNE AUSSICHT auf die sanft hügelige Landschaft mit dem See Juttern frei.

◎ Östlich von Vimmerby liegt das Dorf **FRÖDINGE**, bekannt für seine småländische Spezialität OSTKAKA, eine Art Käsekuchen bzw. Quarkauflauf. Donnerstags (13.15 bis 15 Uhr) kann man im Shop Ostkakeboden der »Frödinge Mejeri AB«, Skolgatan 2, Kaffee trinken und Ostkaka essen, www.frodinge.se.

Im HOLZKIRCHLEIN (1744) zieren naive, farbenfrohe Malereien Wände und Decken. Frei stehender, prächtiger Glockenturm (1694).

Djursdala gehört zu den Dörfern Smålands, die die Flurbereinigung nicht aufteilte. Die 7 km lange Djursdalarundan führt durch die Region (siehe Seite 140).

Ferien aktiv

WANDERN

Das unverzichtbare Kartenmaterial erhalten Sie im Touristenbüro.

◎ **DJURSDALARUNDAN**: 7 km ist der Rundweg nördlich von Vimmerby lang. Gute Startpunkte sind Sörby und Ungstorp, beide südlich der Djursdala-Kirche gelegen. Gewässer liegen jedoch nicht an der blau markierten Strecke.

◎ Auf ca. 10 km Rundstrecke macht die **BRANTESTADS NATURRUNDA** einen Abstecher zum See YXERN im Südosten (siehe auch Seite 141).

◎ Der **SEVEDELEDEN** durchquert auf 100 km eine abwechslungsreiche Landschaft zwischen Mariannelund im Westen und der Grenze nach Östgötaland im Norden. Über Mossebo, Mariannelund, Rumskulla, Övrakulla ist eine Rundtour möglich (50 km).

ANGELN

◎ In den **SEEN** der Gemeinde sind u.a. Hecht, Zander, Barsch anzutreffen, in GISSEN, JUTTERN und KRÖN auch Edelfische. Angelscheine, Karten etc. im Touristenbüro.

BADEN, SCHWIMMEN

◎ In den **SEEN** NOSSEN (Nordufer, östlich der Stadt, Str. 40), SOLNEN (Ostufer, südlich Vimmerbys, Straße Richtung Tuna), KRÖN (Ostufer, am Kröngården, siehe unter »Paddeln«), JUTTERN mit Badeplatz STJÄRNEVIK, (Ostufer, nördlich von Djursdala) u.a.

GOLF

◎ **TOBO GOLF KLUBB**, Fredensborg 133 (siehe auch Seite 133), Tel. 0492 – 303 46. 18-Loch-Platz bei Storebro, ca. 11 km südlich Vimmerbys.

PADDELN

◎ Auf dem Fluss **STÅNGÅN** ist die Tour von Ösjöfors über Storebro und Vimmerby bis zu den Seen Krön und Juttern zu empfehlen. Rund 70 km, als Kanustrecke ausgebaut, eine Beschreibung im Touristenbüro.

◎ **KANUVERMIETUNG**: Kröngården am See Krön, Tel. 0492 – 600 02. 7 km nördlich Vimmerbys am Krön-Ostufer, via Straße nach Djursdala.

RAD FAHREN / DRAISINE

◎ **DRAISINE**: ab Hultsfred auf drei Abschnitten bis Åseda, im Südwesten an der Str. 37. Am längsten offen ist die Etappe ab Hultsfred nach Målilla sanatorium, 11,5 km. www.smalspuret.nu. Das Gefährt ist auch über das Touristenbüro Vimmerby zu reservieren. Etwa 20.6. bis 15.8. täglich, ab Anfang Mai sowie bis ca. 20.9. nur Sa+So. Ab 200/100 SEK.

◎ **CYKLA I ASTRID LINDGRENS FOTSPÅR** ist ein markierter, 73 km langer Rundweg von Vimmerby via Storebro, Vena, Hultsfred, Lönneberga, Pelarne und zurück nach Vimmerby. Unterkünfte vor Ort.

◎ Der **ASTRID LINDGRENS LEDEN** zwischen Jönköping und Västervik (219 km) führt ausgeschildert auch durch Vimmerbys Gemeindegebiet: Mariannelund, Rumskulla, Locknevi.

Bereits auf Seite 139 finden Sie im Rahmen der Ausflugsschleife den herrlichen Nationalpark Norra Kvill vorgestellt.

Info-Mix

SIGHTSEEING

◎ Mit der **SCHMALSPURBAHN AN DIE KÜSTE**: 15 km südöstlich Vimmerbys ist TUNA der nächstgelegene Bahnhof der SCHMALSPURBAHN Hultsfred–Västervik für Ausflüge an die Küste (siehe Seite 147). Man kann auch zuerst die Bahn nach Hultsfred nehmen und dort in die Smalspårsjärnvägen umsteigen.

◎ **WERKSBESICHTIGUNG**: Brauerei Åbro Bryggeri (siehe Seite 136).

VERANSTALTUNGEN

◎ **HULTSFREDFESTIVALEN**: Mitte Juni, eine Institution in der europäischen Rockfestivalszene. Nach dem Konkurs des Veranstalters 2010 und 24 Festivals, geht die Party seit 2011 unter der Regie des deutschen Konzertveranstalters »FKP Scorpio« weiter: www.hultsfredsfestivalen.se.

◎ **VIRSERUM MUSIKDAGAR**: eine Woche lang ab Mittsommer, Fokus auf Klassik, plus Kindermusikfestval.

KUNSTHANDWERK

◎ **VIMMERBY TENN**, Ålåkragatan 12, Tel. 0492 – 311 00. Zinngießerei.

◎ **VIMMERBY KRUKMAKERI**, Venhölen, Tel. 0492 –107 89. Töpferei.

KONTAKT, HILFE

◎ **ÄRZTLICHE BEREITSCHAFT**: Vimmerby hälsocentral (DSK-mottagning), Drottninggatan 22, Tel. 0492 – 175 90.

◎ **POLIZEI**: Kungsgatan 10.

◎ **POST**: Norrtullsgatan 2 (Konsum).

TRANSPORT

◎ **BUS-LOKALROUTEN**: u.a. nach Rumskulla, Mariannelund, Hultsfred.

◎ **TAXI**: Tel. 0492 – 120 20.

Weiterreise

◎ **BUS UND BAHN**: Vimmerby liegt an der Bahnlinie Kalmar–Linköping; zudem besteht Bahnanschluss nach Hultsfred.

Beim Resecentrum am Bahnhof befindet sich auch der zentrale Busbahnhof. Für den regionalen öffentlichen Nahverkehr ist »Kalmar Länstrafik« (KLT) zuständig: www.klt.se, Tel. 010 – 21 21 000.

◎ **AUTO**: **NACH VÄSTERVIK**, Str. 40 über FRÖDINGE (siehe Seite 139). Wenige Kilometer östlich überquert die Str. 40 zwei nördliche Ausläufer des schönen Sees YXERN. 33 km ab Vimmerby und 24 km vor Västervik liegt ANKARSRUM mit langer Eisenhüttentradition (seit 1655). Im 20. Jh. produzierte man hier vor allem Öfen, Herde und Badewannen, heute Motoren und Haushaltsgeräte.

NACH OSKARSHAMN, VÄXJÖ, EKSJÖ empfehlen sich Besuche der unter »Ausflüge« vorgestellten Ziele im Süden (Str. 34 bzw. 23), Südwesten (Str. 40 und129) und im Westen (Str. 40).

Wer auf dem Weg nach Västervik die Zeit »vertrödelt«, kann bei Ankarsrum gut übernachten bei: Långsjöns Stugor & Camping, Fagersand, Tel. 0490 – 521 40, www.langsjon.se. Lokal, Fahrrad- und Kanuvermietung. Schön am See gelegen.

Västervik

PERLE DER OSTKÜSTE

Västervik, eine der ältesten schwedischen Städte in Schweden (um 1275 gegründet), liegt im Norden des småländischen Regierungsbezirks Kalmar län. Ursprünglich über 20 km weiter nördlich, an der Stelle des heutigen GAMLEBY, mussten die Bürger 1433 auf königlichen Befehl hin nach Süden umziehen, um in den Schutzbereich der Festung Stegeholm zu gelangen. Die neue, exponierte Lage an der Küste brachte dennoch häufige Verwüstungen mit sich. Vom 15. bis zum 17. Jh. steckten die Dänen die Stadt mehrfach in Brand. 1677 wurden Burg und Stadt mit Ausnahme der St. Gertruds Kirche komplett zerstört.

Västervik wurde aber nicht aufgegeben und entwickelte sich – dank der günstigen Lage – zu einer bedeutenden Hafenstadt, die schon bald über den zweitgrößten Hafen an der Ostküste verfügte. Heute ist Västervik, das gut 21.000 Einwohner zählt, das Handels-, Verwaltungs- und Ausbildungszentrum der Region mit gemischter Wirtschaftsstruktur. Zu der Großgemeinde (1.871 km²) gehören u.a. auch die Ortschaften Gamleby, Gunnebo, Ankarsrum und Överum.

Die Nähe zum Meer bestimmt die Atmosphäre in Västervik: Am Hafen der Fischmarkt, die Anleger der Freizeitboote sowie die betagten Häuschen der Seeleute wirken auf die Besucher der Stadt. Dank 5.000 Inseln und Schären hat Västervik einen Küstenstreifen mit einer 550 km langen Uferlinie und ist wie geschaffen für (Sommer-)Urlaub und Schärentrips. Und: Eine Schmalspurbahn fährt hinein nach Småland.

INFORMATION

◎ **VÄSTERVIKS TURISTBYRÅ**, Rådhuset, Stora torget, SE – 593 30 Västervik, Telefon 0490 – 25 40 40, Fax 25 40 45, turistbyran@vastervik.se, www.vastervik.com. Ende Juni bis ca. 20.8. Mo–Fr 10–19 Uhr, Sa+So 10–17 Uhr, ab 1.6. sowie bis 31.8. Mo–Fr 10–18 Uhr, Sa+So 10–15 Uhr, Mai Mo–Fr 10–18 Uhr, Sa 10–15 Uhr, April und September Mo–Fr 10–17 Uhr, sonst Mo–Fr 10–13 und 14–17 Uhr.

Unterkunft

◎ **VÄSTERVIKS STADSHOTELL**, Storgatan 3, Tel. 0490 – 820 00, Fax 820 01, www.stadshotellet.nu. EZ ab 1.425 SEK, DZ ab 1.940 SEK, weekend EZ ab 1.035 SEK, DZ 1.450 SEK, Tarifpakete für Familien, Shopper, Golfer.

Alteingesessenes 4-Sterne-Hotel, zentral, nahe zu Bahnhof und dem Anleger der Schären-Linienboote.

Beim Touristenbüro im Rathaus können Sie Hotels, Ferienhäuser und weitere Übernachtungen buchen. Auch in Västervik bieten einige Unterkünfte »Preispakete« eigens für Besucher von Astrid Lindgrens Värld in Vimmerby an.

◎ **HOTEL FÄNGELSET**, Norra Bangatan 2, Tel. 076 – 13 68 966, www.hotellfangelset.se. EZ ohne/mit Bad ab 570/830 SEK, DZ ab 690 /830 SEK.

Das alte GEFÄNGNIS (1871) mitten in der Stadt umgebaut zum Hotel. Komfortable Zimmer mit eigener Dusche/WC und Fußbodenheizung. Auch preisweitere Zimmer mit Nutzung der Etagen-Dusche. Alles renoviert, dennoch authentisch: Zellen- bzw. Zimmergröße blieben bewahrt.

◎ **LYSINGSBADET**, Västervik Resort AB, Tel. 0490 – 25 80 00, Fax 25 48 55, www.lysingsbadet.se. Ganzjährig geöffnet. DZ ab 400, 4-Bett-Zimmer ab 800 SEK, Apartments 660–1.260 SEK, Camping-/Ferienhütten 195/1.840 SEK, Camping-Stellplatz ab 200 SEK.

5-Sterne-Ferienanlage 1 km südlich von Västervik. Strand, Spaßbad, Golf, Angelcamp, Ausflüge etc. Fahrrad- und Kanuvermietung.

◎ STF **ÖVERUMS VANDRARHEM**, Källarbacken 2, Överum (rund 30 km nördlich der Stadt), Tel. 0493 – 303 02, Fax 303 50, info@overum.nu, www.overum.nu. Ganzjährig geöffnet. 30 Betten. 210/130 SEK, als DZ 420 SEK. Selbstversorgerküche.

Eine der heimeligsten Jugendherbergen im Land, in alten Holzhäusern (18. Jh.), die früher Arbeiterwohnungen beherbergten: Vieles aus jener Zeit (siehe ganz unten) ist bewahrt, in der ehemaligen Hammerschmiede (1859) ein Heimatmuseum eingerichtet. Ferien aktiv für Herbergsgäste: Angeln, Fahrrad-, Kanu- und Bootsvermietung. Wellnessangebote.

◎ **KUSTCAMP GAMLEBY** alias Hammarsbadets Camping & Stugor, in Gamleby, Hammarsvägen 10, Tel. 0493 – 102 21, www.campa.se. Ende April bis Ende September. Stellplatz ab 170 SEK, Campinghütten 400–800 SEK, Ferienhütten 550–1.940 SEK, je nach Saison.

Komfortable 4-Sterne-Anlage an der Gamleby-Bucht, nördlich Västerviks. Stellplätze auf Terrassen, viele mit Meeresblick. Baden in separater Lagune möglich, viele Aktivitäten.

◎ **GUDINGEBADET**, bei Gamleby, Lofta, Åkerholm, Tel. 0493 – 670 28, www.gudingebadet.se. 1.5.–31.8. Stellplatz ab 180 SEK, Hütten und Wohnwagen ab 425 SEK.

Noch weiter draußen, ab Gamleby (20 km) Str. 213. Schöner, kinderfreundlicher Sandstrand.

Essen und Trinken

◎ **SMUGGLAREN**, Smugglaregränd 1, Tel. 0490 – 213 22.

Bei der Hafenpromenade, zünftiges Ambiente in ehemaligem Bootshaus. Die richtige Adresse für ein stilvolles Diner, für das man sich Zeit lassen sollte. Die Hauptgerichte liegen um 250–380 SEK, der Barsch *(abborre)* gilt als SPEZIALITÄT des Hauses.

◎ **BÅTSMANSGRÄNDS KAFFESTUGA**, Strömsgatan 40 / Båtsmansgränd 6, Tel. 0490 – 317 67. Täglich 9–18 Uhr.

Um 1655 begann in Överum die Herstellung von Kanonen und -kugeln, eine lokal bedeutende Epoche der Hüttenindustrie, später abgelöst durch Maschinen und Arbeitsgeräte für die Landwirtschaft.

Café und Lunch-Restaurant im Süden der Innenstadt, ebenfalls in einem gemütlichen alten Bootsmannshaus, unweit vom Strand.

◎ **TÄTTÖ HAVSKROG**, Loftahammar, Tättö Vägen 50, Telefon 0493–610 10. Ende April bis Mitte September, in der Hochsaison täglich 9–21 Uhr, sonst Fr–So 12–19 Uhr.

Lokal mit großartiger Aussicht auf das Meer und die Schären von Loftahammar. 50 km nördlich Västerviks, Anschluss mit Schären-Linienboot.

Sehenswertes

Vom Kleinboothafen Lilla Strömmen führen Fabriksgatan und Hospitalsgatan landeinwärts. Hinter der Östra Kyrkogatan rahmen die beiden Straßen einen Kirchplatz ein:

◎ Die **ST. GERTRUDS KIRCHE** ist das älteste Gebäude Västerviks; sie wurde zur Zeit der Stadtgründung (1433) erbaut, der Turm nach einem Brand 1782 erneuert. Die Kirchenbänke (1748) sind in ihrem ursprünglichen Zustand erhalten, den barocken Altaraufsatz (1669) schuf *Burchard Precht*. Hospitalsgatan 14.

◎ **CEDERFLYCHTSKA FATTIGHUS**, das Armenhaus neben der Kirche, ist das interessanteste Haus vor Ort. Im Jahr 1749 spendete *Anna Cederflycht* der Stadt einen Geldbetrag zum Bau eines Armenhauses und so zum Unterhalt von 16 Armen. Damals kommentierte ein Geschichtsschreiber: »In Västervik wohnen die Armen besser als die Reichen.« Ecke Hospitalsgatan/Västra Kyrkogatan.

◎ **ASPAGÅRDEN** ist der älteste Gebäudekomplex vor Ort. Der mittelalterliche Grundriss weist darauf hin, dass Teile des Hofes den Brand 1677 überstanden haben. Heute haben in Aspagården Kunsthandwerker ihre Werkstatt. Västra Kyrkogatan 9.

◎ Weitere gut erhaltene **HISTORISCHE HÄUSER** sind der Küsterhof KLOCKARGÅRDEN (Ende 18. Jh., Östra Kyrkogatan 23), das alte Posthaus GOLDKUHLSKA GÅRDEN (18. Jh., an der Hamngatan 26) sowie das RATHAUS (1793, nahe der Kirche). Auch entlang Varvsgatan und Strömsgatan stehen ein paar schöne RESTAURIERTE HÄUSER, mit ATELIERS von Künstlern und Kunsthandwerkern.

◎ Die roten Bootsmannskaten von Västervik (**BÅTSMANSSTUGORNA**) wurden um 1740 als Wohnungen für Seeleute gebaut. Diese malerischen Häuschen stehen unter DENKMALSCHUTZ und werden als Ferienwohnungen vermietet. Båtsmansgränd. Anbei die Kaffestuga (s. Seite 143 f.).

◎ **STEGEHOLM SLOTT** wurde um 1360 auf einer kleinen Insel im Sund errichtet. 1677 zerstörten dänische Truppen die Festung. Jahrhundertelang diente die Ruine als Teerbrennerei, Werft und sogar als Epedemie-Hospital. Seit vielen Jahren findet im Juli hier ein Musikfestival statt.

◎ Auf der anderen Seite des Sunds erhebt sich **KULBACKEN**, mit **VÄ-**

STERVIKS MUSEUM. Die Seefahrtabteilung besteht aus Sammlungen jener Zeit, als Västervik eine bedeutende Hafenstadt war. Weitere Themen aus der Kulturgeschichte und HERRLICHE AUSSICHT auf Västervik und Umgebung. Mo–Fr 11–16 Uhr, Eintritt 40/0 SEK. Tel. 0490 – 211 77.

◎ Auf dem FISCHMARKT **FISKARTORGET** duftet verführerisch geräucherter Fisch: GERÄUCHERTER AAL gilt als lokale SPEZIALITÄT, Gemüse sowie Obst erweitern das Angebot.

Schärentrips

Der reguläre Linienbootverkehr verbindet Västervik mit Loftahammar inklusive Stops auf den Schäreninseln Hasselö und Rågö sowie mit Idö – www.tjustskargard.se/turlista. Ab Skärgårdsterminal, Skeppsbrokajen, Hafen. Des Weiteren finden spezielle Ausflüge wie Abendtouren statt.

◎ **IDÖ**, südöstlich von Västervik, war einst der Ort der Lotsen, die auf ankommende Schiffe warteten, um sie sicher in den Hafen der Stadt zu geleiten. Erst im Jahr 2000 hat man die Lotsenstation neu entdeckt und belebt. Die neue Gästgiveri, die sich in Baustil und Farbe nahtlos in die Landschaft einfügt, bewirtet und beherbergt Besucher. Übernachten kann man aber auch in sogenannten Bootsmannshäusern (Ferienhütten) oder hoch oben im Lotsenausguck.

◎ **HASSELÖ**, nordöstlich von Västervik, ist die größte der Schäreninseln. Eine Landbrücke verbindet sie mit SLADÖ, (zur vorgelagerten Insel Torrön holt ein Boot Fahrgäste ab). Früher wohnten einige hundert Menschen auf Hasselö, heute keine 20. Aus der Schule wurde eine Jugendherberge (ab 250 SEK / Person, Tel. 0490 – 911 30). www.hasselo.com.

Reizvoll sind die Entdeckung mit dem Fahrrad (am Laden zu mieten) und der weiße Sandstrand, wo Sie baden und relaxed die Schärenlandschaft genießen können.

SLADÖ, das Naturreservat im Süden, bietet etwas Besonderes: Womöglich können Sie sich vom Hafen per REMMALAG (Pferdefuhrwerk) dorthin bringen lassen. Ein 4 km langer Weg erkundet das Naturschutzgebiet mit seinen mehr als 250 Jahre alten Linden. – Nicht minder reizvoll ist die KLIPPENKÜSTE.

◎ **TORRÖN**, nördlich von Västervik, machten *Yvonne* und *Christer Lindberg* bekannt: Kunstausstellungen, Restaurant, im Sommer sonntags Musik auf der Brücke, Liederabende, Jazz oder Klassik. Unterkunft in kleinen Bootshütten und stugor, Sauna an der Inselküste. Tel. 0490 – 910 73, www.torron.se.

◎ Die kleinste Insel **SPÅRÖ** ist Seefahrern wegen der markanten 25 m hohen Bake auf der Anhöhe (1777) nicht fremd; das Seezeichen wurde völlig überholt. Die Südseite der Insel ist ein NATURSCHUTZGEBIET, das nicht betreten werden darf.

Die Inseln sind prädestiniert für Ferien aktiv: alle Inseln zum Angeln, Idö auch zum Paddeln (Bootsvermietung vor Ort) und die größere Hasselö zum Radeln.

Ausflüge

GRÄNSÖ, GAMLEBY, GUNNEBO

◎ **SCHLOSS GRÄNSÖ**, 2,5 km östlich Västerviks, zählt zu den Empireschlössern der TJUST-Region. Viele Herrenhäuser dieser Gegend weisen eine SPEZIELLE ARCHITEKTUR auf, das sogenannte TJUSTEMPIRE, das sich aus dem französischen Empirestil entwickelte. Kennzeichnend sind die schlichte Formgebung der Fassaden sowie die niedrige, einfache Dachform. Fast alle dieser Anwesen befinden sich jedoch in Privatbesitz und sind nicht zu besichtigen.

Das Schloss wurde jüngst in ein WELLNESS-HOTEL umgebaut. www.granso.se (EZ ab 1.490, DZ ab 1.790 SEK). Wer sich nicht zum Baden entschließen kann, wende sich den Gaumenfreuden im Schlosscafé oder im gediegenen Restaurant zu. Im Sommer sind Tanzabende und Open-Air-Konzerte populär. Zudem gibt es einen Rundwanderweg (siehe Seite 148), Gasthafen, Kajakcenter und einen Anleger für Schärenboote.

◎ **GAMLEBY** WAR EINST VÄSTERVIK. Als der Marktflecken im Mittelalter zur Küste umsiedeln musste, erhielt der alte Ort den Namen Gamle by (altes Dorf). Dieses hübsche kleine Städtchen am Ende der Gamleby-Bucht ist das Ziel vieler Urlauber. Im Sommer ist der Folkparken beliebt, wenn es bei Konzerten und anderen Events mitunter ausgelassen zugeht. Nicht auslassen sollte man die »Besteigung des 80 m hohen Aussichtshügels GARPEDANSBERGET, zumal hier ein SKULPTURENPARK mit vielen Trollen und anderen Fabelwesen die Fanatsie anregt (*Jan Pol* u. *Jerzy Przybyl*). 20 km nördlich Västerviks.

◎ 12 km westlich Västerviks liegt **GUNNEBO** an der E 22. In Gunnebo zweigt eine 9 km lange Nebenstraße nach **VÄSTRUM** im Süden ab – auch eine Alternativroute auf der Weiterreise nach Oskarshamn. Ab Västrum Richtung Skaftet geht es zur Galerie VÄSTRUM KONSTRUM (ca. 20.5. bis Ende September, auch Antikmöbel). Ab Västrum Richtung Toven bleiben 2 km bis zum:

◎ **TOFVEHULT KAFÉ**, Tovehult 3, Tel. 0490 – 263 51. März bis Mitte Dezember Fr–So 12–17 Uhr, Mittsommer bis Ende August täglich.

Es begann 1697 mit einem Sägewerk, gefolgt von einer Gerberei in der zweiten Hälfte des 18. Jhs. Heute ist hier ein Café ansässig, mit Brot und Kuchen aus der eigenen Bäckerei. Zudem werden Verkaufsausstellungen regionaler Kunsthandwerker arrangiert. Baden, Paddeln, Radeln.

◎ **LUNDSBY** bei Gladhammar liegt 20 km südwestlich Västerviks. Der altertümliche Hof mit Ahnen aus dem 17. Jh. besteht aus acht rot gestrichenen Bauernhäusern, die um den Dorfplatz gruppiert sind. In einem der Häuser ist das HEIMATMUSEUM untergebracht. Übrigens wurde in diesem Weiler ein Teil der Filme »Die Kinder von Bullerbü« gedreht. Abzweig von der E 22 nach Vimmerby.

Einer der ehrenamtlichen Helfer zum Betrieb der Schmalspurbahn nach Hultsfred ▶

MIT DER SCHMALSPURBAHN DURCH SMÅLAND

Eine Fahrt auf der Schmalspurbahn zwischen Hultsfred und Västervik ist wie eine Zeitreise in das Småland der 1950er. Denn jahrzehntelang war die Bahn (ursprünglich nach Växjö) still gelegt. Der Verein Tjustbygdens Järnvägsforening hat Schienenbusse und Bahnhöfe liebevoll restauriert und erneut in Betrieb genommen: Seit 2004 verkehren wieder Züge zwischen Västervik und Hultsfred. Die Spurweite beträgt übrigens 891 mm, die Strecke misst immerhin 71 Kilometer. Haltestationen sind Verkebäck, Ankarsrum, Totebo, Tuna und Vena.

◎ **FAHRSCHEINE**: gibt es direkt im Zug oder in den Reisezentren (KLT) der Bahnhöfe Västervik und Hultsfred (220/110 SEK retour, auch Teilstrecken möglich). Fahrräder kosten 40 SEK, sofern ausreichend Platz ist; am besten am Tag zuvor via Tel. 0490 – 230 10 Platz anmelden.

◎ **INFORMATION**: www.smalsparet.se (»Tidtabell« und »Om Resan«). Von Ende Juni bis Mitte August täglich, bis Anfang September Di+Do+Sa. Von Juli bis Anfang August verkehrt zwischen Hultsfred und Ankarsrum (Sa+So) bzw. Verkebäck (Mi) eine DAMPFLOK mit historischen Wagen.

◎ Südlich von Hultsfred (auf einer weiteren Teilstrecke der ehemaligen Bahnlinie nach Växjö) sind im Sommer auf drei verschiedenen Etappen **DRAISINEN** im Einsatz: siehe Seite 140 (und www.smalsparet.nu).

Ferien aktiv

WANDERN

◎ Der 12 km lange **GRÄNSÖLEDEN** verläuft draußen auf der Landzunge Gränsö udde durch Wälder und vor allem am UFER DER OSTSEE entlang über blanken Fels. Beschildert, Infrastruktur wie Unterstände, Feuerstellen, Toiletten, Badestelle bei Sandvik am Westufer von Gränsö udde.

◎ Im Landesinneren verbindet der **TJUSTLEDEN** Mörtfors im Süden mit Falerum im Norden über ca. 200 km. Unterwegs wurden im Abstand von 12–21 km einfache Rastplätze eingerichtet. Beschreibung und Karten im Touristenbüro, die Route ist markiert. Einstieg ab Västervik über 8 km nach Törnsfall.

BADEN

◎ **STADTNAH**: SANDVIK auf Gränsö udde (flach, gut für Kinder geeignet, Sonne bis zum späten Abend; siehe oben, Gränsöleden), GRÄNSÖ SLOTT (Sandstrand, Rasen, Familienbadeplatz), Feriensiedlung LYSINGSBADET (siehe Seite 143).

◎ **TOVEN**: Der See liegt an der Nebenstrecke ab Gunnebo südlich von Västrum und gilt als echter Tipp. Anbei Tofvehult Kafé (siehe Seite 146).

GOLF

◎ **VÄSTERVIKS GOLFKLUBB**, Ekhagen, Tel. 0490 – 324 20. 18-Loch-Platz auf dem Weg nach Gränsö.

◎ **LYSINGSBADET**: siehe Seite 143.

PADDELN

◎ ERFAHRENE Kanuten können im Seekajak durch die **SCHÄREN** paddeln. Information, Vermietung, Touren mit Begleitung: Gränsö Havskajakcenter, Gränsö slott, Telefon 072 – 28 49 851, www.paddlatjust.se.

◎ Die **TJUST KANOTTUR** führt ab Smitterstad, westlich von Gamleby, über Seen, Kanäle, Flussläufe und auf dem letzten Teil ab Skaftet durch die Schären nach Västervik. Bei normalem Ablauf sind 4–5 Tage zu veranschlagen. Die Tour ist aber nicht als Kanustrecke ausgebaut. Information: Ramgärde, Smitterstad (13 km westlich Gamlebys), Tel. 070 – 527 73 07.

◎ Gemütlicher ist das Paddeln im See **ÅLSJÖN** landeinwärts, südlich von Gunnebo und Västrum. Ab Tofvehult Kafé (siehe Seite 146).

◎ **KANUVERMIETUNG**: Feriendorf Lysingsbadet (siehe Seite 143). Plus bei den drei oben zu den einzelnen Touren genannten Anlaufstellen.

RAD FAHREN

In Västervik selbst sind die Möglichkeiten begrenzt; denkbar ist ein Trip nach Gränsö Schloss und weiter zur Landzunge Gränsö udde (s.o.).

◎ Ein sehr gutes Terrain mit wenig Verkehr ist die Insel **HASSELÖ** in den Schären (siehe Seite 145).

◎ Radeln über Nebenwege lässt es sich rund um **VÄSTRUM** mit Station am Tofvehult Kafé (siehe Seite 146).

◎ **FAHRRADVERMIETUNG**: Feriendorf Lysingsbadet (siehe Seite 143), Tofvehult Kafé (siehe Seite 146).

REITEN

◎ **REITEN**: Himmelsrums Islandhästar, bei Gamleby, Tel. 0493 – 660 70, www.himmelsrum.se. Bei Nina Bergholtz Ausritte und Reitschule auf Islandpferden. Nordwestlich von Gamleby und westlich von Överum.

Info-Mix

VERANSTALTUNGEN

◎ **VISFESTIAVLEN**: Das Musikfestival in der 2. Juliwoche ist eine feste Institution. Es begann vor 30 Jahren mit einer Sängergala, die die Studentenvereinigung ins Leben rief; heute ist es eine weit über Småland hinaus bekannte, populäre Veranstaltung, die zwischen den alten Mauern der Ruine Stegeholm stattfindet – ein lauer Sommerabend, die Dämmerung und der Schein der Fackeln tragen zur Stimmung bei. Pop, Rock, Folk. www.visfestivalen.se.

◎ **MC DAGARNA**: Am letzten Juliwochende findet in Västervik rund um Schloss GRÄNSÖ eines der größten MOTORRADTREFFEN Schwedens statt, großes Showprogramm sowie Festival **HOJROCK** inklusive. www.hojrock.se.

KUNSTHANDWERK

◎ **ASPAGÅRDEN**, Västra Kyrkogatan 9, Tel. 0490 – 192 71. Keramik sowie Textilien. Siehe Seite 144.

◎ **TOFVEHULT**: siehe Seite 146.

KONTAKT, HILFE

◎ **ÄRZTLICHE BEREITSCHAFT**: Västerviks Sjukhus, Östra Kyrkogatan 48, Tel. 0490 – 860 00.

◎ **POLIZEI**: Breviksvägen 35.

◎ **POST**: Bredgatan 13.

TRANSPORT

◎ **BUS**: Fernverkehr ab Bahnhof, Lokalverkehr ab Spötorget.

◎ **TAXI**: Tel. 373 00.

Weiterreise

◎ **BUS UND BAHN**: Ab Västervik Bahnverbindung nach Linköping, von dort weiter nach Stockholm u.a. Gebenüber vom Bahnhof (Norra Stationsgatan) Busterminal mit regionalen und überregionalen Buslinien. Zuständig ist »Kalmar Länstrafik«, Tel. 010 – 21 21 000, www.klt.se.

Im Sommer mit der Schmalspurbahn bis Hultsfred (siehe Seite 147).

◎ **AUTO**: **NACH OSKARSHAMN**. E 22. Ab GUNNEBO ist auch eine 23 km lange Schleife nach Süden über Västrum zurück zur E 22 möglich (siehe Seite 146). – Wer hinter Blankaholm in Richtung Flivik nach SNÄCKEDAL abbiegt, gelangt zu einem GRÄBERFELD der Bronzezeit mit eindrucksvollen Schiffssetzungen, Steinhaufen und anderen Relikten.

NACH VIMMERBY Str. 40. In umgekehrter Richtung beschrieben auf Seite 141.

Wer auf dem Weg nach Vimmerby die Zeit »vertrödelt«, kann bei Ankarsrum gut übernachten bei: Långsjöns Stugor & Camping, Fagersand, Tel. 0490 – 521 40, www.langsjon.se. Lokal, Fahrrad- und Kanuvermietung. Schön am See gelegen.

Oskarshamn

SONNENPLATZ AN DER OSTSEE
An der Ostküste zwischen Västervik und Kalmar liegt die Industrie- und Hafenstadt Oskarshamn, die im Mittelalter als Fischerdorf Döderhultsvik weniger Aufsehen erregte. 1677 brannten die Dänen das Dorf nieder, als sie noch einmal versuchten, die südlichen Provinzen Schwedens zurück zu erobern.

Gut 100 Jahre später hatte sich der Ort soweit erholt, dass er die Königliche Majestät um die Stadrechte bat. Aber erst 1856 erklärte Oscar I. Döderhultsvik zur Stadt, deswegen der neue Name Oskarshamn. Der inzwischen lebhafte Fischerei- und Handelshafen wurde vor allem durch seinen Schiffsbau bekannt, doch diese Branche hat die besten Zeiten hinter sich. Dafür wurde der Industriehafen mehrfach ausgebaut, und seit 2011 läuft eine aufwändige Sanierung des stark verunreinigten Hafengrunds.

Heute verbinden viele Schweden Oskarshamn mit der Lastwagenfabrik Scania (2.000 Arbeitsplätze), mit dem Fährhafen und dem Atomkraftwerk Oskarshamn. Die Stadt zählt ca. 17.250 Einwohner und innerhalb der Kommune sind knapp 26.250 Menschen zu Hause.

Das Schönste an Oskarshamn ist die NÄHE ZUM MEER und die herrliche SCHÄRENKÜSTE. Von dem hügeligen Stadtgelände ergeben sich vielerorts reizende Ausblicke auf das Wasser. Aber auch das Binnenland hat seine Reize. Statistisch gesehen, gehört der Küstenstreifen von Oskarshamn zu den von der Sonne am intensivsten verwöhnten Landstrichen. Die Fähren nach Gotland verkehren das ganze Jahr über.

INFORMATION
◎ **OSKARSHAMNS TURISTBYRÅ**, Hantverksgatan 18, SE–57255 Oskarshamn, Tel. 0491 – 881 88, turism @oskarshamn.se, www.oskarshamn.se. 1.6.–31.8. Mo–Fr 9–18 Uhr, Sa+So 10–15, sonst Di–Fr 10 –16.30 Uhr.

Im Kulturhus sind Touristenbüro, Bibliothek, Seefahrtsmuseum sowie Dödarhultarmuseum zu Hause; gegenüber befindet sich ein Parkplatz. Trip-Info Blå Jungfrun (s. Seite 211).

Unterkunft

◎ **HOTEL CORALLEN**, Gröndalsgatan 35, Tel. 0491 – 76 81 81, Fax 76 81 80, www.hotelcorallen.se. Dynamische Tarife je nach Buchungslage. EZ ab 1.100, DZ ab 1.195 SEK, weekend und Sommer EZ ab 845 SEK, DZ ab 895 SEK. Budget-EZ ohne Fenster (!) für 845 bzw. 675 SEK. Gehört zur Hotelkette »Best Western«.

Sommerfrische an der Ostsee: Strandpromenade in Oskarshamn ▶

Noch jenseits des Gotland-Fähranlegers und hinter der Kerzenfabrik Liljeholmens Stearinfabrik steht am Gästehafen dieses Hotel. Die Aussicht von Restaurant, Sauna, Pool (!) und von den SEASIDE-ZIMMERN auf die Schären ist hinreißend und entschädigt für die etwas zentrumsferne Lage. Günstige Sommerpreise.

◎ **HOTELL & VANDRARHEM** (STF) **I OSKARSHAMN**, Södra Långgatan 15-17, Tel. 0491 – 158 00, Fax 158 01, www.forumoskarshamn.com. Ganzjährig geöffnet. 42 Betten. Pro Bett 180/100 SEK, als EZ 305 SEK, als DZ 410 SEK. Ferner Hotelzimmer EZ ab 650 SEK, DZ ab 800 SEK, auch 3-Bett-Zimmer ab 1.110 SEK.

Zentral untergebracht im Mehrzweckgebäude FORUM, als Plus die kurzen Wege, dafür keine Infrastruktur für Aktivitäten.

◎ **HAVSLÄTTS CAFÉ & CAMPING**, Oskarshamn, Eversvägen, Tel. 0491 – 153 25, www.havslatt.se. 1.5.–15.9. Stellplatz ab 195 SEK, Campinghütten ab 430 SEK.

Am Kalmarsund, 2,5 km nördlich Oskarshamns. Mit Café und einigen Aktivitäten für Kinder und Jugendliche. Beachvolleyball, Boule, Bootsvermietung sowie in der Hochsaison Musik und Tanz.

◎ **GUNNARSÖ SEMESTERBY**, Oskarshamn, Östersjövägen 103, Telefon 0491 – 772 20, www.gunnarso.se. 1.5.–15.9. Stellplatz ab 190 SEK, Tarife Campinghütten auf Anfrage.

3 km südöstlich von Oskarshamn, schöne, ruhig gelegene Feriensiedlung am Kalmarsund mit viel Baumbestand, zum Baden Klippen, Sandstrand, Sprungturm u. Kinderbassin. Fahrräder, Kanus/Boote zu mieten.

Essen und Trinken

◎ **CHILL OUT CAFE & MAT**, Flanaden 2, Tel. 0491 – 179 37. Mo–Fr 11 bis 18 Uhr.

Prima zum LUNCH (bis 15 Uhr) in der City, Crossover-Küche mit Empfehlung, fünf Gerichte zur Wahl.

◎ **LILLA KROGEN**, Bäckgatan 14, Tel. 0491 – 812 00. Mo-Do 11–22 Uhr, Fr+Sa 12–23 Uhr, So 12–22 Uhr.

Die Lage bei Skeppsbron ist eher bescheiden, das Essen jedoch lecker. Zum Lunch Hausmannskost und zur Wahl auch Asia/Wok; abends liegen die Hauptgerichte um 100–220 SEK.

◎ **PASKÅLLAVIKS GÄSTGIIVFERI** mit viel Aussicht und Ambiente: siehe Seite 156.

Sehenswertes

Schauen Sie auf jeden Fall im Oskarshamn KULTURHUSET vorbei, dort wo auch das Touristenbüro beheimatet ist, ebenso wie die sicherlich außergewöhnlichste Sehenswürdigkeit in der Stadt:

◎ **DÖDERHULTARMUSEET**, Kulturhuset, Hantverksgatan 18–20, Tel. 0491 – 880 40, www.oskarshamn.se/kulturhuset. 1.6.–31.8. Mo–Fr 9 –18 Uhr, Sa+So 10–15 Uhr, sonst Mo–Fr 10–16.30 Uhr, Sa 10–14 Uhr. Kombi-Billett mit Seefahrtsmuseum 50/30–0 SEK.

Nehmen Sie sich Zeit für den chronologisch aufgebauten Rundgang, der die Entwicklung des Künstlers und seiner Figuren repräsentiert: So wird der Pastor älter und runder.

◎ **SJÖFARTSMUSEET**, Kulturhuset (s.o.), Öffnungszeiten, Eintrittspreise wie Döderhultarmuseet, siehe dort.

Das SEEFAHRTSMUSEUM dokumentiert die Verbundenheit Oskarshamns zur »christlichen« Seefahrt. Ende des 19. Jhs. gehörte die Stadt zu den wichtigen Häfen des Landes. Bürger der Stadt befanden, dass diese wichtige Epoche nicht in Vergessenheit geraten dürfte, und begannen Gemälde, Modelle und andere maritime Gegenstände zu sammeln. 1940 gründete man die »Seefahrtsvereinigung«, mit dem Ziel, ein Museum zu errichten. Größter Freund und Spender war der Reeder *Arthur Wingren*. 1954 konnte das erste Museum eröffnet werden, doch besonders in den Räumen des Kulturhuset und nach einer Renovierung inklusive Umgestaltung 2012 kommt die Sammlung aufgefrischt zur Geltung.

◎ Im Stadtviertel zwischen dem Marktplatz Stora Torget und dem Hafen sind die GASSEN BESONDERS STEIL. Dass sie sogar beschwerlich sind, kommt im Straßennamen **BESVARSGATAN** zum Ausdruck. Hier, am Hang oberhalb vom Hafen, wohnten die Arbeiter und Schiffer in kleinen Holzhäusern, die heute an Puppenstuben erinnern. Unterhalb der Häuser, allerdings oberhalb des Hafens, wurde 1867 die »längste Holz-

Im Döderhultarmuseet: Diese Arbeit könnte auf der Ausstellung in Paris im »Giftschrank« gelandet sein. Nehmen Sie sich ordentlich Zeit für den Besuch. ▶

DÖDERHULTARMUSEET – WAS IN PARIS NICHT EN VOGUE WAR

Der Holzschnitzer *Axel Petersson* (1868–1925) fing mit seinen grob geschnitzten Figuren ohne Putz und Feinschliff vor allem den rauen Alltag des dörflichen Lebens ein. Die Zeit der NATIONALROMANTIK, das Suchen und Herausstellen des Eigenen, typisch Schwedischen, war mit ein Grund, dass der Künstler bereits zu Lebzeiten anerkannt war. Die ersten grobschlächtigen Schnitzereien verkaufte er als junger Mann für 12 Schilling; das brachte ihm den Spitznamen *Tolvskillingen* ein. Bei einem Bildhauer sollte er das Handwerk richtig erlernen, aber die fein polierten Figuren waren ihm zu ausdruckslos. Er wollte nicht den Charakter der Figuren wegpolieren; eine grobe Oberfläche sei lebendiger, sagte er.

Peterssons Holz war die Erle, das, wie er sagte, beim Nachdunkeln den richtigen Farbton für Bauerngesichter und Hände bekomme. Bei der ersten Ausstellung wurden seine Schnitzwerke als »Scherzskulpturen« bezeichnet, aber bald wusste man die Ausdruckskraft dieser Gestalten zu würdigen. Die Ausstellungen im In- und Ausland erregten Aufsehen; die Gruppe »Musterung der Rekruten« musste wegen der Darstellung nackter Männerkörper bei einer Ausstellung in Paris entfernt werden – die Gruppe war zu lebensecht und einfühlsam gestaltet. Axel Petersson, in Döderhult geboren, erhielt jetzt den Beinamen *Döderhultar,* Prädikat für einen Mann, der sich und seiner Art, Kunst zu sehen und zu gestalten, treu geblieben war. Der Erfolg gab ihm Recht.

Auch das Atelier des Künstlers kann in Augenschein genommen werden: Döderhultarn's Ateljé, Garvaregatan 9. Ca. 20.6.–15.8. Mo–Fr 11–15 Uhr.

bank der Welt« aufgestellt: 72 Meter lang, um nach den Booten Ausschau zu halten oder auch nur die Morgensonne zu genießen. Das lange Sofa, **LÅNGA SOFFAN** ist nicht mehr im originalen Zustand, jedoch die Aussicht auf die HAFENBUCHT, auf die Schären und die Insel Blå Jungfrun weit draußen im Meer ist geblieben.

◎ Im westlichen Stadtgebiet steht der GUTSHOF **FREDRIKSBERG**. Der um 1785 erbaute Herrenhof im gustavianischen Stil war ca. 100 Jahre im Besitz der Familie Cederbaum, bevor er nach einem Konkurs von der Stadt Oskarshamn erworben wurde. Die Räume mit reich verzierten Wänden, die Malereien und Schnitzereien sowie die bemalten Kachelöfen geben ein zeittypisches Bild eines standesgemäßen Adelswohnsitzes wieder. Die Mineraliensammlung der Familie, lange verschollen, ist wieder zu besichtigen, wenn auch nicht mehr komplett. Ca. 20.7. bis Mitte August Mi–So 13–17 Uhr, FÜHRUNG 15 Uhr, Ticket 50 SEK. Sommercafé im Garten, im Juli auch Konzerte.

Ausflüge

◎ Ein herrliches Ausflugsziel ist der Nationalpark **BLÅ JUNGFRUN**, eine sagenumwobene Insel im Kalmarsund, mit Höhlen, Wäldern sowie interessanter Tier- und Pflanzenwelt. (Siehe Seite 211)

Tagestouren zu der Insel, die seit 1925 **NATIONALPARK** ist, werden von Juni bis September mit dem M/S SOLKUST angeboten. Ab Brädholmskajen Oskarshamn jeweils 9.30 Uhr, Rückkehr gegen 16 Uhr. Dauer der Überfahrt etwa 90 Minuten. Ticket 250/125 SEK, Buchung online möglich via www.solkustturer.se. An Verpflegung und Windschutz denken!

NÖRDLICH VON OSKARSHAMN

◎ Das Hafenörtchen **FIGEHOLM** ist vor allem seiner schönen Lage wegen zu erwähnen. Außerdem gibt es einige HOLZHÄUSER aus dem 18. Jh. und an der Mündung des Norrån das **FIGEHOLMS SJÖFARTSMUSEUM** im Hafenmagazin (Anfang 19. Jh.). Themen sind Bootsbau, Segelschifffahrt, die Lebensbedingungen an der Schärenküste. Die Exponate umfassen alte Boote, Zubehör, Motoren, einen betagten Holzkran zum Einrammen von Pfählen etc. Geöffnet etwa 20.6.–15.8. Mo–Fr 12–15 Uhr, Sa+So 18–20 Uhr. Eintritt frei. Ågatan 4.

◎ Von Figeholm gelangt man zum kleinen Örtchen **SIMPEVARP** in den Schären. Eines der alten Häuschen beherbergt eine informative Ausstellung zur Geschichte der Küste, den Lebensumständen der Anwohner bis zum lokalen Atomzeitalter. Einige dieser Gebäude, manches aus dem 18. Jh., fungieren als Gästehäuser. Auf der Halbinsel, um die wenigen Holzhäuschen herum, platzierte man in den 70er Jahren das Atomkraftwerk Oskarshamn.

Trotz Fukushima, eines ernsten Vorfalls im AKW Oskarshamn Ende 2011 sowie einer Beinahe-Katastrophe im AKW Forsmark 2006 unterstützen deutlich mehr als 50 % aller Schweden den Atomkraft-freundlichen Kurs ihrer Regierung.

KULTURDENKMAL WALDBAUERNDORF **STENSJÖ BY**

Etwa 12 km nördlich von Oskarshamn liegt mit Stensjö By ein typisch småländisches Waldbauerndorf, das größtenteils im 18. und 19. Jh. entstand. Flurbereinigungen 1792 und 1816 ignorierten die fünf Bauern in Bezug auf ihre Hausgrundstücke, um mühevolle Ab- und Wiederaufbauten zu sparen. So bewahrte Stensjö seinen etwas betagten Charakter: Auf einer Seite des Dorfplatzes stehen die Wohnhäuser, auf der anderen Seite die zugehörigen Vorratshäuser und Ställe. Durch Brandrodung, Drainage und Absenkung der Seen gewann man Ackerland. Das gesamte Gebiet ist aber äußerst steinig, und man kann sich kaum vorstellen, wie die Bauernfamilien hier ihr Auskommen fanden. Anfang des 20. Jhs. begann das Dorf auszusterben, 1951 wurde die Landwirtschaft eingestellt.

In den 60er Jahren erwarb die »Vitterhetsakademi« (Akademie für Denkmalschutz und Behörde der Landesmuseen) Stensjö, um es in seiner Gesamtheit, das heißt auch mit den zugehörigen landwirtschaftlichen Flächen als Kulturdenkmal der Nachwelt zu erhalten. Die verfallenen Gebäude wurden instand gesetzt; das schwierigste Unterfangen aber war, die verwilderten Land- und Waldflächen wieder in benutzbares Bauernland zu verwandeln. Zu dem alten Landschaftsbild gehören auch die für Småland so typischen Holzeinfriedungen; nahezu 30 km davon hat man neu erstellt. Jetzt wird wieder Land- und Forstwirtschaft nach traditionellen Methoden betrieben; weder Kunstdünger noch chemische Keule dürfen angewandt werden. Auf den Weiden tummeln sich Schafe, Rinder und Pferde, und bei den Ställen haben die Schweine einen großen Auslauf, wo sie nach Herzenslust buddeln können. Sie sind übrigens ausgesprochen neugierig und kommen zur Begrüßung ans Gatter gesaust.

Durch das Gebiet führen gekennzeichnete Spazierwege. Führungen gibt es leider nur für Gruppen, zu buchen im Touristenbüro. Trotzdem ist der Weiler einen Ausflug wert.

◎ Auf der Nachbarinsel **ASPÖ** befindet sich ein Zwischenlager für die verbrauchten Kernbrennstäbe – die ins Endlager beim AKW Forsmark an der Westküste geschafft und hier für den Transport »verpackt« werden. In Aspö befindet sich mit »Aspölaboratoriet« das Forschungszentrum des Betreibers SKB, Svensk Kärnbränslehantering, sozusagen im Granit eines typisch schwedischen Urbergs.

Wer dies eher pragmatisch wie die meisten Schweden sieht, mag auch Gefallen an den FÜHRUNGEN im Laboratoriet fast 500 m unter der Erde finden. Buchung im Touristenbüro.

SÜDLICH VON OSKARSHAMN

Die folgende Ausflugsziele eignen sich auch als Stationen auf der Weiterreise nach Kalmar (E 22).

◎ **VÅNEVIK** und seine Steinbrüche haben ihre eigene Geschichte: Die Steinblöcke aus der Gegend wurden ab Näset in alle Welt verschifft, etwa als Baumaterial für das Stockholmer Konzerthauses. Häufig wurden auch Steine aus anderen Gegenden zu Bearbeitung und Weitertransport nach **NÄSET** gebracht: immer per Schiff, denn eine Autostraße gab und gibt es nicht. So eignen sich die 22 km Wege zwischen den Steinbrüchen sehr gut als Wanderpfade.

Nördlich Vråneviks zweigt eine Nebenstraße von der Landstraße Richtung Nabben ab und endet nahe am SMÄLTESUND direkt am Wegenetz. Eine stolze HOLZBRÜCKE führt über den Sund zur Landzunge mit Näset, wo das STEINMETZMUSEUM **STENHUGGARMUSEUM** die Erinnerung an die besten Zeiten zwischen 1870 und den 1930er Jahren bewahrt. Information VORAB im Touristenbüro Oskarshamn einholen; auch Führungen können vermittelt werden. Der Fußweg von Nord-Vånevik bis Näset ist mit 25 Minuten zu veranschlagen; von Nabben aus sind es nur wenige hundert Meter.

◎ In **PÅSKALLAVIK** (2 km südlich Våneviks) ist das HAUS DES BILDHAUERS *Arvid Källström* zu besichtigen. Der in Oskarshamn geborene Künstler (1893–1967) schuf immerhin 3.000 Skulpturen, von denen einige in Påskallavik ausgestellt sind. **KÄLLSTRÖMSGÅRDEN**: Mitte Juni bis Mitte August Mo–Fr 11–18 Uhr, Sa+So 13–17 Uhr. Tel. 0491 – 910 08.

◎ **PÅSKALLAVIKS GÄSTGIFVERI** ist (südlich) ein Idyll am Kalmarsund mit NOSTALGISCHEM Ambiente, um den Gaumen zu verwöhnen. Es gibt auch Bed & Breakfast. Kustvägen 31, Tel. 0491 – 970 50. Täglich geöffnet.

Ferien aktiv

WANDERN

◎ Ein Ziel mit viel Lokalkolorit sind **NÄSET** und die **STEINBRÜCHE** von Vånevik. 22 km Wegenetz, siehe unter »Ausflüge« in der linken Spalte.

◎ Der Rundwanderweg **OSTKUSTLEDEN** (der Ostküstenpfad) unterteilt sich in 8 Etappen von ca. 20 km Länge. Unterwegs hat man einfache Hütten zum Übernachten platziert. Startpunkt nordwestlich der Stadt in Lilla Hycklinge (Park-/Zeltplatz), bei Rödsle. Der Wegverlauf ist markiert.

ANGELN

Das Touristenbüro hat einen Anglerguide über die Gewässer der Region. Entlang der Küste fängt man Hecht, Barsch, Meerforellen u.a.

◎ Das **OSTKUSTENS AKTIVITETSCENTRUM** in Kooperation mit Campingplatz HAVSLÄTT organisiert Angeltouren in den Schären wie auch im Binnenland. Tel. 070 – 693 74 87.

Wer auf dem Pferderücken zurecht kommt, kann die Gegend von Näset rund um die Steinbrüche im Rahmen eines begleiteten Ausritts kennen lernen, organisiert von Sörviks Naturridning (siehe Seite 157).

BADEN

◎ **AN DER KÜSTE**: gut geeignet die Campingplätze Gunnarsö und Havslätt, beliebt auch DRAGSKÄR, nördlich der Stadt auf einer (über die Straße nach Draget / Skafterna) vorgelagerten Insel, sowie in PÅSKALLAVIK.

◎ **SEEN**: Sandstrände samt Infrastruktur für Badende in BJÖRNHULT, FORSHULT, FÅRBOSJÖN u.v.a.

GOLF

Das Feriendorf Gunnarsö Semesterby (siehe Seite 151) hat in den Schären eine 12-Loch-Anlage als ABENTEUERGOLF (Äventyrgolf) gestaltet.

◎ **OSKARSHAMNS GOLFKLUBB**, Skorpetorp, Telefon 0491 – 940 33. 18-Loch-Platz 10 km südwestlich.

PADDELN

◎ ERFAHRENE Paddler sind im Seekajak in den **SCHÄREN** unterwegs. Es gibt DREI Schwerpunkte vor Oskarshamn: im Süden zwischen dem Feriendorf Gunnarsö und Påskallavik, im Norden zwischen dem Campingplatz Havslätt und Dragskär/Figeholm sowie noch weiter nördlich im Schärengarten von MISTERHULT, der größtenteils als Naturreservat ausgewiesen und damit besonders schutzbedürftig ist – ein geeigneter Startplatz ist der Campingplatz Blankaholm am Solstadström.

◎ Fluss **MARSTRÖMMEN**: Die relativ leichte Tour im Norden führt auf 12 km von Manketorp / Mörtfors bis Solstadström an der Küste, möglich die Verlängerung in den Schären.

◎ **KANUVERMIETUNG**: bei den genannten Campingplätzen und Klintemåla Kajak (Misterhult), Tel. 070 – 459 36 59. Auch geführte Touren.

RAD FAHREN

◎ **FAHRRADVERMIETUNG**: Feriendorf Gunnarsö (siehe Seite 151).

REITEN

◎ **SÖRVIKS NATURRIDNING**, Tel. 0491 – 188 92. An der Straße nach Påskallavik. Ausritte u.a. nach NÄSET.

Info-Mix

VERANSTALTUNGEN

◎ **TOLVSKILLINGSMARKEN**: viel Musik und Tanz sowie ein Markt an einem Samstag Ende Mai.

◎ **HAMNFESTIVAL** mit SJÖFARTSDAGARNA: ein buntes Hafenfest, mit Bingo bis Gospel, SCHUTEN und anderen nostalgischen Kähnen.

KONTAKT, HILFE

◎ **ÄRZTLICHE BEREITSCHAFT**: im Krankenhaus Oskarshamns sjukhus, Rösvägen 1, Tel. 0480 – 78 20 00.

◎ **POLIZEI**: Slottsgatan 5, Tel. 114 14, Notfall-Tel. 112.

◎ **POST**: Flanaden 13 (Domus).

TRANSPORT

◎ **BUS**: Busbahnhof Södra Långgatan, Tel. 010 – 212 10 10.

◎ **TAXI**: Tel. 0491 – 105 55.

Weiterreise

◎ **FLUG**: VIRKVARN, der Regionalflughafen von Oskarshamn, liegt ca. 10 km nördlich. Werktags fliegt die »Skyways« täglich nach Stockholm. Tel. 0771 – 95 95 00, www.skyways.com.

◎ **BUS UND BAHN**: Über eine Busverbindung nach Högsbyn besteht Anschluss an die Bahnstrecke »Kustpilen« zwischen Kalmar und Linköping und damit weiter nach Stockholm. Die Buslinien bedient KNT, der regionale Kalmar Länstrafik, Tel. 010 – 21 21 000, www.klt.se.

◎ **AUTO**: **NACH KALMAR**. Die E 22 ist die Fernverbindung von Malmö nach Norrköping zur E 4. Unterwegs empfehlen sich folgende Abstecher: MÖNSTERÅS, seit alters her war der Hafen ein Warenumschlagplatz; mit dem Bau fester Landwege festigte der Ort seine Stellung als Handelszentrum; zu den alten Handelshäusern gehören MODÉERSKA HUSET mit einer Ausstellung über den Seemann, Autor, Prediger und Abgeordneten *Carl Boberg* (1859–1940), und ELGERUMSGÅRDEN mit Heimatmuseum sowie original eingerichteter Apotheke (19. Jh.), darin Labor, Drogenabteilung plus Kräutergarten zur Arzneimittelherstellung. Auskünfte: Mönsterås Turistbyrå, Telefon 0499 – 41 77 00; nur im Sommer geöffnet. In den Schären von Mönsterås (Straße Richtung Oknö) liegt das 817 ha große Natureservat LÖVÖ (Baden, Wandern bei Lövö grenar). – PATAHOLM ist ein kleiner Ort an der Küste mit gut erhaltener Bebauung des 17./18. Jhs. Im Hof HULLGRENSGÅRDEN befinden sich das Heimatmuseum und Werke des Marinemalers *Oscar Hullgren*, im HARBERGSKA GÅRDEN ein Künstleratelier, Wanddekorationen des Malers Roth und eine Sammlung betagter Kameras. Führungen Ende Juni bis Ende August Sa+So 14–17 Uhr. Abzweig von der E 22 in Ålem.

NACH VIMMERBY Str. 23 / Str. 34. Unterwegs mögliche Abstecher zu mehreren Ausflugszielen südlich sowie südwestlich von Vimmerby, beschrieben unter »Vimmerby, Ausflüge« ab Seite 136.

NACH VÄXJÖ. Str. 37 via Bockara, möglicher Abstecher zur SCHLUCHT MORE KASTELL mit bis zu 40 m hohen Felswänden; ab Högsby nach Fågelfors, Richtung Virserum, Beschilderung folgen; zurück in Fågelfors, Richtung Süden zurück zur Str. 37; feste Schuhe sind Pflicht im Kastell. – Weitere Abstecher in umgekehrter Richtung beschrieben auf Seite 81.

NACH VÄSTERVIK. Am schnellsten auf der E 22. In umgekehrter Richtung beschrieben auf Seite 149.

Destination Gotland, Telefon 0771 – 22 33 00, www.destinationgotland.se.

GOTLAND UND ÖLAND

Ab Oskarshamn verkehren ganzjährig und mehrmals täglich Autofähren nach Visby auf der Insel Gotland mit der Reederei »Destination Gotland« und im Sommer (Mitte Juni bis Ende August) nach Byxelkrok auf Öland mit der »M/S Solsund« (siehe Seite 220).

Kalmar

SMÅLANDS KÜSTENHAUPTSTADT

Kalmar ist mit der Brücke nach Öland das Zentrum der südlichen Ostküste Schwedens, die älteste Stadt des Regierungsbezirks Kalmar län und dazu dessen Hauptstadt. Für Touristen zählt auch der Pluspunkt, dass hier der SONNIGSTE Küstenstreifen des Landes verläuft.

Kalmar blickt auf eine BEWEGTE HISTORIE. Schon in frühgeschichtlicher Zeit war der Landstrich relativ dicht bevölkert, zur Wikingerzeit ein wichtiger Handelsplatz und darauf für Jahrhunderte der Außenposten des schwedischen Königreiches. Die Grenze zu Dänemark verlief nur wenige Kilometer südlich. Um 1160 wurde eine Festung zum Schutz von Hafen und Bevölkerung errichtet – Vorgänger des verbliebenen Schlosses KALMAR SLOTT. Mehr zur Geschichte ab Seite 164/165.

Von den drei Städten an der småländischen Ostseeküste ist Kalmar die größte. Die Fakten lesen sich so: Kommune 955 km^2, 63.000 Einwohner, davon in der Stadt 35.000. Viele Arbeitsplätze stellen Handel, Ausbildung, Verwaltung/Gesundheit sowie Dienstleistungssektor und Industrie, die sich in viele Sparten unterteilen. Für die Fortbildung verfügt die Universität über breit gefächerte Fakultäten. Der UMBRUCH von der Industrie- zur Dienstleistungsgesellschaft lässt sich sehr gut am neuen Stadtteil VARVSHOLMEN nachvollziehen; wo bis weit ins 20. Jh. hinein Schiffe gebaut wurden, erhebt sich jetzt ein komplett neues Viertel mit Büros und Wohneinheiten attraktiv direkt am Wasser.

Kalmar ist eine Sommerstadt mit vielen Veranstaltungen, einer stark studentisch geprägten Kulturszene und spannenden Ausflugszielen an der sonnenverwöhnten KÜSTE, auf der Insel Öland und im nahen sogenannten »Glasreich«.

INFORMATION

◎ **KALMAR TURISTBYRÅ**, Gästehafen (Destination Kalmar AB 2011), Ölandskajen 9, SE – 391 26 Kalmar, Tel. 0480 – 41 77 00, Fax 41 77 20, info@kalmar.com, www.kalmar.com. Mittsommer bis Mitte August Mo–Fr 9–21 Uhr, Sa+So 10 – 17 Uhr, ab 1.5. sowie bis 30.9. Mo–Fr 9–17 Uhr, Sa 10 – 15, sonst Mo–Fr 10 – 17 Uhr. **(1)** Eine Filiale befindet sich im Schloss.

Unterkunft

Das Touristenbüro bucht Hotel und Pension, gibt Auskunft über Wochenend- und Sommerpreise, vermittelt Hütten und Privatzimmer (Gebühr).

Einiges an alter Bausubstanz blieb erhalten, Neues wurde behutsam mit Altem kombiniert, weswegen Kalmar bereits zwei Mal mit dem Europa-Nostra-Diplom für ihr Stadtbild ausgezeichnet wurde.

HOTELS

◎ Clarion Collection **HOTEL PACKHUSET**, Skeppsbrogatan 26, Telefon 0480 – 570 00, Fax 866 42, www.choicehotels.no. EZ/DZ ab 1.100 SEK. **(5)**

Hotel direkt an der Waterfront im historischen, umgebauten HAFENSPEICHER, zentrumsnah. 87 Zimmer, die meisten mit Blick über den Hafen und den Kalmarsund.

◎ **CALMAR STADSHOTELL**, Stortorget 14, Telefon 0480 – 49 69 00, Fax 49 69 10, www.profilhotels.se/calmarstadshotell. Dynamische Tarife je nach Buchungslage, EZ ab 899 SEK, DZ ab 1.065 SEK. Angebote für Golfer. **(6)**

Zentraler geht es nicht: direkt am Stortorget. Freundliches Traditionshotel in Jugendstil-Gebäude mit Sehenswürdigkeiten, Kneipen, Restaurants in Minuten-Abständen.

◎ **HOTELL HILDA**, Esplanaden 33, Tel. 0480 – 547 00, www.hotellhilda.se. EZ 795 SEK, DZ 1.095 SEK. **(7)**

Charmantes Privathotel in Citynähe, ein geschmackvolles Stadthaus mit kleiner Garten-Oase. – Im Haus Smørrebrød-Spezialist Kallskänken.

JUGENDHERBERGEN, BUDGET

◎ KALMAR LAGPRISHOTELL & VANDRARHEM **SVANEN**, SVIF, Rappegatan 1, Tel. 0480 – 129 28, Fax 882 93, www.hotellsvanen.se. Ganzjährig geöffnet. 90 Betten. Zimmer ohne/mit Bad oder mit WC. Im Mehrbett-Zimmer 195 SEK, als EZ ab 385 SEK, als DZ ab 480 SEK. Hoteltarife EZ ab 595 SEK, DZ ab 790 SEK. **(8)**

Nahe Auffahrt zur Ölandbrücke, ca. 1 km nördlich der City auf der Insel Ängö am Wasser gelegenes Gästehaus, renoviert. Kanuvermietung.

◎ **KAPTENSVILLAN** BED & BREAKFAST, Söderportsgatan 7, Tel. 0480 – 195 80, www.kaptensvillan.se. EZ 645 SEK, DZ 850 SEK, 3-Bett-Zimmer 975 SEK, Frühstück inklusive. **(9)**

In einer früheren KAPITÄNSVILLA (1912) in Schlossnähe, privat geführt.

CAMPING

◎ **STENSÖ CAMPING**, Stensövägen, Tel. 0480 – 888 03, www.stensocamping.se. Anfang April bis 30.9. Stellplatz ab 170 SEK. Campinghütten ab 500 SEK. **(10)**

3-Sterne-Platz rund 2 km südlich von Kalmar City in grünem Gelände am KALMARSUND. Fahrrad- und Kanuvermietung, Spazierweg.

◎ **KALMAR CAMPING** RAFSHAGSUDDEN, Läckeby, Tel. 0480 – 604 64, www.kalmarcamping.se. 1.3.–31.10. Stellplatz ab 150 SEK. Wohnwagen ab 450 SEK.

15 km nördlich der Stadt auf einer teilweise bewaldeten Landzunge am KALMARSUND. Strand mit Badesteg, Kanuvermietung, umfangreiche Aktivitäten. Gepflegt. Vis-à-vis Öland.

◎ **KOLBODABADEN**, Ljungbyholm, Kolbodavägen 91, Tel. 0480 – 370 01, www.kolbodabaden.se. Ganzjährig geöffnet. Stellplatz ab 130 SEK, Apartments ab 475 SEK.

23 km südlich am Sund, weitläufige Anlage mit Pools und zahlreichen Aktivitäten, auch Kanuvermietung.

Das »Calmar Stadshotell« ist im 2. Farbbildteil auf Seite 177 zu bewundern.

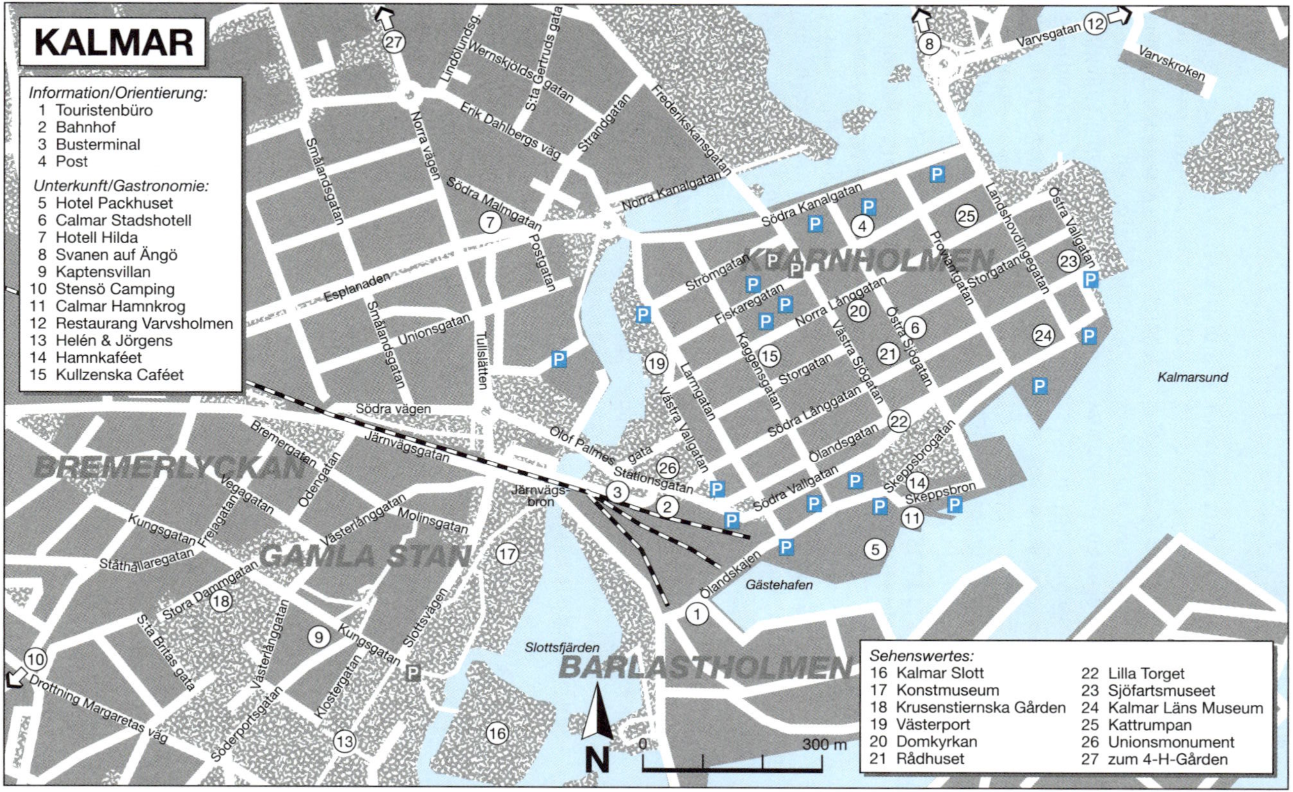
KALMAR
Information/Orientierung:
1 Touristenbüro
2 Bahnhof
3 Busterminal
4 Post
Unterkunft/Gastronomie:
5 Hotel Packhuset
6 Calmar Stadshotell
7 Hotell Hilda
8 Svanen auf Ängö
9 Kaptensvillan
10 Stensö Camping
11 Calmar Hamnkrog
12 Restaurang Varvsholmen
13 Helén & Jörgens
14 Hamnkaféet
15 Kullzenska Caféet
Sehenswertes:
16 Kalmar Slott
17 Konstmuseum
18 Krusenstiernska Gården
19 Västerport
20 Domkyrkan
21 Rådhuset
22 Lilla Torget
23 Sjöfartsmuseet
24 Kalmar Läns Museum
25 Kattrumpan
26 Unionsmonument
27 zum 4-H-Gården
BREMERLYCKAN
GAMLA STAN
KVARNHOLMEN
BARLASTHOLMEN
Kalmarsund
Slottsfjärden
Gästehafen
Varvskroken
Varvsgatan
Lindölundsg.
Wernskjöldsgatan
S:ta Gertruds gata
Erik Dahlbergs väg
Strandgatan
Frederikskansgatan
Norra vägen
Smålandsgatan
Södra Malmgatan
Norra Kanalgatan
Södra Kanalgatan
Landshövdingegatan
Östra Vallgatan
Proviantgatan
Storgatan
Esplanaden
Postgatan
Strömgatan
Fiskaregatan
Norra Långgatan
Östra Sjögatan
Västra Sjögatan
Unionsgatan
Tullslätten
Larmgatan
Kaggensgatan
Södra Långgatan
Ölandsgatan
Skeppsbrogatan
Skeppsbron
Södra vägen
Olof Palmes gata
Västra Vallgatan
Stationsgatan
Södra Vallgatan
Bremergatan
Järnvägsgatan
Odengatan
Vegagatan
Järnvägsbron
Kungsgatan
Frejagatan
Västerlånggatan
Molinsgatan
Ståthållaregatan
Stora Dammgatan
Ölandskajen
S:ta Britas gata
Slottsvägen
Klostergatan
Drottning Margaretas väg
Söderportsgatan
N
0
300 m

Essen und Trinken

◎ **CALMAR HAMNKROG**, Skeppsbrogatan 30, Tel. 0480 – 41 10 20. Mo –Fr 11.30–15, Do–Sa 18–23 Uhr. **(11)**

Ein traditionsreiches Restaurant beim früheren Fährhafen in schöner Lage am Wasser zwischen Schloss und Innenstadt gelegen – Blick auf den Kalmarsund. LUNCH-TIPP: Wer erst um 13.30 Uhr kommt, zahlt 80 statt 110 SEK für DAGENS HUSMAN. Für den Abend sollte man besser reservieren sowie den Etat befragen, denn die Hauptgerichte liegen über 200 SEK. Vom Speiseraum blickt man durch Panoramafenster auf Hafen und Öland, oder man sitzt gleich auf der Sommerterrasse. So oder so ein Ort für besondere Anlässe.

◎ **RESTAURANG VARVSHOLMEN**, Kalmar Science Park, Varvsholmen (ab Zentrum rund 1 km), Tel. 0480 – 272 72. Mo–Fr 11–18 (Lunch bis 14.30) Uhr, Sa+So 13–17 Uhr. **(12)**

Primär Lunch-Restaurant im gläsernen ATRIUM eines Bürogebäudes im jungen Stadtteil Varvsholmen, freier Blick durch die Glasfassade auf Sund und Ölandbrücke. Der Gebäudekomplex steht in reizvollem Kontrast zu den historischen Kulissen in Kalmar. DAGENS LUNCH mit drei Gerichten zur Wahl, inklusive Salatbar, Kaffee, Kuchen 75 SEK. Ab 15 Uhr Burger, Salate u.a. ab 60 SEK.

◎ **BYTTAN**, Slottsvägen, Tel. 0480 – 163 60. Wo einst der Vergnügungspavillon im Stadtpark stand, wurde 2008 das Café / Bar / Grill-Restaurant mit großer GARTENTERRASSE eröffnet. In Schlossnähe, Ende Mai bis Anfang September. **(13)**

◎ **HAMNKAFÉET**, Skeppsbron 2, Tel. 0480 – 106 67. Mo–Sa 11–17 Uhr. **(14)**

Gemütliches, kleines Café im Viertel dicht gedrängter FISCHERHÄUSCHEN unterhalb der Stadtmauer. Kuchen, kleine Speisen und Sandwiches zu reellen Preisen, lässig-relaxtes Ambiente, POPULÄR.

◎ **KULLZENSKA CAFÉET**, Kaggensgatan 26 (Fußgängerzone, Ecke N. Långgatan), Tel. 0480 – 288 82. Mo–Fr 10 – 18.30 Uhr, Sa 10 – 15 Uhr, So 12 – 16.30 Uhr. **(15)**

Konditorei mit klassischem KAFFEEHAUS-CHARME des 19. Jahrhunderts. Tortengenuss im 1. Stock, hier treffen sich Häkeldamen und andere gezielt zum Plausch.

Sehenswertes

SCHLOSS UND GAMLA STAN

◎ **KALMAR SLOTT**, Slottsvägen, Tel. 0480 – 45 14 90, www.kalmarslott.se. Juli täglich 10 – 18 Uhr, August 10 – 17/18 Uhr, 1.5.–30.6. sowie 1.9–30.9. 10 – 16 Uhr, April und Oktober Sa+So 10–16 Uhr, sonst an einzelnen Wochenenden Sa+So 10–16 Uhr (im Voraus checken). FÜHRUNGEN auf Englisch Ende Juni bis 30.9. um 11.30 Uhr, bis Mitte August auch 13.30 und 14.30 Uhr. Entré 100/60/25 SEK. **(16)**

Unterwegs im neuen Stadtteil Varvsholmen, unten Firmen-Lunchpause mit Ölandbrücke ▶

Das Schloss, Kalmars bedeutendste Sehenswürdigkeit, liegt südwestlich von Kvarnholmen auf einer Insel im Slottsfjärd, der Schlossförde. Gustav I. Vasa (1523–1560) und seine Söhne Erik XIV. (1560–68) und *Johan III.* (1568–92) ließen die alte Festung in ein Renaissance-Schloss mit enormen Ausmaßen umbauen. Der Ursprung der Festung geht bis ins 12. Jh. zurück, wie auch der zahlreichen WEHRKIRCHEN in der Gegend, damals GRENZGEBIET zu Dänemark. 1397 besiegelten die Vertreter der drei nordischen Länder die Kalmarer Union. Große Teile des Schlosses hat man rekonstruiert und mit altem Mobiliar eingerichtet, nachdem es bis zum 19. Jh. ziemlich verkommen war.

Es empfiehlt sich, an einer Führung teilzunehmen, sonst bleibt der Besuch von überschaubarem Reiz.

◎ Direkt an der Schlossförde liegt der **STADSPARKEN**. Helle Rasenflächen, herrliche alte Bäume, unzählige Blumen, exotische Gewächse, moderne Plastiken und ein Teich mit Springbrunnen laden zum Flanieren mit Schlossblick ein. Ausflugslokal BYTTAN vor Ort (siehe Seite 164, **13**).

◎ **KALMAR KONSTMUSEUM**, Stadsparken, Tel. 0480 – 42 62 82, www.kalmarkonstmuseum.se. Di–So 12–17 (Mi bis 19) Uhr. Eintritt 50/0 SEK. **(17)**

2008 wurde das neue, luftige Kalmar Kunstmuseum im Stadspark eröffnet. Es präsentiert schwedische Malerei des 19. und 20. Jahrhunderts, Design und wechselnde Ausstellungen zeitgenössischer Kunst.

◎ **GAMLA STAN** (Die Altstadt), Kalmars altes Stadtzentrum vor 1611, lag in der Nähe des Schlosses. Nach den Auseinandersetzungen mit den Dänen in den Jahren 1611–1613 reifte der Plan, Kalmar aus strategischen Gründen auf die Halbinsel Kvarnholmen zu verlegen und mit Festungswällen zu umgeben. So besitzt Kalmar ZWEI STADTKERNE: Gamla Stan, mit schmalen, verwinkelten Gassen sowie pittoresken Holzhäusern aus dem 17. und 18. Jh. in der Nähe des Schlosses. Und die jüngere Altstadt Kvarnholmen, mit dem Straßennetz im Barockstil, rechtwinklig und gerade, gesäumt von alten, verputzten Backsteinhäusern. Nur wenige Städte im Land haben ein solches intaktes Stadtbild aus jener Zeit.

◎ **KRUSENSTIERNSKA GÅRDEN**, Gamla Stan, St. Dammgatan 1. Garten: 2.5.–31.8. Mo–Fr 11 –18 Uhr, Sa+So 12–17 Uhr, 1.9.–30.9. Mo–Fr 11 – 16 Uhr. Zutritt frei. – Museum: 1.6.–31.8. wie Garten, Führungen um 13, 14, 15 Uhr. Eintritt 25/7 SEK. **(18)**

Ein hoher Bretterzaun umgibt das Grundstück, er gewährt keinen Einblick. Zäune dieser Art umschlossen bereits vor Jahrhunderten PRIVATE GÄRTEN. Sie besagten: Hier beginnt die Privatsphäre, alles, was sich dahinter verbirgt, ist nicht für die Öffentlichkeit bestimmt. Die OASE mit Obstbäumen, Beerensträuchern, Blumen, Kräutergarten und mittendrin das Holzhaus aus dem 18. / 19. Jh. ist schlicht IDYLLISCH. Die Einrichtung aus dem 19. Jh. ist original.

◎ 1397 gelang es der dänischen Regentin Margrete I., die drei skandinavischen Länder Dänemark, Norwegen und Schweden in einer Union zu vereinen. Dieser Vertrag wurde im Schloss Kalmar unterschrieben – deshalb die Bezeichnung **KALMARER UNION**. Doch gleich nach Margretes Tod 1412 begannen die Konflikte aufs Neue. *Erik von Pommern,* der 1397 als 15-Jähriger von Margrete ernannte und von den Ländern anerkannte Thronfolger, konnte die Union nicht festigen.

Lange Jahre handelten die Länder mehr oder weniger gemeinsam, ganz nach nationalem Gutdünken. Während in Norwegen kein Gegenwicht zum dänischen Machtanspruch bestand, beendete Gustav Vasa 1521 die Union von schwedischer Seite aus. Schloss Kalmar wurde zu einer wichtigen Verteidigungsanlage in den Auseinandersetzungen mit den dänischen Nachbarn; man nannte es auch SCHLÜSSEL DES REICHES.

◎ In unruhigen Zeiten galt Kalmar der **HANSE** als zuverlässige Handelsstadt. In den Kalmar-Kriegen (1611–13) wurde die Stadt fast völlig zerstört, 1647 erneut in Folge eines Großbrands. Das neue Zentrum entstand auf KVARNHOLMEN, nördlich der Festung, mit rechtwinkligem Straßennetz und vor allem Steinbauten, um neuen Großfeuern vorzubeugen. Im Viertel KATTRUMPAN lässt sich ein Eindruck von der Gründerzeit gewinnen.

KVARNHOLMEN

◎ **VÄSTERPORT (19)**, das frühere Stadttor an Västra Vallgatan / Långgatan, wurde neu belebt. Die Handwerker in der Töpferei und im Glasstudio lassen sich bei der Arbeit zusehen, es wird auch ausgestellt und verkauft in den Gewölben. Die Brücke über den Systra Strömmen wurde 1997 rekonstruiert.

◎ **KALMAR DOMKYRKA**, Stortorget. Mo–Fr 8–15.30 Uhr, Mi bis 18.30 Uhr, Sa+So 9–16 Uhr. Mi um 12 Uhr traditionell Lunchmusik (Orgel). **(20)**

Der DOM im ITALIENISCHEN BAROCK ist eines der wenigen Gebäude, die noch so aussehen wie zu der Zeit, als Schweden Großmacht war. Das Gotteshaus wurde 1660 vom bekannten Baumeister *Nicodemus Tessin d.Ä.* entworfen, 1680 eingeweiht, aber erst um 1702 vollständig fertig gestellt. Die reich VERZIERTE Renaissance-Kanzel *(Baltzar Hoppenstedt)* stammt aus der »Vorgänger-Kirche«, ebenso wie die Kirchenglocken.

◎ **RÅDHUSET**, das Rathaus gegenüber vom Dom. Dieses Renaissance-Gebäude, erstmals Ende des 17. Jhs. errichtet, wurde nach einem Brand 1738 neu aufgebaut. **(21)**

◎ Am **LILLA TORGET (22)** stehen weitere historisch bedeutsame Gebäude wie DOMPROSTGÅRDEN (der Bischofshof), DAHMSKA HUSET (das Bürgermeisterhaus, 1666) und LÄNSRESIDENSET (die Landesresidenz, erbaut 1676). Hier sind die alten Festungswälle mit den Stadttoren zu sehen. – Nicht weit davon, Ecke Östra Sjögatan/Södra Långgatan 40, steht das ÄLTESTE STEINHAUS (1654).

◎ **SJÖFARTSMUSEET**, Södra Långgatan 81, Tel. 0480 – 158 75. Mitte Juni bis Mitte September täglich 11–16 Uhr, sonst So 12–16 Uhr. Eintritt 30/10 SEK. **(23)**

Das Museum befasst sich mit der christlichen SEEFAHRT von einst: Zu sehen gibt's u.a. Schiffsmodelle, Navigationsinstrumente und Arbeiten, die die Seeleute während ihrer Freiwachen anfertigten. Vieles hat einen Bezug zur lokalen Geschichte. Eher ein Museum klassischer Art.

◎ **KALMAR LÄNS MUSEUM (24)**, Skeppsbrogatan 51, Tel. 0480 – 45 13 00, www.kalmarlansmuseum.se. 1.6.–31.8. täglich 10 – 17 Uhr, sonst Mo–Fr 10 –16 Uhr, Sa+So 11–16 Uhr. Entré 1.6.–31.8. 80/0, sonst 60/0 SEK.

In der alten Dampfmühle AM HAFEN hat das Regionalmuseum des Regierungsbezirks Kalmär län einen ehrwürdigen Platz gefunden. Zu sehen sind wechselnde wie permanente Ausstellungen mit regionalem Bezug, etwa zur Illustratorin *Jenny Nyström* (1854–1946), die ihre Ausbildung bis nach Paris führte. Oder die über ein Schiffswrack vor Öland:

▲ Auf den ersten Blick eher von Architektur-Kennern als Kirchenbauwerk einzuordnen: Kalmars Dom am Stortorget.

Eine große Attraktion im Kalmar Länsmuseum ist die Ausstellung zum schwedischen Kriegsschiff **KRONAN**, das in der SCHLACHT vor Öland 1676 mit 842 Mann an Bord von dänischen Kanonen versenkt wurde. Dieses Schlachtschiff war nämlich gut doppelt so groß wie die berühmte »Vasa«, die 1628 auf ihrer Jungfernfahrt im Stockholmer Hafen gesunken und erst 1961 gehoben worden war.

1980 ortete der Vasa-Entdecker *Anders Franzén* die »Kronan« in 26 m Tiefe südöstlich vor Öland: der Beginn ausgiebiger marinearchäologischer Forschung und sensationeller Funde. Mehr als 20 Jahre benötigten die Tauchgänge zu dem Wrack: Der größte marine Silbermünzschatz, der je in Schweden gefunden wurde, kam im Sommer 2005 zu Tage. 6.246 Vier-Öre-Münzen, 168 Mark- und Talermünzen sowie 677 Messingknöpfe, alle im Jahr 1675 geprägt, hatten die Jahrhunderte auf dem Ostseegrund in einer Kiste zwischen säuberlich gefalteten Hemden, Jacken, Handschuhen und einer Schlafmütze überdauert. Es dürfte die Heuer für die Besatzung gewesen sein. Die Ausstellung informiert ferner über das Leben der Matrosen und Soldaten an Bord, das 17. Jh. im Allgemeinen und die Arbeit der Marinearchäologen.

◎ Im nordöstlichen Teil Kvarnholmens und im Viertel **KATTRUMPAN**, sind viele malerische **HOLZHÄUSER** aus dem 18. und 19. Jh. erhalten. Damals wohnten hier Handwerker und Seeleute, nicht gerade die zahlungskräftigsten der Gesellschaft – heute sind die mit Geschick restaurierten Häuslein begehrte Wohnungen. **(25)**

◎ Zum 600. Jahrestag der Kalmarer Union 1997 schuf *Roj Friberg* eine monumentale **SKULPTUR**, darstellend die dänische Königin Margrete I., ihr zur Seite Erik von Pommern und der norwegische Bischof. Zur Einweihung kamen fünf (!) Staatsoberhäupter des Nordens. Das **UNIONSMONUMENT** steht gegenüber vom Bahnhof. **(26)**

AUSSERHALB DER INNENSTADT

◎ Der **4 H-GÅRD** im Viertel Skälby entstand um den Kungsladugård – Königsbauernhof – aus der Zeit Gustav Vasas. Heute ist er ein beliebtes FREIZEITGEBIET mit Kleintierfarm und vielen Sommeraktivitäten wie Ponyreiten (Sa+So ab 13 Uhr). Hinter den 4-H-Höfen steht ein Verein mit pädagogischen Zielen. Motto: etwas zu lernen indem man etwas tut. **(27)**

Nostalgischer Streifzug durch eines der ältesten Viertel der Stadt: Kattrumpan auf Kvarnholmen ▲

◎ **VARVSHOLMEN**: Den besten Blick auf den komplett neu gestalteten Stadtteil Varvsholmen hat man von den Wällen am nordwestlichen Zipfel der Innenstadt-Insel Kvarnholmen auf der Östra Vallgatan. Ein starker Kontrast: das historische Kalmar im Rücken, das moderne als maritime Einheit von modernen Wohn- und Bürogebäuden im Blick. Die frühere »Werft-Insel« ist zu Beginn des neuen Milleniums aus einem Guss neu geplant und bebaut worden: die neue Schokoladenseite von Kalmar mit Wohnungen und Büros in Traumlage. – Ein lohnendes Ziel dort ist das Restaurang Varvsholmen zum Lunch (**12**, siehe Seite 168).

ÖLANDSBRON – DIE ÖLANDBRÜCKE

Die Ölandbrücke war eine der ersten großen Brücken, die in Skandinavien gebaut wurden. Fast 30 Jahre bevor die gigantischen Brücken über den Großen Belt und den Öresund eröffnet wurden, war die gut 6 km lange feste Verbindung zur Insel Öland 1972 eine große Errungenschaft.

Auf 153 Pfeilern schnurrt der Verkehr nur wenige Meter über Meeresniveau über den Kalmarsund. Lediglich unter dem gut 40 m hohen »Buckel« vor der Festlandküste können Schiffe passieren. Heute reicht die zweispurige Kapazität zu Spitzenzeiten mitunter nicht aus, dann kommen intelligente elektronische Verkehrsleitsysteme zum Einsatz. Zudem ist die Brücke dauerhaft für Radfahrer und Fußgänger gesperrt. Im Sommer (-Halbjahr) kommt eine Fahrradfähre zum Einsatz (siehe Seite 174); der Fahrplan ist noch offen, nachdem der ergänzende Bus 2012 gestrichen wurde.

Ausflüge

GLASREICH

Die Glashütten werden ab Seite 185 mit einem eigenen Kapitel bedacht. Der schwedische König lud vor gut 300 Jahren BÖHMISCHE Glasbläser nach Schweden, die in den Wäldern zwischen Växjö und Kalmar mehrere Glasbläsereien einrichteten; dort gab es Brennholz in Hülle und Fülle für die Schmelzöfen. Seitdem wird in Smålands Wäldern Glas hergestellt, für Fenster und Flaschen als Trinkgefäße und Kunstobjekte. Westlich vom Ort Nybro liegen im Unkreis von etwa 30 km viele sehenswerte Glasbläsereien mit unterschiedlichen Erzeugnissen und Stilen.

NYBRO

Knapp 13.000 Einwohner zählt diese Industriestadt westlich von Kalmar. Die Herstellung von Industrieglas ist ein Teil des Glasreiches, auch wenn das weniger zu den touristischen Attraktionen gehört. Im sogenannten THEANDERSAL im »Stora Hotellet« schmückt ein 66 km^2 großes FRESKO des einheimischen Künstlers *Gunnar Theander* eine Wand: Von 1957 bis 1969 arbeitete er an diesem Monumentalwerk, das Nybros Entwicklung vom kleinen Handwerksort zur modernen Industriestadt schildert. Mellangatan 11. Noch mehr Lokalhistorie vermittelt das im Sommer geöffnete Heimatmuseum QVARNASLÄT, Vädergatan 33. In der KIRCHE (1757) hat besagter Gunnar Theander drei Glasfenster gestaltet.

◎ **MÄDESJÖ HEMBYGDSMUSEUM**, Jutarnas väg (westlich von Nybro, ab Str. 25 beschildert), Tel. 070 – 511 29 93. Mitte Mai bis Mitte September Mo–Fr 10 – 17 Uhr, Sa+So 11 – 17 Uhr. Eintritt 40/20 SEK.

In restaurierten KIRCHSTÄLLEN, Teil eines fast 200 m langen Holzgebäudes aus dem mittleren 19. Jh., erzählt eine Auswahl aus über 7.000 Exponaten vom LEBENS- UND ARBEITSALLTAG im 20. Jahrhundert. In Szenen dargestellt, zeigen Schulstube, Fotoatelier, Uhrmacherwerkstatt u.a., wie sehr sich das Leben in (weniger als) 100 Jahren verändert hat.

Die Kirchställe waren im 19. Jh. sogar 750 m lang und boten über 250 Pferden von Kirchgängern Platz.

◎ **JAMES BOND 007 MUSEUM**, Emmabodavägen 20, Tel. 0481 – 129 60. Mo–Fr 10–13 und 14–17 Uhr, Sa 10–14 Uhr. Hommage an einen Agenten. www.007museum.com.

KIRCHEN RUND UM KALMAR

◎ **KLÄCKEBERGA KYRKA** – 5 km nordwestlich von Kalmar, steht eine Wehrkirche (vermutlich 12. Jh.) mit drei Stockwerken. Die Decke des Innenraums schmücken Malereien aus dem 18. Jh. Bei dem prächtigen Altaraufsatz handelt es sich um eine Kriegsbeute aus Polen (1616). Kontakt-Tel. 0480 – 723 06.

◎ WEITERE **RUNDKIRCHEN** stehen in HAGBY, VOXTORP und HALLTORP (Glockenspiel 1725).

◀ Sommerfrische auf Ängö, im Hintergrund die nördlich der Insel beginnende Ölandbrücke

Ferien aktiv

WANDERN

◎ Der 8 km lange **VASASTIGEN** erkundet den Süden von Kalmar, immer in Küstennähe. Beginnend am Schloss, passiert er gleich in der Söderportsgatan die ehemalige Bastion S:t Erik, unschwer an der Form der grauen Mauer zu erkennen, und weiter südlich das frühere Fischerdorf Stensö. Unterwegs mit einem detaillierten Stadtplan, ist der Wegverlauf leicht zu variieren und als Rundtour gegebenenfalls abzukürzen.

◎ **KALMARSUNDSLEDEN**: Dieser Wanderweg führt küstennah rund 85 km entlang des Kalmarsunds, streckenweise auf uralten Wegen sowie früheren Bahndämmen. Kalmar liegt ungefähr in der Mitte. Im Süden geht es bis Stuvenäs/Örarevet, im Norden bis Slakmöre. Die Route durchquert mehrere Naturreservate, ist markiert (abgesehen innerhalb Kalmars nördlich vom Schloss) und mit Toiletten und Winsdschutzstellen für einfache Übernachtungen versehen; an Badestellen herrscht kein Mangel. Fragen Sie im Touristenbüro nach der zugehörigen Broschüre.

◎ **DACKELEDEN**: Der legendäre Nils Dacke, der um 1540 den Aufruhr småländischer Bauern gegen König Gustav Vasa anführte, ist Namenspatron für diesen 84 km langen Weg durch Bauernland und Wälder im Hinterland von Kalmar. Er beginnt im tiefen Småland bei Mosjön Richtung Emmaboda und endet bei Aboda Klint, südlich von Högsbyn. Dabei passiert er Nybro (siehe Seite 169) im Osten.

ANGELN

Entlang der Küste ist freies Angeln möglich, sofern kein Privatgrund. – Im Umland von Kalmar verteilen sich einige Camps und Anlagen von Anglerclubs, wo vor allem Forelle, Hecht und Barsch anbeißen. Sofern Angelscheine nicht im Touristenbüro erhältlich sind, wird man dort über die richtigen Anlaufstellen informiert.

BADEN, SCHWIMMEN

◎ **STADTNAH**: Ostufer Kvarnholmen, südlich der City KALMARSUNDSPARKEN, LÅNGVIKEN (Sandstrand, Sprungturm, Sanitäranlagen) auf einem lang gestreckten Inselchen mit Weganbindung, gleich östlich vom Bootshafen Långviksudden, STENSÖ (Campingplatz, siehe Seite 160, und draußen auf der Landspitze Stensö udde, 2 km weiter südlich), nördlich der City an der Nordostspitze der Insel Ängö namens KINDBERGS UDDE (Sand/Gras, Steg, Sanitäranlage), im Kreisel nach Varvsholmen geradeaus halten statt rechts ab.

GOLF

◎ **KALMAR GOLFKLUBB**, Värsnäs, Tel. 0480 – 47 21 11, www.kalmargk.se. Zwei 18-Loch-Plätze gleich nördlich von Kalmar. Ab E 22 Ausfahrt Kalmar N (= Nord), via Norra vägen und Norrlidsvägen.

Dackeleden: Eine kurze Zeit hatte Nils Dacke sogar das Sagen in Småland; als er jedoch mit den Dänen gegen den eigenen König konspirierte, ließ Gustav Vasa ihn von seinen Soldaten jagen und töten.

FERNWANDERWEG **TORSÅSLEDEN** von *Tonia Körner*

Im äußersten Südosten von Småland verläuft rund um die Provinzstadt Torsås ein interessanter Wanderweg – der Torsåsleden. Die landschaftlich reizvolle Strecke begeistert sowohl durch eine fantastische Schärenlandschaft entlang der Küste als auch durch liebliche Kulturregionen und herrliche Wälder. Faszinierenden Spuren der Vergangenheit begegnen Sie unterwegs auf Schritt und Tritt. Höhenunterschiede gibt es kaum. Der höchste Punkt liegt gerade mal bei 95 m ü.d.M. Daher eignet sich die einfache Tour in dem leicht welligen Gelände hervorragend für Familien. Bademöglichkeiten unterwegs sorgen außerdem für besonderen Spaß.

◎ **ANREISE**: mit dem eigenen Fahrzeug über die E 22 aus Karlskrona in Blekinge oder Kalmar in Småland; ebenso bestehen gute Busverbindungen über Kalmar und Karlskrona. Info-Tel. 0491 – 76 12 00, www.klt.se.

◎ **LÄNGE DER TOUR**: 144 km in 11 Etappen.

◎ **ROUTE**: Fulvik – Påboda 9 km, Påboda – Skeppevik 8 km, Skeppevik – Bröms 8 km, Bröms – Gåsabo 11 km, Gåsabo – Iglasjön 20 km, Iglasjön – St. Hyltan 9 km, St. Hyltan – Gullabo 14 km, Gullabo – Degerhyltan 16 km, Degerhyltan – Östergården 15 km, Östergården – Fastlycke 20 km, Fastlycke – Fulvik 14 km.

◎ **MARKIERUNG UND WEGZUSTAND**: Die gesamte Strecke ist ausgeschildert. Die orangefarbenen Markierungen an Holzpfählen, auf Steinen und an Bäumen sind größtenteils erneuert und leuchten weithin. Manchmal allerdings sind sie von Pflanzen überwuchert, dann muss etwas gesucht werden. Heftige Winterstürme richten hin und wieder erhebliche Schäden an: Dann verdecken vereinzelt umgestürzte Bäume die Markierungen oder erschweren das Durchkommen. Die Strecke verläuft jedoch weitgehend über gute Wald- und Feldwege, sandige Fahrstraßen und nur kurze Strecken über Asphalt. Achtung: Zecken im hohen Gras und im Wald.

◎ **KARTEN**: Seit 2009 ist ein neues Kartenwerk über den Torsåsleden für 49 SEK im Touristenbüro in Bergkvara erhältlich; es enthält eine Wegbeschreibung und alles Wissenswerte. Ansonsten sind die ausgezeichneten topografischen Karten der Serie »Terrängkartan« 1:50.000 anzuschaffen, Nr. 518 Torsås. Stückpreis um 15 € (siehe auch Seite 14).

◎ **INFORMATION**: Touristenbüro Bergkvara, siehe Seite 175.

◎ **VERPFLEGUNG**: Einkaufen können Sie unterwegs in Bergkvara, Skeppevik sowie in einem Hofladen (Gemüse, Eis) in Bröms. Supermärkte gibt es in Torsås und Söderåkra, ein Café mit Bäcker in Torsås. Von Mitte Juli bis Mitte August öffnet das Ateliercafé von Petamåla. In Brömsebro findet sich die Fischräucherei »Blomlöfs rökeri« mit Café. Restaurants gibt es schließlich beim Campingplatz in Bergkvara und Skeppevik, ferner direkt in Bergkvara, im Gasthaus »Stufvenäs Gästgifveri« und im »Gullabo Värdshus« (nur Mittagstisch).

◎ **ÜBERNACHTUNG**: Über weite Strecken ist nur Wildzelten möglich. HOTEL: Stuvenäs Gästgiveri, PL 7488, 38597 Söderåkra, Tel. 0486 – 219 00, Fax 218 68, info@stuvenas.se/ Ganzjährig geöffnet. EZ 1.335, DZ 1.860 SEK. JUGENDHERBERGEN: STF Vandrerhem Mässen, Storgatan 66, 38541 Bergkvara, Tel. 0486 – 260 40, Fax 260 04, v-hemmet.bergkvara@hotmail.com/ Etwa 1.2.–30.11. Bett 170/90 SEK. BED & BREAKFAST: Garpens Fyr, mit grandioser Lage im Kalmarsund, Tel. 072 – 207 72 02, info.garpensfyr@post.com/ Übernachtung etwa 5.7.–20.8. Zimmer ab 950 SEK inklusive Bootstransfer und Frühstück. 1.6.–16.9. Transport zur Insel (75/50 SEK). CAMPING: Dalskärs Camping, in Bergkvara (am Hafen), Tel. 0486 – 201 50, mobil 070 – 941 55 67, www.dalskarscamping.se. Etwa 20.4.–15.9., Stellplätze ab 140/210 SEK, Hütten 400– 780 SEK. – Skeppeviks Camping, Bergkvara, Tel. 0486 – 206 37, mobil 0731 – 56 40 92, www.skeppevik.com. Etwa 20.4.–10.9. Zelt 145 SEK, Wohnwagen 145–185 SEK, Hütte 450 SEK. HÜTTEN: In Bergkvara sind mehrere Hütten über das Touristenbüro zu buchen. Wochentarif ab 4.050 SEK, aber auch tageweise zu mieten.

◎ **BESTE REISEZEIT**: Der Weg ist ohne Probleme begehbar von April bis September. Jedoch ist allein in der Hauptsaison von Juli bis August alles geöffnet. In der Nebensaison gilt vielerorts nur eingeschränkter Service.

PADDELN

◎ ERFAHRENE Kanuten können im **KALMARSUND** paddeln; allerdings sollte man sich bei den Vermietern über die sichersten Routen und die Windsituation erkundigen.

I◎ **KANUVERMIETUNG**: bei allen Campingplätzen, der Jugendherberge Svanen (alle siehe Seite 160) und beim Kalmar Kanotklubb, Ekudden (rund 2 km nördlich der Innenstadt), Tel. 0480 – 149 77.

RAD FAHREN

◎ Kalmar ist als Fahrradstadt trotz seiner Radwege in der Entwicklung. Die meisten Teilstrecken des **KALMARSUNDSLEDEN** (siehe Seite 170) sind für Radler geeignet, nötige Alternativabschnitte blau markiert.

◎ **FAHRRADFÄHRE**: »Dessi« nach Öland, siehe Seite 174.

◎ **FAHRRADVERMIETUNG**: Baltic Skeppsfournering, Ölandskajen (direkt am Gästehafen), Tel. 0480 – 106 00. – Ferner bei den Campingplätzen Stensö sowie Rafshagsudden (siehe Seite 160).

REITEN

◎ **KALMARBYGDENS FÄLTRITT-KLUBB**, Svensknabbevägen 9, Tel. 0480 – 246 12, www.stallkbf.se. Vor der Ölandbrücke Ausfahrt Tallhagen nach Norrliden abzweigen, nach ca. 250 m rechts ab.

◎ **RIDKLUBBEN UDDEN**, Rockneby, Tel. 0480 – 662 02, www.ridklubbenudden.com. Rund 20 km nördlich von Kalmar.

Info-Mix

VERANSTALTUNGEN

◎ **KALMAR STADSFEST**: Am zweiten Augustwochenende steigt das dreitägige Kalmar STADTFEST. Konzerte, Straßentheater, Shows in der Innenstadt und im Stadtpark.

UNTERHALTUNG

◎ Rund um den **LARMTORGET** befinden sich gleich mehere angesagte Bars / Clubs. Im Südwesten Kvarnholmens, nahe Bahnhof.

◎ **PALACE**, Unionsgatan 14. Disco, Bar, Klub, Konzerte, Restaurant und Tapas-Bar. Westlich der Innenstadt, Unterhaltungstempel für die jungen Leute, Parties und Themenabende.

GALERIEN, KUNSTHANDWERK

◎ **TEATER GALLERIET**, Olof Palmes gata 1, Tel. 0480 – 299 01, www.teatergalleriet.se. Di–Fr 12–17 Uhr, Sa 11–14 Uhr. Kooperative verschiedener Künstler und Kunsthandwerker aus der Region, die die Galerie für ihre Ausstellungen nutzen.

◎ **VÄSTERPORT**: Glas, Keramik im früheren Stadttor (siehe Seite 166).

KONTAKT, HILFE

◎ **ÄRZTLICHE BEREITSCHAFT**: Kalmar Länssjukhus (Krankenhaus), Lasarettvägen, Tel. 0480 – 810 00.

◎ **POLIZEI**: Galggatan 14, Tel. 114 14, Notfall-Tel. 112.

◎ **POST**: Östra Sjögatan 1 (Pressbyrån). **(4)**

◀ **Unterwegs auf dem Torsåsleden. Der 144 km lange Rundwanderweg rund um die Kleinstadt Torsås führt durch Küstenlandschaften und die Wälder im Hinterland. In elf Etappen verläuft er streckenweise auf dem Kalmarsundsleden (siehe Seite 170).**

TRANSPORT, PARKEN

◎ **BUS**: Stadtbus-Terminal Kalmar C (für Centrum) beim Bahnhof. **(3)**

◎ **TAXI**: Tel. 0480 – 160 00 oder Tel. 0480 – 44 44 44.

◎ **PARKEN**: Langzeitparkplätze in Kvarnholmen Elevatorkajen (vor Kalmar Läns Museum), Småbåtshamnen (dort auch Wohnmobilstellplätze, östlich vom Läns Museum), Södra Långgatan (am Seefahrtsmuseum), Södra Kanalgatan, im östlichen Abschnitt auch für Wohnmobile. Gebührenpflichtig Mo bis Sa 9–15 Uhr, 5 SEK/Stunde, andere 10 SEK.

Weiterreise

◎ **FLUG**: Der Flughafen von Kalmar liegt fünf Kilometer außerhalb der Innenstadt. Nach Stockholm gibt es täglich mehrere Flüge mit »SAS«. Tel. 0770 – 72 77 27. – Oder mit »Kalmarflyg« direkt zum Stockholmer City-Airport Bromma, Tel. 0480 – 46 50 00, www.kalmarflyg.se.

◎ **BUS UND BAHN**: Zwischen Kopenhagen/Malmö und Kalmar fährt etwa 10 x täglich ein Zug. Auch nach Göteborg und Stockholm besteht eine Bahnverbindung und mit KUSTPILEN eine direkte Bahnlinie nach Linköping. Haltepunkte unterwegs sind Blomstermåla, Högsby, Hultsfred sowie Vimmerby. – Busverbindungen gibt es nach Stockholm und Malmö. Auskunft in »Resebutiken« im Bahnhof, Stationsgatan 5, Telefon 010 – 21 21 000. **(2)**

◎ **FAHRRADFÄHRE** DESSI über den Kalmarsund: AB SKEPPSBRON NACH Färjestaden auf ÖLAND. Dauer der Überfahrt: 30 Minuten. Ticket 40 SEK am Automaten direkt am Kai.

◎ **AUTO**: **NACH ÖLAND** über die Ölandbrücke auf der Str. 137.

NACH NYBRO und ins Glasreich gelangt man über die Str. 25. Mehr über Nybro auf Seite 169 und 185 ff.

NACH OSKARSHAMN. In umgekehrter Richtung beschrieben auf Seite 158.

NACH KARLSKRONA (BLEKINGE) küstennah auf der E 22. Eine mittelalterliche WEHRKIRCHE zu besichtigen ist in HOSSMO, gut 10 km südwestlich von Kalmar – auch dieses mächtige Bauwerk, das in der zweiten Hälfte des 12. Jhs. entstand, war Teil des Kalmarer Verteidigungsrings; Kirchenraum im ROKOKOSTIL. Noch vor der Grenze nach Blekinge durchquert man die Gemeinde Torsås, die im Folgenden ab Seite 175 zur Geltung kommt. Morgens Aufbruch in Kalmar, tagsüber in Torsås unterwegs, abends in Karlskrona Quartier nehmen; oder sogar in Torsås / Bergkvara, wo es Campingplätze, Bed & Breakfast und eine STF-Jugendherberge zum Übernachten gibt: Storgatan 66 in Bergkvara, Telefon 0486 – 260 40, geöffnet 1.2. bis 30.11. Oder in den Schären Blekinges südöstlich von Karlskrona, auf den Inseln Sturkö oder Tjurkö (siehe Seite 224).

TORSÅS – BERGKVARA

Der Charme der Gegend rund um Torsås liegt im nahen Beieinander von Küstenkultur und waldreichem Binnenland. Rad- und Wanderwege, auch Fahrten auf kleinen, kurvenreichen Landstraßen mit Pkw oder Motorrad führen abwechselnd sowohl an die Küste mit stillen Buchten und Badeplätzen, mit Blick auf das offene Meer und idyllische Fischerdörfer wie ins hügelige Hinterland mit einsamen Gehöften und tiefen Wäldern.

◎ **INFORMATION**: Turistbyrån Torsås, Kungsvägen 41, SE – 38540 Bergkvara, Tel. 0486 – 331 30, Fax 331 05, turistbyran@torsas.se, www.torsas.se/turism. Etwa 10.6. bis Anfang August Mo–Fr 10 –17 Uhr, Sa+So 11–15 Uhr, sonst nur via Telefon/E-mail. Hier erhalten Sie den Wegweiser zu den Kunsthandwerkern von Bergkvara bis Gullabo, Karten zum TORSÅSLEDEN (siehe Seite 171 f.) und zur 100 km langen Fahrradroute SLÖJDLEDEN.

◎ LEUCHTTURM-Insel **GARPEN**: ein Mal Robinson spielen auf der einsamen Insel im südlichen Kalmarsund; entweder nur für ein Insel-Picknick oder auch über Nacht in einfachen Unterkünften. Tel. 072 – 207 72 02, www.garpen.se. Übernachtungen (ca. 5.7.–20.8.) sollten (online) im Voraus bestellt werden. In der Hochsaison öffnet das Café Garpen. Ausflugstörns ab Bergkvara im Sommer Fr–So, Dauer der Überfahrt 15 Minuten.

◎ Im KÜSTENORT **BERGKVARA**, einst ein lebhafter Hafen in der Segelschiffära, erzählt das SJÖFARTSMUSEUM von der maritimen Geschichte. Ende Juni bis Anfang August Di–So 15–18 Uhr, bis Ende August Sa+So 13–16 Uhr. Eintritt 20/5 SEK. Neben einigen betagten Häusern früherer Handels- und Seeleute ist das SJÖJDHUSET mit Basteleien sowie Kunsthandwerk zu nennen. Allfargatan 17, Tel. 0767 – 71 83 82, www.slojdhuset.se. Mo–Fr 11–17 Uhr, Sa 10–13 Uhr, im Winter Fr 11–17 Uhr.

◎ DJURSVIK ist auch so ein Ort, der im 19. Jahrhundert noch von Seefahrt und Fischerei lebte...... Das Naturreservat **ÖRAREVET** liegt nördlich von Djursvik. Auf den kleinen Holmen zwischen der Landzunge und dem Festland sind zahlreiche VÖGEL ZU BEOBACHTEN. Vom Oststrand der Landzunge sieht man die kahlen, weißen Bäume auf der Insel SVARTÖ, MIT DEM GRÖSSTEN KORMORANBESTAND in Schweden. Gemeinsam mit den Reihern werden sie durch ihren Kot bald den letzten Baum vernichtet haben. Noch weiter nördlich leben Seehunde in einem Schutzgebiet.

◎ Outdoor-Fans empfiehlt sich das Steinblockfeld **KARNABERG**, zwischen Torsås und Påryd. Die KLETTEREI zwischen den Steinriesen ist nicht zu unterschätzen, ein bisschen Kondition schon mitzubringen: Grotten und Aushöhlungen und Gänge gibt's zur Genüge und boten früher manchen dunklen Zeitgenossen Unterschlupf vor der Obrigkeit.

FORTSETZUNG SIEHE NÄCHSTE SEITE

FORTSETZUNG **TORSÅS**

◎ Zu den Häusern der Ärmsten des 19. Jhs. zählten die ERDHÄUSER, besonders viele gab es 1850 bis 1870. Ein Raum wurde meist in einen Abhang gebuddelt, die Wände mit Granitsteinen aufgebaut, das Dach mit Torfsoden gedeckt und der Giebel mit Tür und vielleicht einer Fensterluke möglichst nach Süden ausgerichtet. Viel Platz gab's nicht in solch einer kleinen Hütte; und im Winter musste auch Federvieh oder ein Schwein darin Platz finden.

Eine REKONSTRUKTION ist **BACKANTES STUGA** in HÄSTMAHULT, östlich von Torsås. Anfahrt via Str. 504 bis Gullaboås, Richtung Skörebo, Schild Bodhyltan, nächstes Schild Hästmahult.

◎ Rund um Torsås erstreckt sich das sogenannte **SLÖJDRIKET**, das REICH DER KUNSTHANDWERKER, in dem schon im 19. Jh. Auftragsarbeiter tätig waren. Die GULLABO SLÖJD- & HANTVERKSMÄSSA im Juli, an der Kunsthandwerker aus ganz Schweden teilnehmen, besitzt eine lange Tradition und ist längst nicht nur für das Fachpublikum von Interesse. Sie findet im Freilichtmuseum Gullabo statt. www.sjojdriket.se zwar nur auf Schwedisch, jedoch mit allen Kunsthandwerkern vor Ort.

◎ **BADEPLÄTZE** AN DER KÜSTE: in Bergkvara die Campingplätze SKEPPEVIK (Süden) und DALSKÄR (im Norden) und weiter nördlich beim Naturreservat ÖRAREVET.

FARBSEITEN 177 – 184:

Seite 177 oben:
Historisches Kalmar im Jugendstil – Calmar Stadshotell am Stortorget

Seite 177 unten:
Modernes Kalmar – Varvsholmen auf der früheren Werfteninsel, im Vordergrund Badewiese am Ostufer Kvarnholmens

Seite 178 oben:
Unterwegs auf dem Fernwanderweg Torsåsleden – am See Iglasjön

Seite 178 unten:
Geborgene Münzen aus dem Wrack des Kriegsschiffs Kronan – siehe Seite 167

Seite 179 oben:
Öland-Windmühlen in Lerkaka

Seite 179 unten:
Runenstein Karlevistenen auf Öland

Seite 180 oben:
Vida Museum auf Öland

Seite 180 unten:
Karlskrona, im Vordergrund die Insel Stumholmen mit dem Marinemuseum, dahinter Trossö mit dem Zentrum

Seite 181:
Galionsfigur im Marinemuseum Karlskrona

Seite 182 oben:
Schärenidylle Hasslö an Blekinges Küste

Seite 182 unten:
Karlshamn Baltic Festival

Seite 183 oben:
Glasreich zum 1. – Kosta Boda Art Hotel

Seite 183 oben:
Glasreich zum 2. – Lampenspezialist BSweden Belysningsbolaget, Serie Siluett

Seite 184:
Glasreich zum 3. – Lehrstunde in der Glashütte Kosta Glasbruk

OUTLET

Reise ins Glasreich

Zwischen Nybro und Växjö, inmitten der Wälder Smålands, liegt Glasriket, das »Glasreich«: Schwedisches Glas ist ein Begriff – seien es farbige Schalen und Vasen, geschliffene Bleikristallgläser oder gar Kunstwerke.

RÜCKBLENDE

Glas wird nun seit Jahrhunderten in den Glasbläsereien Smålands hergestellt. Auf königliche Einladung siedelten Anfang des 18. Jahrhunderts böhmische Glasbläser in Südschwedens Wäldern, wo es genug Brennstoff für die Schmelzöfen gab. 1742 wurde mit KOSTA die erste Glashütte gegründet; man fertigte Gläser für des »Königs Tafelrunde«, außerdem Fensterglas für Kirchen und Bürgerhäuser. 1866 folgte eine zweite Hütte in Småland, BODA. Bis 1900 gab es zehn Glasbläsereien. Bereits zu diesem Zeitpunkt beschäftigen die Glashütten Künstler für die Formgebung der Produkte, als der Begriff Design noch lange nicht in aller Munde war. Und schon damals erweckte Glas aus Schweden Aufsehen auf internationalen Ausstellungen: Der Name der Glashütte ORREFORS ist seitdem ein Begriff für Qualität und innovative Formgebung.

AKTUELL

Von Jahrzehnt zu Jahrzehnt werden es weniger Glashütten. Ein knappes Dutzend arbeiten gegenwärtig im Glasreich, wovon einige inzwischen zum gleichen Konzern gehören. Orrefors, Kosta und Boda, früher Konkurrenten, sind heute verschiedene Marken und repräsentieren unterschiedliche Stile innerhalb eines Unternehmens. Die Ausstellungen von Glaskünstlern und Shops der Glasbläsereien gehören zu den GANZJÄHRIG BELIEBTEN Besuchszielen in Småland. Ob Tischgläser oder Kunstobjekte aus Glas: Mit leeren Händen verlässt kaum ein Besucher das Glasreich – zumal die wertvollen Stücke im Direktverkauf etwas günstiger im Preis sind; nicht zu vergessen ist die Ware ZWEITER WAHL, deren Mängel dem Laien oft gar nicht auffallen.

Das KOSTA BODA ART HOTEL ist die neueste Attraktion im Glasreich. Direkt neben der Kosta Glasbläserei, jener ältesten noch produzierenden Glashütte, wurde 2009 das weltweit erste DESIGN-HOTEL mit Schwerpunkt »Glas« errichtet: Sechs Künstler gestalteten das Hotel voller Glaskunst.

Schließlich sind die Glashütten mit ihren Werkstätten und musealen Arbeitersiedlungen mitten in den Wäldern auch KULTURHISTORISCH beste Beispiele für Smålands Industriegeschichte und allein deswegen ebenso den Besuch wert. Sehr empfehlenswert in dieser Hinsicht sind Orrefors, Boda und Pukeberg.

◀ Glasbläserin Lotta Olofsson in der Glashütte Kosta. Vor 20 Jahren war der Glasbläser ein reiner Männerberuf – wie in weiten Teilen des skandinavischen Berufslebens haben die Frauen auch diese Bastion geschliffen.

INFORMATION/ORIENTIERUNG

◎ **AB GLASRIKET**, Engshyttegatan 6, SE – 382 80 Nybro, Telefon 0481 – 452 15, info@glasriket.se, www.glasriket.se. Im zweiten Stock des Bahnhofsgebäudes von Nybro hat das gemeinschaftliche Marketing-Unternehmen der beteiligten Glashütten und der vier Kommunen Emmaboda, Lessebo, Nybro och Uppvidinge seinen Sitz. Es betreibt das Internetportal www.glasriket.se und gibt jedes Jahr eine BROSCHÜRE über das Glasreich auch auf Deutsch heraus. Ferner wird der GLASREICH-PASS von AB Glasriket ausgestellt (95 SEK). Damit erhält man beim Kauf von Glasartikeln im Wert von über 500 SEK in den Glasshops 10 % Rabatt. Ermäßigungen gibt es auch bei Fahrradvermietern, Eintrittskarten und Hyttsillabenden. Kein Publikumsverkehr.

◎ **NYBRO TURISTBYRÅ**, Engshyttegatan 6, SE – 382 80 Nybro, Tel. 0481 – 452 85, turism@nybro.se/ Ist ganzjährig geöffnet. Mo–Fr 6.45–17 Uhr, So 12–16 Uhr.

◎ **EMMABODA TURISTBYRÅ**, Stationshuset (im Bahnhof), Järnvägsgatan, SE–361 30 Emmaboda, Tel. 0471 – 24 90 47, turism@emmaboda.se/ Mo–Fr 8–12.20 und 13.20–16.30 Uhr. Emmaboda ist ein Kreuzungspunkt in Glasreich und Auswandererland, an der Str. 28 (aus/nach Blekinge/Karlskrona aus/nach Norden) und Str. 120 (aus/nach Nybro).

◎ **LESSEBO TURISTBYRÅ**, Storgatan 78, SE – Lessebo, Tel. 0478 – 125 00, turism@lessebo.se/ Mo–Do 8–12 u. 13–16 Uhr, Fr 8–12 und 13–15.30 Uhr. Lessebo liegt an der Str. 25, ganz in der Nähe einiger Glashütten. Nach Växjö im Westen sind es 35 km, nach Nybro im Osten 44 km.

◎ **NUR IM SOMMER** haben einige kleine Info-Büros geöffnet: Turistinformation in Kosta, Kosta Glascenter, Tel. 0478 – 507 05. – Turistinformation in Strömbergshyttan, Tel. 0478 – 371 31. – Turistinformation in Åseda, Kommunhuset, Kyrkbacken, Telefon 0474 – 470 00.

Unterkunft

HOTELS

◎ **KOSTA BODA ART HOTEL**, Kosta, Stora vägen 75, Tel. 0478 – 348 30, www.kostabodaarthotel.se. DZ ab 1.900 SEK, günstigere Pakettarife. In direkter Nachbarschaft zur Glashütte Kosta, edles Ambiente. 102 VON GLASKÜNSTLERN GESTALTETE Zimmer, Spa-Abteilung, Bar, Restaurant.

◎ **HOTELL BJÖRKÄNGEN**, Kosta, Stora vägen 2, Telefon 0478 – 500 00, www.bjorkangen.se. EZ 890 SEK, DZ 730 SEK. 26 renovierte Zimmer. Arrangiert HYTTSILL-ABENDE in der Kosta-Glashütte.

◎ **HOTELL ORREFORS**, Orrefors, Kantavägen 29, Tel. 0481 – 300 35, www.orreforshotell.se. 9 Zimmer. EZ 650 SEK, DZ 790 SEK, 3-Bett-Zimmer 990 SEK, auch B & B im Annex mit Bad auf dem Flur: EZ 430 SEK, DZ 530 SEK.

Hyttsill-Vergnügen ▶

HYTTSILL

Hyttsill (sprich: hüttßill), der Hütten-Hering, hat eine lange Tradition. Als die Glashütten entstanden, waren sie Mittelpunkt in den Orten; fast alle Einwohner arbeiteten dort. Und man traf sich auch abends in der Wärme der Hütte, tauschte sich aus, erzählte Geschichten, sang miteinander und bereitete in den Öfen seine Mahlzeit zu, Hering und Kartoffeln.

Heute sind diese HYTTSILLAFTON eine Attraktion. Zwischen Essensdüften und Hüttengeruch, Plauderei und Gesang versucht man der Gemütlichkeit vor den Öfen und der »Romantik« vergangener Tage auf die Spur zu kommen. Die Tische sind weiß gedeckt, ein Buffet ist aufgebaut, es werden *sill* (Hering), *isterband* (Grützwurst), Zwiebeln, Kartoffeln, Käsekuchen und Preiselbeermarmelade von den Köchen zubereitet. Traditionell gart man die Kartoffeln (in Folie) in der heißen Asche und brät den Hering im Kühlofen; das ist der Ofen, der zum langsamen Abkühlen der Glasprodukte verwendet wird.

Hyttsill gibt es von Juni bis September in Skruv, Pukeberg, Målerås, Kosta, Bergdala. Die Kosten pro Person liegen um 300–400 SEK, für Kinder um 100 SEK. Beginn meist um 18/19 Uhr, Anmeldung in Touristenbüros, bei den Glashütten oder z.T. online via www.glasriket.se (auch auf Deutsch).

◎ **STORA HOTELLET**, Nybro, Mellangatan 11, Tel. 0481 – 519 38, www.storahotellet.se. 37 Zimmer, DZ ab 990 SEK. Klassisches Stadthotel, zentral im Ortskern zwischen Glashütte und Bahnhof gelegen.

JUGENDHERBERGEN, B & B

◎ STF **ORREFORS VANDRARHEM**, Orrefors, Riveberg, Tel. 0481 – 308 46, orreforsstugby@gmail.com, www.svenskaturistforeningen.se. 1.4. bis 31.10. Im Mehrbett-Zimmer 180/100 SEK, als EZ ab 250 SEK, als DZ ab 360 SEK. Am Ortsrand von Orrefors. Fahrradvermietung.

◎ STF **BODA VANDRARHEM**, Boda, Gamla skolan, Skolgatan 4, Tel. 30481 – 242 30, stf.vh.boda@telia.com/ 10.5.–31.8. Ab 180/100 SEK, als EZ 250, als DZ 400 SEK. Str. 25, nahe der Glashütte. Fahrradvermietung.

◎ STF **LÅNGASJÖ VANDRARHEM**, Långasjö, Stallgatan, Tel. 0471 – 503 10, www.sovaistall.50310.se. Ganzjährig geöffnet. Ab 200/100 SEK, als EZ ab 350 SEK, als DZ ab 450 SEK. Hier wohnt man in früheren Kirchställen. Fahrradvermietung. Guter Service.

◎ STF **KORRÖ VANDRARHEM**, Korrö Hantverksby, Postadresse Linneryd, Tel. 0470 – 342 49, Fax 345 56, www.korro.se. Etwa 10.2.–20.12. Ab 290/100 SEK, als DZ 580 SEK. Auf vier historische Gebäude verteilt, besonderes Ambiente. Kanu- und Fahrradvermietung.

◎ **GRIMSNÄS HERRGÅRD** B & B, Skruv, Telefon 0709 – 14 14 56, www.grimsnas.se. Schönes altes Landgut, mit B & B-Pension im Haupthaus und Jugendherbergsstandard in der ehemaligen Scheune. DZ ab 780 SEK, Jugendherberge DZ ab 380 SEK. Familienzimmer ab 1.005 SEK. Fahrräder und Ruderboote zu mieten.

CAMPINGPLÄTZE

◎ **ORREFORS CAMPING**, Sjöbo/Tikaskruv, Tel. 0481 – 304 41, www.orrefors-camping.se. 1.5. bis 30.9. Stellplatz ab 140 SEK, Campinghütten ab 330 SEK. Str. 31, 2 km nordwestlich von Orrefors am See Oranäsasjön. Fahrräder, Kanus sowie Ruderboote zu mieten. Vorbildlich gepflegte Anlage, ein günstiger Ausgangspunkt zu den meisten Glashütten.

◎ **KOSTA BAD & CAMPING**, Kosta, Rydvägen, Tel. 0478 – 505 17, www.camping.se/g10. Ganzjährig geöffnet. Stellplatz ab 120 SEK, Campinghütten ab 450 SEK, Ferienhütten ab 675 SEK. 500 m südwestlich der Glashütte (Str. 28). Freibad ersetzt Badeplatz am See, einige Aktivitäten. Im Umland fischreiche Gewässer.

◎ **EMMABODA CAMPING**, Emmaboda, Rasslebygd, Tel. 0471 – 24 90 90. 15.5.–15.9. Stellplatz ab 130 SEK, Campinghütten ab 300 SEK. Ordentlicher, jedoch relativ schlichter Platz. Fahrradvermietung.

◎ **GÖKASKRATTS CAMPING** bei Hovmantorp, Bruksallén, Tel. 0708 – 74 54 17, www.gokaskratt.se. Ganzjährig geöffnet. Stellplatz 150 SEK, Campinghütten ab 450 SEK. Im Süden des Orts am See Rottnen, 11 km westlich von Lessebo, Str. 25.

Zu den Jugendherbergen Långasjö und Korrö siehe auch die Seiten 196 / 197.

Die Glashütten

Einem Team von GLASBLÄSERN BEI DER ARBEIT ZUZUSCHAUEN ist ungewöhnlich spannend: Konzentration, Geschicklichkeit, gutes Augenmaß, Schnelligkeit – all dies kann man vielleicht nachempfinden. Wie aber ein 1.000°C heißer, rot glühender Klumpen geschmolzenen Sandes gedreht, geblasen, geformt und wieder erhitzt, wieder geblasen, mit einer Schere abgeschnitten oder in die Zange genommen wird, einen anderen »Sandtropfen« aufgesetzt bekommt und allmählich Form annimmt, dies erscheint Laien fast wie Zauberei. In einigen Hütten können Sie Glasbläsern zuschauen. Nehmen Sie an einer Führung teil oder gehen Sie zu einem der Hyttsill-Abende, an denen Sie sich mitunter selbst darin versuchen können, Glas zu blasen oder zu gravieren!

◎ Die **ÖFFNUNGSZEITEN** sind mit geringen Abweichungen bei allen Hütten gleich: Mo–Fr 10–17 Uhr, Sa 10–16, So 12–16 Uhr, in der Hochsaison (etwa 10.6.–20.8.) gelten längere Zeiten. ZUSCHAUEN kann man DEN GLASBLÄSERN etwa Mo–Fr 9–14/15.30 Uhr, Sa+So 11–17 Uhr (teilweise nur in der Hochsaison).

Das Glasreich lässt sich auch mit dem **FAHRRAD** erkunden. Der zentrale Vermarkter »AB Glasriket« (siehe Seite 186) hat eine Broschüre ausarbeiten lassen, die neben allgemeinen Informationen stolze 19 RUNDFAHRTEN mit einer Länge von 12 bis 110 km umfasst; viele davon sind als Tagestour durchzuführen. Ebenso sind Pakete mit Unterkunft sowie Teilausrüstung (ab 895 SEK pro Tag und Person) zu buchen. Die Broschüre »Radeln im Glasreich« ist dreisprachig, erhältlich vor Ort und als Download: www.glasriket.se.

ALPHABETISCH GEORDNET

◎ **BERGDALA STUDIOGLAS**, Bergdala (10 km nordwestlich von Lessebo, Abzweigung von der Str. 25), Tel. 0478 – 316 50, www.studioglas.se.

Die Glasbläserei Bergdala (1889) sowie Studioglas Strömbergshyttan (1987) haben sich zusammengetan. Unter dem Namen Bergdala Studioglas wird nur noch in Bergdala produziert. In Strömbergshyttan (siehe Seite 195) gibt es einen Glas-Shop, wo man außer Bergdala-Glas auch Produkte aus Nybro Glasbruk findet. Die Hütte von Bergdala ist übrigens die einzige Glasbläserei in der Region KOMPLETT AUS HOLZ. Bekannte Designer sind *Astrid Gate, Ulla-Carin Bergqvist* und *Håkan Gunnarsson.*

Bekannt ist Bergdala für sein GLAS MIT »BLAUER KANTE«, das schon im 19. Jahrhundert hergestellt wurde. Heute gelten beleuchtete Kunstobjekte als Spezialität der Glashütte. In Bergdala unterhält man des Weiteren ein Restaurant und arrangiert Hyttsill-Abende.

Jede Glashütte arbeitet mit einer Reihe Designer zusammen; die genannten Namen stellen also nur eine Auswahl dar. Die Riege der Künstler wechselt in der Regel zwar recht langsam, dennoch finden laufend Generationswechsel statt.

◎ **BODA GLASBRUK** ist jetzt **THE GLASS FACTORY**, Boda (an der Str. 25 zwischen Nybro und Eriksmåla), Storgatan 5, Tel. 0471 – 24 90 00, www.theglassfactory.se.

In den historischen Werksgebäuden hatten die Künstler Kjell Engman und *Monica Bäckström* aus der Kosta-Boda-Gruppe lange ihre Experimentierwerkstatt. 2009 wurde die bereits still gelegte Anlage an die Gemeinde Emmaboda verkauft, bevor 2010 das »Design House Stockholm« mit einstieg. Inzwischen gibt es auf dem traditionsreichen Gelände ein interaktives Glasmuseum, ein Warenhaus mit Glas/Design und vor allem wieder eine Glashütte: Deren Name VET HUT geht auf einen Ableger von Boda Glasbruk aus den 1960er Jahren zurück. SCHWEDISCHES REVIVAL jubelte die internationale Fachpresse.

◎ **BSWEDEN** BELYSNINGSBOLAGET, Herråkra (südwestlich Lenhovdas), Tel. 0474 – 230 40, www.bsweden.se.

Ein innovatives, international erfolgreiches sowie mehrfach ausgezeichnetes Unternehmen, das sich auf die Produktion von LAMPEN spezialisert hat und dabei viel Knowhow der regionalen Glasbläser-Tradition nutzt. Ist nicht mit dem zentralen Vermarkter »AM Glasriket« liiert.

◎ **JOHANSFORSHYTTAN** als Nachfolger von JOHANSFORS GLASBRUK, Broakulla (an der Str. 28 zwischen Emmaboda und Eriksmåla), Bruksgatan 11, Tel. 0471 – 401 98, www.broakullaglas.se. Laden sowie separate Galerie, Bruksgatan 11.

In der traditionsreichen Glashütte Johansfors (1891) wird – seit 2008 – nicht mehr produziert. Die Lizenz wurde an zwei ehemalige Mitarbeiter verkauft und die Produktion zog um in den Ort Broakulla, wo auch der Verkauf des preiswerten, farbenfrohen Johansfors-Glases nach dem Motto »Jeder soll sich schönes, handgemachtes Glas aus Schweden leisten können!« weitergeht. Geblasen wird das Gebrauchsglas in Bergdala und Skruv.

Aus dem ehemaligen Kristallmuseum ging eine GALERIE hervor, die sich aus der Privatsammlung der Betreiber sowie wechselnden Ausstellungen und Events zusammensetzt: www.johansforsgallery.com.

◎ **KOSTA GLASBRUK** (1742), Kosta, Tel. 0478 – 345 00, www.kostaboda.com. Verkauf und Ausstellung, Führungen, Glasblasen, Hyttsillafton.

Hier in Kosta fing alles an. Im 19. Jh. folgten mehr und mehr Hütten, die erworbenen Kenntnisse in der Glasherstellung nahmen die Meister häufig mit. So wuchs nach und nach das Glasreich in Småland heran. In Kosta zählt die Hütten-Gruppe mit Disponentbostaden, der Villa des Direktors (1758), und den Glasbläser-Häuschen namens »Einser«, »Zweier« oder »Jerusalem«, »Babylon« zu den am besten erhaltenen im Land. Arbeiterwohnhäuser jüngeren Datums stehen inzwischen auch unter Denkmalschutz: In den 1950er Jahren wurden auf dem Werksgelände lichtdurchflutete Reihenhäuser des Archi-

So wie »BSweden« sind auch andere Unternehmen im Glasreich nicht beim zentralen Vermarkter »AB Glasriket« organisiert, wie zum Beispiel »Carlos Pebaque Design« und »Rosdala«.

ORREFORS KOSTA BODA: WENN DIE »HEUSCHRECKEN« KOMMEN

Orrefors, Kosta und Boda waren einstmals eigenständige Unternehmen, heute sind sie eins: »Orrefors Kosta Boda AB« ist sozusagen ein småländisches Design-Unternehmen, das unter den Marken »Orrefors« und »Kosta« Kunstglas und Gebrauchsglas in den Glashütten Kosta, Orrefors und Åfors herstellt. »SEA-Glasbruk« ist eine Tochter von »Orrefors Kosta Boda«. (Boda steht missverständlich zwar im Namen des Unternehmens – die wieder aufgenommene Produktion dort läuft aber unter anderer Regie.)
Seit Ende der 1990er Jahre wechselte »Orrefors Kosta Boda« mehrfach den Besitzer, bevor es 2005 mit der »New Wave Group Sweden AB« ein an der Stockholmer Börse notierter Mischkonzern (dem zahlreiche Firmen aus der Bekleidungs- und Konsumgüterbranche gehören) übernahm. Seitdem wird Nordeuropas größtes Glashütten-Unternehmen in Schüben immer wieder neu auf Profit getrimmt: So wurde in Orrefors 2011 die Glasschleiferei aufgelöst, im Spätsommer 2012 soll in Åfors der Betrieb eingestellt werden; die Begründung, die Glas-Sparte sei generell in schwierigen Zeiten, stimmt mit den Meldungen anderer Quellen nicht überein. Bleibt die bange Frage, welche Arbeitsplätze im nächsten Schub wegfallen, im Fokus steht hierfür »der Rest« am Standort Orrefors. Investiert wurde in ein – zugegeben fantastisches und ökonomisch nachvollziehbares – Prestigeprojekt:

KOSTA BODA ART HOTEL

Als Gesamtkunstwerk kann man das Kosta Boda Art Hotel bezeichnen, das seit 2009 Besucher ins Glasreich lockt und sie – mindestens für eine Nacht – zum Bleiben veranlasst. Sieben Künstler waren maßgeblich an der Gestaltung beteilligt: Lobby, Spa-Abteilung und Bar faszinieren mit ungewöhnlichen architektonischen Lösungen sowie Kunstobjekten aus farbigem Glas. Jeder Gebäudeteil und jeder Zimmerflügel trägt die Handschrift eines Künstlers. Jedes Zimmer ist individualisiert mit Unikaten aus Glas – von der Vase bis zum Glasbaustein. Lohnenswert ist ein Besuch in der Lobby, die von Bertil Vallien gestaltet ist, und in der Bar (Kjell Engman). Nur Hotelgäste und Besucher der Spa-Abteilung (Åsa Jungnelius) können die Unterwasser-Kunstwerke im Pool (Kjell Engman) bestaunen. Der Konferenzabteilung hat Ludvig Löfgren seinen Stempel aufgedrückt und im Restaurant ist Ulrica Hydman-Valliens Stil erkennbar. Göran Wärff hat schließlich auf der Fassade mit Beton und Glas Akzente gesetzt.
Zum weiteren Kennenlernen: www.kostabodarthotel.com. Die praktischen Details stehen bereits auf Seite 186, ein Farbfoto finden Sie auf Seite 183.

Trotz aller modernen Attraktionen auf dem Kosta-Gelände sei es zuallererst empfohlen, die Glashütte selbst zu besichtigen: den Glasbläsern bei der Arbeit zuschauen, an einer Führung durch das Werk teilnehmen und die Kosta-Ausstellung (zu Produkten und Historischem) besuchen.

tekten und Designers Bruno Matthson errichtet. Große Fensterflächen – viel Glas eben – sind die Besonderheit dieser Häuser. Die »Glashäuser« dieses international renommierten Möbeldesigners aus Värnamo (siehe Seite 82 ff.) werden mittlerweile als VIP-Apartments für Kosta-Boda-Gäste genutzt. Hier entstehen die klassischen, kostbaren, prächtigen, leuchtenden (und öfter überraschenden) Werke verschiedener Künstler.

Aktuell sind für Kosta Boda tätig: *Anna Ehrner,* Bertil Vallien, *Ernst Billgren,* Göran Wärff, *Jakob Solgren,* Kjell Engman, Ludvig Löfgren, *Olle Bronzén,* Ulrica Hydman-Vallien und Åsa Jungnelius. Ihre Arbeiten entstehen in den Glasbläsereien von Åfors (siehe Seite 195 f.) und Kosta.

Neben den eigenen Erzeugnissen, die im Kosta Boda Fabrikverkauf angeboten werden, gibt es in direkter Nachbarschaft das KOSTA OUTLET, das Geschäfte mit Haushaltswaren, Heimtextilien, Bekleidung, Outdoorausrüstung sowie Sport-Bekleidung umfasst.

◎ **LINDSHAMMAR GLASBRUK** (1905): Die Zukunft der Glashütte (an der Str. 31 zwischen Rosdala und Vetlanda) sieht düster aus. 2006 war die Hütte konkurs. Glasbläser Segerberg, der seit 2008 im Sommer in der Hütte seines Geburtsorts Lindshammar Glas geblasen hatte, muss seine Aktivitäten neu ordnen. Der frühere norwegische Eigner – dem auch die Glasmanufaktur Hadeland gehört – wird hier kaum mehr investieren.

◎ **MATS JONASSON MÅLERÅS** (1890) in Målerås (an der Str. 31 zwischen Orrefors und Lenhovda), Tel. 0481 – 314 01, www.matsjonasson.com. Glasblasen, Ausstellung, Shop, Gastronomie, Hyttsill. Die Fensterplätze im Café-Restaurant erlauben den Blick in die Produktionshalle.

1981 sicherten sich 15 Mitarbeiter den Arbeitsplatz, indem sie die Hütte dem Kosta-Konzern abkauften. 80 der rund 250 Einwohner vor Ort erwarben damals Aktien bzw. Anteile. Unter ihnen war *Mats Jonasson,* dessen Idee, Kristallblöcke mit Motiven aus der Tierwelt in Reliefform zu fertigen, ein riesiger Erfolg wurde. Die Jahresausgaben sind heute begehrte SAMMLEROBJEKTE. Ähnlich populär sind die zauberhaften Motive aus dem Bereich der Flora. Jonasson ist der berühmteste Kreative in Målerås, jedoch nicht der einzige. *Erika Höglund* lässt Frauenkörper im Glasblock schweben, *Annette Krahner* entwickelte eine neue Technik, die es erlaubt, Glas als Werkstoff bei Bestattungen zum Einsatz zu bringen. Diese besondere Glasmasse wird bei der Serie »Spirit« u.a. für stilvolle Urnen und Grabsteine verwendet. Eine weitere Produktlinie dieser Glashütte ist Schmuck aus Glas.

◎ **NYBRO CRYSTAL SWEDEN,** Herkulesgatan 2, Nybro, Telefon 0481 – 428 81, www.nybro-glasbruk.se. Ausstellung, Shop, Glasmalerei.

Auch die Glashütte Nybro Glasbruk (1935) hat einen Konkurs (2007) hinter sich; sie war bekannt für ihre

Arbeiten im Glasreich: Fertigung in der Glashütte Kosta (oben); zur Einweihung der neuen Hütte in Kosta 1978 versuchte sich König Carl XVI. Gustav höchstpersönlich als Glasbläser (unten links); Senor Pebaqué in Aktion (unten rechts, siehe auch Seite 194). ▶

Herstellung von Glas im sogenannten Hand-, Press- und Schleudergussverfahren. Heute liegt der Schwerpunkt auf dem Bemalen von dekorativem Gebrauchsglas. Einen Teil der alten Kollektionen führt man weiter, wie die beliebte Serie BOHUS (Schalen in Schiffsform, Kerzenhalter u.a.), ebenso die Tradition von Sporttrophäen und -souvenirs, insbesondere für Golfer und Golfturniere. Federführend in der kreativen Riege ist der Designer *Anders Lindblom*.

◎ **ORREFORS GLASBRUK** (1898) in Orrefors (an der Str. 31 zwischen Nybro und Maleras), Tel. 0481 – 34195, www.orrefors.se. Ausstellung, Shop, Führungen, Glasblasen.

Den Namen Orrefors machten Anfang des 20. Jhs. die Künstler *Simon Gate* und *Edward Hald* weit bekannt; schweres Kristall mit meisterhaftem Schliff galt als Markenzeichen dieser Hütte. Gemeinsam mit den Meistern entwickelten die Künstler NEUE VERARBEITUNGSTECHNIKEN, etwa die Gral-Technik, bei der ein Glasklumpen aus mehreren Farbschichten mit Schliff, Gravur oder Ätzung versehen und wieder erhitzt wird, eine weitere klare Glasschicht erhält und dann in die gewünschte Form und Größe geblasen wird. Zu den klassischen Kristallarbeiten gesellten sich neue Formen und Farben, auch Glasmalerei mit unkonventionellen Motiven.

Fünf Formgeber sind zurzeit fürs Produktdesign von Orrefors-Glas zuständig: *Efva Attling, Erika Lagerbielke, Ingegerd Råman, Lena Bergström* sowie *Martti Rytkönen*. Ein Paukenschlag war 2011 die in Paris präsentierte Trinkglas-Kollektion von *Karl Lagerfeld* und Orrefors. Dennoch ist die Situation der Glashütte im Jahr 2012 prekär (siehe Seite 191).

◎ **CARLOS R. PEBAQUÈ DESIGN**, Glasblåsarevägen 6, Gullaskruv (zwischen Orrefors u. Maleras), Tel. 0481 – 32117, www.carlosartglass.com.

Senor Pebaqué, geboren in Montevideo, besuchte dort die Kunstfachschule. Früh kam er mit Glas in Berührung und war bald dem Zauber und den Möglichkeiten des Materials verfallen. Nach etlichen Wanderjahren fasste er in Småland Fuß, wo er sein Können in der Glasschule Orrefors vervollkommnete und die Ausbildung mit Auszeichnung abschloss. Seit 1984 ist er selbständig und entwickelte CARA, eine besondere Technik der Kunstglasherstellung. Es ist faszinierend anzusehen, wie er mit dünnen farbigen Glasstäben malt: Unter einer Flamme werden sie auf einen glühenden Glaskörper aufgetragen; bei weiteren Arbeitsgängen dringen sie in die Tiefe. So entsteht plötzlich ein Bild im Glas. Diese Kunstwerke sind einzigartig. Sie können dem Meister bei der Arbeit zusehen.

◎ **PUKEBERG GLASBRUK** (1871), Nybro, Pukarnas. Glasblasen, Galerie, Shop, Hyttsill.

In der traditionsreichen Glashütte werden derzeit vor allem junge Designer ausgebildet sowie neue Glasöfen und Techniken getestet. Sie ist

Mit Älghults Glasbruk (1933) war einst auch ein großer Hersteller von industrieglas in der Region ansässig, der Tischgläser für die Gastronomie produzierte. Eine letzte Rettungsaktion im Jahr 2002 war allerdings vergeblich.

nun Teil der Linné-Universität von Växjö/Kalmar. Auch das Design-Archiv des Kalmar Kunstmuseums zog hierher. Ende 2011 ging das nordeuropäische Entwicklungszentrum für Glas und Kunstglas nach zweijähriger Projektphase an den Start.

Zwar werden in Pukeberg keine Lampen mehr hergestellt, trotzdem haben Besucher weiter Gelegenheit, Glasbläsern zuzusehen, nur dass diese weniger kommerziell tätig sind, sondern hauptsächlich zu Versuchszwecken. Einige Gebäude des traditionsreichen Werksgeländes sind als Ateliers in Nutzung, auch der Nybro Kunstverein stellt vor Ort aus, ebenso die Hemslöjdforening, der Kunsthandwerkverein aus der Region Kalmar län. Wechselnde Ausstellungen zeigen Techniken und Stile der Formgeber aus verschiedenen Epochen. Geld verdient wird hier vor allem mit Hyttsill-Abenden (siehe Seite 187 sowie www.hyttsillen.com).

◎ **ROSDALA GLASBRUK** (1895), Norrhult, Rosdalavägen, Tel. 0474 – 41093, www.rosdala.se. Shop, Museum, Glasbemalung.

Diese Hütte blickt auf eine lange Tradition zurück. Sie stellt nur LAMPEN her, und hier kann wohl jede/r Schwede/in Ersatz für eine zu Bruch gegangene Lampe erhalten, da im Keller der Hütte fast 13.000 Holzformen für Lampen liegen (von der Petroleumlampe bis zur Neonröhre), ein Querschnitt durch 115 Jahre. Sehenswert ist die HISTORISCHE HÜTTE mit den alten Öfen und Geräten. Zugeschaut werden kann beim Bemalen des Glases.

◎ **SEA GLASBRUK** (1956), Kosta, Tel. 0478 – 50310, www.seaglasbruk.se. Shop, Café. Siehe auch Seite 191.

Salz- und Pfeffermühlen, Vasen, Schalen, Karaffen und Windlichter sind die bekanntesten Produkte. Die farbigen Serien verbinden Kenner vor allem mit den Namen *Lena Engman* und *Renate Stock-Paulsson.*

◎ **SKRUFS GLASBRUK** (1897), Kajvägen 4, Skruv, Tel. 0478 – 201 33, www.skrufsglasbruk.se. Glasblasen, Shop, Museum, Restaurant, Hyttsill.

Nach Höhen und Tiefen und einem Konkurs in den 1970er Jahren wurden die Schmelzöfen in der Glasbläserei wieder angeheizt. Von den historischen Gebäuden sind besonders die alte Schleiferei und das restaurierte Dampfmaschinenhaus zu nennen; heute befindet sich darin ein Museum mit einer Sammlung von über 200 Glas-Servicen.

◎ **STRÖMBERGSHYTTAN** (1987), Hovmantorp (Str. 25 zwischen Lessebo und Hovmantorp), Tel. 0478 – 310 55, www.studioglas.se. Hier verblieb nur ein Glas-Shop mit Produkten von Bergdala Studioglas und Nybro Crystal aus Nybro Glasbruk.

◎ **ÅFORS GLASBRUK** (1876), Eriksmåla, Tel. 0471 – 342 74. Glasblasen, Shop, Galerie, Gastronomie.

Die Glashütte soll im Spätsommer 2012 geschlossen werden (siehe Seite 191). Mit ihr verbindet man vor allem die Namen der international berühmten Glaskünstler Bertil Vallien,

Ulrica Hydman-Vallien sowie Ludvig Löfgren. Valliens Ruf begründet sich vor allem in seinen Glasskulpturen in Sandgusstechnik. Hydman-Vallien wird mit Schlangen und Frauenmotiven mit Tierköpfen verknüpft. Löfgrens Werk zeichnet sich durch besonders üppige florale, fast barocke Bildsprache aus – für Furore sorgte sein Totenkopf aus Glas, gedacht zur Verwendung als Kerzenhalter.

Land der Auswanderer

Zwischen 1840 und 1930 verließen eineinhalb Millionen Schweden ihre Heimat und wanderten nach Übersee aus, die meisten nach Nordamerika. Dörfer wie das småländische LÅNGASJÖ verloren die Hälfte ihrer Bewohner. Vilhelm Moberg (1898–1973) schildert im ersten Teil seiner »Auswanderer«-Romane eindringlich die Lebensbedingungen im armen Småland, wo die karge Erde nicht mehr genug zum Überleben hergab. Die Orte, die er im Roman beschreibt – Duvemåla, Påvelsmåla – haben reale Vorlagen. Heute können Besucher leicht den Wegen folgen, den die Auswanderer von Småland nahmen, um in Karlshamn nach Amerika einzuschiffen.

Die örtlichen und regionalen Touristbüros in EMMABODA und VÄXJÖ informieren über Ausflugsrouten durch das Land der Auswanderer.

◎ Der Name **DUVEMÅLA** ist in Schweden Synomym für die gesamte Tragik der Auswanderergeschichte. Vilhelm Moberg schildert in seinem Roman »Die Auswanderer« das Schicksal von Kristina und Karl Oskar. Duvemåla ist Kristinas Elternhof sowie Quell ihres nie endenden Heimwehs. Als Musical »Kristina från Duvemåla« erlangte die Thematik Ende der 1990er Jahre noch einmal große Popularität in Schweden.

Der Bauernhof Duvemåla ist eine Bilderbuchidylle, wie es sie in Småland häufiger gibt. Hier wuchs Mobergs Mutter auf, deren sechs Geschwister alle gen Amerika auswanderten. Eine in Stein gehauene Kristina erinnert an diesen Exodus der Schweden vor über hundert Jahren. Zwischen Eriksmåla und Emmaboda, direkt an der Str. 28 mit Parkplatz und Ausgangspunkt für Wanderungen im Land der Auswanderer.

◎ **LÅNGASJÖ** ist ein kleiner Ort an der Str. 120 zwischen Emmaboda und Rävemåla. Vor der Kirche steht ein Gedenkstein für die Auswanderer, die diese Gegend verließen, als sie für sich und ihre Kinder keine Zukunft mehr sahen. Die nach Mobergs Romanen gedrehten Filme mit *Max von Sydow* und *Liv Ullman* (1969, Regisseur *Jan Troell)* wurden, die SZENEN IN SCHWEDEN betreffend, teilweise auf dem Hof **KLASATORPET** gedreht, der nahe der Kirche zu besichtigen ist. Juni bis August täglich 9.30–18 Uhr. Info-Tel. 0471 – 503 10. Eintritt 30/0 SEK.

Zum Auswandererland beachten Sie bitte auch den Kulturparken Småland in Växjö auf Seite 73. Unterkünfte (Jugendherbergen) gibt es u.a. in Ljuder und in Långasjö (siehe Seite 188).

Weitere Ausflugsziele

Im Glasreich gibt es NOCH MEHR Interessantes zu entdecken – sofern man sowieso in der Nähe ist, sind Abstecher zum Beispiel nach Korrö und zur Lessebo Handpappersbruk eine willkommene Abwechslung.

◎ **KORRÖ**, zwischen Linneryd und Rävemåla, ist ein sorgfältig restauriertes HANDWERKERDORF mit Sägewerk, Mühle, Gerberei sowie Färberei – ein idyllisches Plätzchen im Wald am Fluss Ronnebyå. Als erstes stand schon im Mittelalter eine Mühle, die zu den Gütern des Doms in Växjö gehörte. Nach der Reformation wurde der Staat Eigentümer, verpachtete die Mühle und verkaufte sie 100 Jahre später an eine Adelsfamilie. Immer mehr Gebäude kamen hinzu. Anfang des 19. Jhs. wurde in Korrö Branntwein hergestellt, 1824 übernahm ein neuer Besitzer das Anwesen. 1848 wurde die jetzige DREISTÖCKIGE MÜHLE gebaut, bis auf das große Wasserrad ist alles noch so erhalten, wie es 1948 der letzte Müller hinterließ. 1864 erwarb ein Braumeister Uebel aus Bayern den Besitz, und eine Brauerei entstand. Im Sommer war der größte der drei Erdkeller eine Kneipe; im Winter verkaufte C.F. Uebel in einem Zimmer seines Wohnflügels »Herrenbier«, »Frauenbier« sowie »Arme-Leute-Bier«. Das Sägewerk datiert von 1880. Sägen konnte man nur bei hohem Wasserstand, im Normalfall von Weihnachten bis Mai; anschließend trieb das Wasserrad den (erhaltenen) Hobel, um Dachschindeln herzustellen.

Außerhalb des Gutes hatten sich ab 1840 am Fluss mehrere Handwerker niedergelassen. Die Gerberei und die Färberei sind original; das Gesellenzimmer des Färberhauses war im Film DIE AUSWANDERER die Knechtekammer. – Die Gerberei mit kleinem Museum ist privat und nur nach Absprache zu besichtigen.

Im Stallgebäude LOGEN ist die Geschichte Korrös anhand von Bildern, Zeichnungen u.a. nachzuvollziehen. Tel. 0470 – 342 49, www.korro.se.

◎ Am letzten (verlängerten) Juliwochenende findet in Korrö das landesweit größte **FOLKFESTIVAL** statt.

◎ Im alten Herrenhaus Korrö kann übernachtet werden: in der **STF-JUGENDHERBERGE** DES JAHRES 2011. Korrö gilt als guter Ausgangspunkt für Besuche in den Glashütten oder zum Wandern. Auch ein gehobenes Restaurant hat sich vor Ort etabliert. Zur Jugendherberge siehe Seite 188.

◎ Im **NATURRESERVAT KORRÖ** sind die Wege markiert. Schilder, die Fauna und Flora erklären, sind leider nur auf Schwedisch abgefasst.

▲ **Vilhelm Moberg – diese Büste befindet sich in Växjö im Kulturparken Småland. Seine Romane »Die Auswanderer«, »Die Einwanderer«, »Die Siedler« und »Der letzte Brief nach Schweden« wurden mit prominenter Besetzung verfilmt (siehe Seite 196).**

◎ **LESSEBO HANDPAPPERSBRUK**, Storgatan 79, Lessebo (an der Str. 25 zwischen Eriksmåla und Växjö). Geöffnet Mo–Fr 9–12 und 13 –16 Uhr.

1693 gegründet, ist Lessebo heute Schwedens einzige PAPIERMÜHLE, die noch für Verbraucher Papier in Handarbeit herstellt, auf die gleiche Weise wie vor mehr als 300 Jahren. Früher wurde Papier aus Lumpen hergestellt, heute aus den Restfasern der Samenkapsel des Baumwollbusches. Es bedarf einer langen Prozedur (vom Mahlen des Rohstoffes bis zu Glättung und Sortierung), um nur einen handgeschöpften Bogen Papier zu erhalten. 20 kg Papier pro Tag können so hergestellt werden. Obwohl eine moderne Maschine diese Menge in wenigen Sekunden fertigt, wird handgeschöpftes Papier nachgefragt, sei es von Institutionen, die hochwertige Briefbögen, Umschläge etc. verwenden, wie auch von Künstlern, die im Rahmen ihrer Arbeit Wert auf handgeschöpftes Papier, auf seine Schönheit und Prägung legen.

Sollten Sie auf der Durchreise wenig Zeit haben, gehen Sie aber in den Shop und schauen Sie sich die unterschiedlichen »Schöpfungen« an.

An Mittsommer schmücken bunte Papierstreifen Lessebos Maibaum.

◎ SCHNAPSBRENNEREI **KYRKEBY BRÄNNERI** an der Str. 28 am Fluss Lyckebyån, südlich von Emmaboda, Tel. 0471 – 200 08. Juli Mi+So Führungen um 14 Uhr (Sprache telefonisch im Voraus erfragen).

Schwedens älteste Schnapsbrennerei vom Anfang des 18. Jahrhunderts erweckten lokale Enthusiasten erst 2005 nach einem Dornröschenschlaf wieder zum Leben – es wurde wieder Schnaps gebrannt und in den Läden des staatlichen Alkoholverkaufsmonopols Systembolaget in Emmaboda, Nybro und Kalmar als »Kyrkeby Citron« verkauft. Einen Tag nach dem Erstverkaufsdatum waren alle bis dato abgefüllten Flaschen geordert. Leider musste die Produktion 2006 wieder eingestellt werden: Zu teuer wäre es geworden, in der historischen Anlage in zukunftsfähige Lösungen zu investieren.

◎ **GRÖNÅSENS ÄLGPARK**, Kosta (Straße zwischen Kosta und Orrefors), Tel. 0478 – 507 70, www.moosepark.net. Ostern bis Allerheiligen täglich ab 10 Uhr. Eintritt 60/0 SEK.

Etwa 2 km Spazierweg durchqueren ein großes Elchgehege mit Aussichtspunkten. Garantiert bekommt man einige Tiere im Wiesen-Gehege gleich zu Beginn zu sehen, während es beim Rundgang durch den Wald eher Glücksache ist. Ferner Ausstellung »Elch im Straßenverkehr«, Elch-Musuem, Shop mit Elch-Artikeln in kaum fassbarer Vielfalt – ein Ort für hartgesottene Elchfans!

Die Lessebo Papier-Manufaktur gehört zum größten, privaten Holzkonzern Schwedens: »VIDA« mit 16 Produktionsstätten und über tausend Angestellten in diversen Bereichen wie Bauholz, Industrieverpackungen und Bioenergie.

Öland

INSEL DER WINDMÜHLEN

Gut 137 km lang und zwischen 4 und 16 km schmal erstreckt sich die Insel Öland vor Schwedens Südostküste. Sie ist anders als die übrigen schwedischen Landschaften, mit einem relativ großen Anteil an kargem Land, an Kalksteppen wie STORA ALVARET im Inselsüden (siehe Seite 203). Die Küstenlänge beträgt etwa 500 km.

Öland ist reich an frühgeschichtlichen Stätten, es gibt viele Gräberfelder und Runensteine; auch mittelalterliche Kirchen, die befestigt waren, da Überfälle zum Beispiel von baltischen Piraten drohten. Kriegerische Handlungen gingen ebenfalls nicht an der Insel vorüber.

Im 19. Jh. wuchs die Zahl der Bevölkerung auf 38.000 an, doch so viele Menschen konnte die Insel nicht ernähren: Nach Missernten von 1866 bis 1869 emigrierten 13.000 Öländer nach Amerika.

Heute leben auf einer Fläche von 1.342 km^2 24.600 Menschen. Unverändert spielt die LANDWIRTSCHAFT eine große Rolle: Die kleine Insel ist der Bohnenlieferant für ganz Schweden. Auch Ölandsgubbar, ihre Erdbeeren, sind ausgesprochen beliebt. Seit einigen Jahren setzen die Öländer auf biologischen Anbau und die Bedeutung regionaler Produkte; parallel dazu entstanden Gårdsbutiker, die Bauernhofläden: vom Erzeuger frisch an den Verbraucher. Dagegen sind die Fischgründe mager geworden: In den wenigen Fischereihäfen wie Böda und Byxelkrok wird meist Sill (Ostseehering) angelandet. Industrie wie das Zementwerk in Degerhamn ist rar gesät. Immerhin ist die Touristikbranche zum veritablen wirtschaftlichen Faktor der strukturschwachen Insel geworden. Zu große Urlauberströme könnten freilich für die Natur zum Problem werden.

Administrativ gehört die Insel zu Småland, zum Regierungsbezirk Kalmar län. Sie unterteilt sich in zwei Gemeinden: BORGHOLM im Norden und MÖRBYLÅNGA im Süden.

KÖNIGLICHE SOMMERFERIEN

Von der Mitte des 16. Jhs. bis 1801 war Öland königliches Jagdgebiet: Johan III. ließ Damwild aus England einführen, das jedoch bald zur Landplage wurde. Den Bauern war es dennoch verboten, Wild zu erlegen oder zu fangen. Wachen, die das Wild verscheuchen sollten, erwiesen sich als untauglich. 1653 ließ Karl X. Gustav im Süden eine Mauer quer über die Insel bauen, um das übrige Land vor dem Wildverbiss zu schützen. Jedenfalls war das Königshaus auf Öland nicht immer beliebt. Das ist anders geworden, zumal die Königsfamilie hier seit den 1980er Jahren die Sommerferien verbringt (siehe Seite 208).

Seit Eröffnung der Ölandbrücke 1972 verfügt die Insel über eine Straßenverbindung zum Festland (siehe auch Seite 168). Zu beachten ist, dass Radfahrer ihr Gefährt nur mit einer Fähre über den Sund bringen dürfen.

Wer mehr als nur 1–2 Tage auf der Insel zubringen will, sollte sich die **ÖLAND-KARTE** von »Norstedts« im Maßstab 1 : 100.000 besorgen: Sie enthält Rad- und Wanderrouten, Badestellen, die Standorte der Windmühlen, Rastplätze, Unterkünfte und vieles mehr. Auch auf Deutsch, gute Farbgebung, Bezug im Voraus siehe Seite 14.

INFORMATION

Ölands Turistbyrå (www.olandsturist.se) unterhält zwei Filialen:

◎ **TURISTBYRÅN FÄRJESTADEN**, Träffpunkt Öland 102, SE – 386 33 Färjestaden, Tel. 0485 – 890 00. Ende Juni bis ca. 10.8. Mo–Fr 9–19 Uhr, Sa 9–18 Uhr, So 9–17 Uhr, ab 1.5. sowie bis Ende August Mo–Fr 9–18 Uhr, Sa 9–17/16 Uhr, So 9–15 Uhr, April und September Mo–Fr 9–17 Uhr, So 9–15 Uhr (nicht April), sonst Mo–Fr 10–12 und 13–16 Uhr.

Großes Info-Zentrum gleich bei der Ölandbrücke mit multimedialer Ausstellung zur Geschichte der Insel, dem HISTORIUM, und einer Präsentation hiesiger Firmen. Im zentralen Touristenbüro sind viele Unterkünfte (auch online) zu buchen.

◎ **TURISTBYRÅN I BORGHOLM**, Storgatan 1, SE – 387 31 Borgholm, Tel. 04856 – 890 00. Ende Juni bis Ende Juli Mo–Fr 9–18 Uhr, Sa 9–17 Uhr, So 10–16 Uhr, ab ca. 20.5. sowie bis ca. 10.8. Mo–Fr 9–18/17 Uhr, Sa 10–16 Uhr, ca. 10.8.–30.9. Mo–Fr 9–12 und 13–16/17 Uhr.

Unterkunft

Öland bietet vielseitige Übernachtungsmöglichkeiten. Ein Dutzend Hotels vom luxuriösen Golfhotel bis zur simplen Frühstückspension liegen in der Mehrzahl in der Insel-Mitte zwischen Borgholm und Mörbylånga. Ein weiteres Dutzend Jugendherbergen und einfache Gästehäuser verteilen sich etwas ausgedehnter zwischen Nordspitze und Inselsüden. Sehr groß ist die Auswahl für Zelt-/Wohnwagen-/Hüttenschläfer: Über 20 Campingplätze und Feriendörfer mit fast immer sehr guter Ausstattung sind besonders unter den schwedischen Urlaubern begehrt; die meisten liegen an der Küste zum Kalmarsund hin. Ferienhäuser von Privatpersonen sowie in Ferienanlagen gibt es in großer Zahl zu mieten.

In der Hauptreisezeit der Schweden von Mittsommer bis Anfang August kann es – besonders bei schönem Sommerwetter – vorkommen, dass kurzfristig nur mühsam ein Bett oder ein Stellplatz auf Öland aufzutreiben ist. Für Vakanzabfragen und Buchungen sind die Touristenbüros oft die besten Ansprechpartner.

IM NORDEN

◎ **BÖDA HOTELL**, 38074 Löttorp, Stationsvägen 1, Tel 0485 – 220 27, www.bodahotell.se. Einfaches Hotel im Ort Böda, ca. 1 km von Hafen und Strand entfernt. DZ 900 SEK, Familienzimmer 1.400 SEK.

Camper-Freunde können sich vorab via www.camping-oland.com den für sie geeignetsten Campingplatz aussuchen. Diese professionelle Website umfasst eine grobe Öland-Karte mit sämtlichen Anlagen.

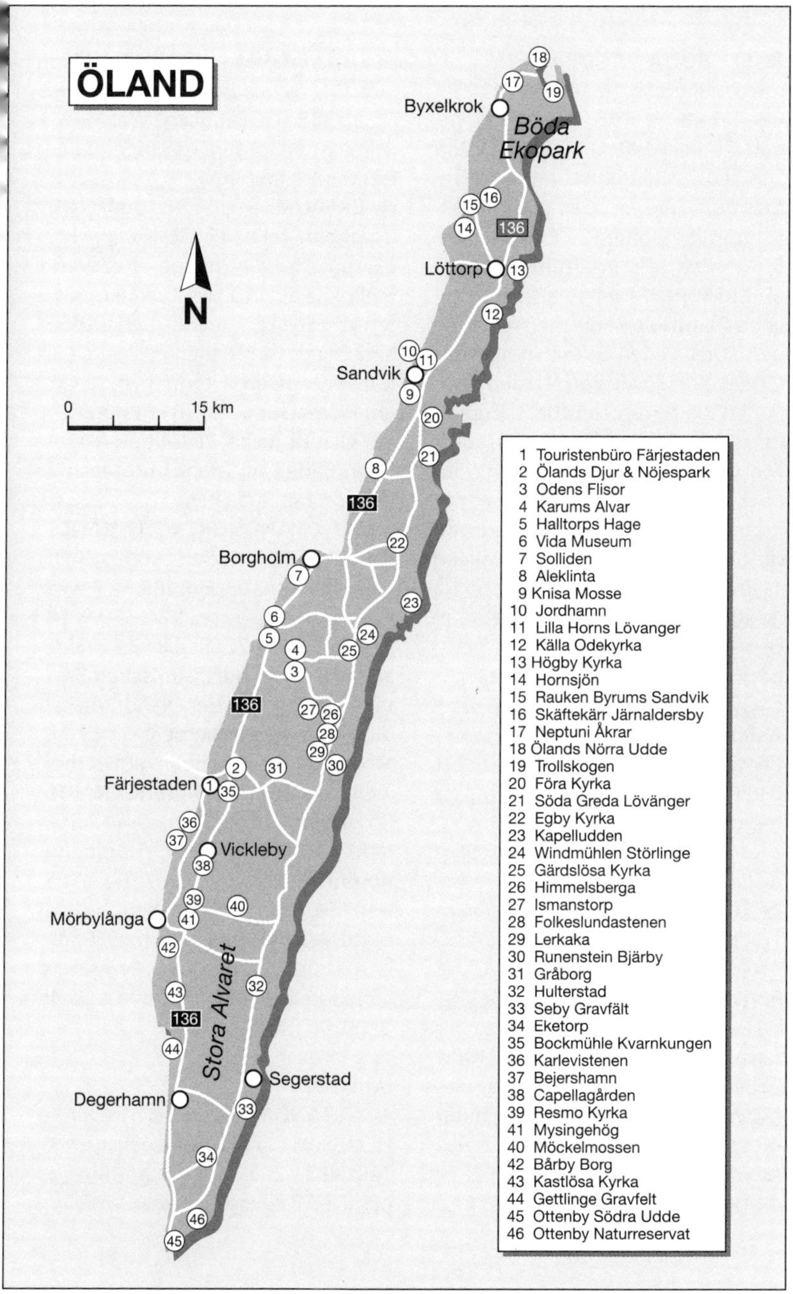
ÖLAND
N
0
15 km
Byxelkrok
Böda Ekopark
Löttorp
Sandvik
Borgholm
Färjestaden
Vickleby
Mörbylånga
Stora Alvaret
Segerstad
Degerhamn
136
1 Touristenbüro Färjestaden
2 Ölands Djur & Nöjespark
3 Odens Flisor
4 Karums Alvar
5 Halltorps Hage
6 Vida Museum
7 Solliden
8 Aleklinta
9 Knisa Mosse
10 Jordhamn
11 Lilla Horns Lövanger
12 Källa Odekyrka
13 Högby Kyrka
14 Hornsjön
15 Rauken Byrums Sandvik
16 Skäftekärr Järnaldersby
17 Neptuni Åkrar
18 Ölands Nörra Udde
19 Trollskogen
20 Föra Kyrka
21 Söda Greda Lövänger
22 Egby Kyrka
23 Kapelludden
24 Windmühlen Störlinge
25 Gärdslösa Kyrka
26 Himmelsberga
27 Ismanstorp
28 Folkeslundastenen
29 Lerkaka
30 Runenstein Bjärby
31 Gråborg
32 Hulterstad
33 Seby Gravfält
34 Eketorp
35 Bockmühle Kvarnkungen
36 Karlevistenen
37 Bejershamn
38 Capellagården
39 Resmo Kyrka
41 Mysingehög
40 Möckelmossen
42 Bårby Borg
43 Kastlösa Kyrka
44 Gettlinge Gravfelt
45 Ottenby Södra Udde
46 Ottenby Naturreservat

◎ STF **BÖDA VANDRARHEM**, Löttorp, Mellböda, Tel. 0485 – 220 38, Fax 221 98. Ca. 10.5.–25.8. Im Mehrbett-Zimmer 190/110 SEK, als EZ 250 SEK, als DZ 380 SEK. 84 Betten in Zimmern und (teurer) Campinghütten. Fahrradvermietung. – Eine weitere STF-Herberge ist in Löttorp/Hagaby.

◎ **CAMPING**: Anders als im restlichen Öland liegen die meisten Anlagen ZUR offenen OSTSEE hin an der Ostseite der Insel. Von Norden nach Süden die ersten: Neptuni Camping (der einzige Platz am Westufer, nördlich von Byxelkrok), Smågkogsvägen 2, Tel. 0485 – 284 95, www.neptunicamping.se. Ende Juni bis Ende August. – Böda Sand, Bödasandsalléen 11, Tel. 0485 – 222 00, www.bodasand.se. Ende April bis Anfang September. – Bödagården Camping, Svartbäcksvägen 17, Tel. 0485 – 220 59, www.bodagarden.nu. Etwa 10.5. bis Anfang September. – Böda Hamns Camping, Bödahamnsvägen 40, Tel. 0485 – 220 43, www.bodahamnscamping.se. Ende April bis 1.10.

IN DER INSELMITTE

◎ **HOTELL BORGHOLM**, Borgholm, Trädgårdsgatan 15–19, Tel. 0485 – 770 60, www.hotellborgholm.com. EZ/DZ ab 1.335 SEK. Ein stilvolles Hotel in direkter Nachbarschaft zu den farbenfrohen Holzhäusern mit Krüppelwalmdach mitten in Borgholm, reizvoller Kontrast zwischen Tradition und modernem Design. Das Restaurant genießt einen guten Ruf.

◎ HOTELL **DREI JAHRESZEITEN**, Köpingsvik, Bredsätra/Gåtebo, Tel. 0485 – 75021, www.drei-jahreszeiten.se. DZ ab 995 SEK. Ländliche Wald-Idylle im Osten Borgholms. Uriges Café-Restaurant im Haus.

◎ **EKERUMS** STUGOR & **CAMPING**, Borgholm, Tel. 0485 – 56 47 00, www.ekerum.nu. Ganzjährig geöffnet. Stellplatz ab 150 SEK, Campinghütten ab 250 SEK, Ferienhütten ab 460 SEK. Erstklassige Ferienanlage im sogenannten Dorf »Litorinabyn« direkt am Kalmarsund, ca. 20 km nördlich der Ölandbrücke. Vielseitige Aktivitäten, Baden am Strand mit Steg und in Pools mit Rutschen.

◎ STF **ÖLANDS SKOGSBY VANDRARHEM**, Färjestaden, Skogsby 141, Tel. 0485 – 383 95, Fax 383 24, www.vandrarhskogsby.se. 15.4.– 30.9. 60 Betten. Ab 170/70 SEK, als EZ 250 SEK, als DZ 340 SEK. Auf historischem Terrain 8 km südlich der Öland-Brücke, die älteste Jugendherberge im Land.

◎ In oder bei Borgholm gibt es drei weitere **JUGENDHERBERGEN**: STF Borgholm/ Ebbas, Storgatan 12, Tel. 0485 – 103 73. 1.5.–30.9. – Borgholm Rosenfors, Södra vägen 7, Tel. 0485 – 107 56, www.rosenforsherrgard.se. Mitte Mai bis Ende August. – STF Solberga gård in Köpingsvik, Ramsätravägen 45, Tel. 0485 – 720 60. Ca. 20.4. bis 30.9.

IM SÜDEN

◎ **STRANDNÄRA** B & B & VANDRARHEM, Stora Frö, Dansbanevägen 3, Tel. 0485 – 366 00, www.strandnara.com. B & B sowie Gästehaus mit Ju-

ÖLANDS KALKSTEPPEN UND **WELTKULTURERBE SÜDÖLAND**

Öland besteht hauptsächlich aus einem nach Osten abfallenden KALKPLATEAU, dessen Westränder, die sogenannten LANDBORGAR (Strandwälle), eine steil abfallende Kante bilden, die im Inselnorden direkt ins Meer abfällt. Etwa die Hälfte der Insel bilden Wiesen, Äcker, Weideland und Wald, der übrige Teil ist karges Land: ALVARLAND – das alte schwedische Wort *alv* bedeutet »steiniger Grund mit wenig Erdkrume bedeckt«. Den südlichen Teil von Öland prägt STORA ALVARET, die große Kalksteppe: Diese in Mittel- und Nordeuropa einzigartige Landschaft präsentiert sich AUF 255 KM^2 besonders in den Monaten Mai und Juni in voller Pracht: Mehrere Orchideenarten, alpine, osteuropäische und sibirische Pflanzen begeistern die Botaniker, ebenso dass es PFLANZEN gibt, DIE NUR HIER VORKOMMEN: so der Öland-Beifuß, die Öland-Pechnelke und das goldgelbe Öland-Sonnenröschen. 2000 erklärte die UNESCO Südöland mit Stora Alvaret als einzigartige Agrarlandschaft zum Weltkulturerbe.
Stora Alvaret durchqueren einige Nebenstraßen von Westen nach Osten, der Radweg Ölandsleden und der Fernwanderweg Mörbylångaleden.

SCHWEDENS SONNENBANK

Öland ist ein beliebtes Feriengebiet, laut Statistik die Landschaft mit den geringsten Niederschlägen und den MEISTEN SONNENSTUNDEN im Land. Im Winter stürmen die kalten Ostwinde über die Insel; folglich ist die Frühjahrszeit kühler und beginnt etwas später als auf dem Festland. Im Sommer entladen sich die Regenwolken von Westen häufig bereits weit vor der Insel, und die Sonne heizt ungehindert das an vielen Stellen nackte Kalkgestein auf. Das wiederum begünstigt einen warmen, milden und langen Herbst sowie Badefreuden noch im September.

gendherbergssstandard. Im 4-Bett-Zimmer ab 195/120 SEK, als DZ ab 430 SEK. B & B EZ ab 550 SEK, DZ ab 900, im 4-Bett-Zimmer ab 415 SEK. 200 m oberhalb vom Kalmarsund sowie 3 km von Vickleby entfernt. Ein günstiger Ausgangspunkt für Wanderungen im Bereich der Kalksteppe Stora Alvaret. Unweit Strand für Badende und Surfer.

◎ **ALLÉGÅRDEN KASTLÖSA**, Mörbylånga, Kastlösa bygata 2, Tel. 0485 – 421 75, www.kastlosa.se. Die Anlage rund um das frühere Stift Kastlösa hat Hotelzimmer (DZ ab 890 SEK), Hostelzimmer (Bett ab 225 SEK) und Ferienhäuser (ab 400 SEK). Restaurant im Stiftshof der früheren Kastlösa-Kirche, umgeben von einem Ring alter Laubbäume. Eine Dorfidylle.

◎ **SÖDRA BRUKET**, Degerhamn, Alunbruksgatan 1–8, Tel. 0485 – 66 05 32, www.sodrabruket.se. Ganzjährig geöffnet. Apartments je nach Saison und Größe ab 560 SEK, Hostelzimmer als EZ 360 SEK, DZ 480 SEK, 3–5-Bett-Zimmer 600–840 SEK. Südlich von Möckleby wurden die Gebäude des still gelegten Alaun-Werkes Södra Bruket in Tagungslokale und Unterkünfte auch für Touristen umgebaut. Ein günstiger Ausgangspunkt für Stora-Alvaret-Touren.

◎ **ALVARGÅRDEN**: siehe Seite 205.

◎ STF **OTTENBY VANDRARHEM & CAMPING**, Ottenby 106, Tel. 0485 – 66 20 62, Fax 66 21 61, www.ottenbyvandrarhem.se. Ganzjährig geöffnet. Bis zu 150 Betten, 190/90 SEK, als EZ 270 SEK, DZ 360 SEK. Reservierung obligatorisch 1.11.–31.3. Auch **CAMPING**, Stellplatz 180 SEK. In der alten Schule bei der Kirche von Ås, fast am südlichen Zipfel Ölands, in der Nähe jener Mauer von Karl X. Gustav (die den Wildwechsel unterbinden sollte, siehe Seite 199). Fahrradvermietung.

Essen und Trinken

Immer mehr öländische Bauern betreiben ökologische Landwirtschaft. Oft bieten sie ihre Erzeugnisse im eigenen HOFLADEN an, der auch gern um ein Sommer-Café ergänzt wird. Achten Sie auf Hinweisschilder wie: GÅRDSBUTIK (= Hofladen).

◎ Zu den typisch öländischen Gerichten gehören unbedingt **KROPPKAKOR** – Kartoffelklöße, die traditionell deftig mit Speck und Preiselbeeren angerichtet werden.

◎ Viele Restaurants bekennen sich bewusst zur Küche und den Erzeugnissen Ölands. QUALITÄTs-Hofläden sowie Restaurants, die ihren Gästen ein Stück öländischer Essenskultur näher bringen, zeichnet das LABEL **REGIONAL MATKULTUR** aus.

IM NORDEN

◎ **BÖDA HAMNS RÖKERI** in Böda Hamn, Tel. 0485 – 223 25: eine der ältesten FISCHRÄUCHEREIEN auf der Insel, am HAFEN von Böda. Terrasse und Wiese, im Sommer öfter abendliches Unterhaltungsprogramm, dafür Tisch bestellen!

◎ **ROSAS HANDEL**, Löttorp, Marknadsvägen, Tel. 0485 – 220 58. Di–Fr 10–17 Uhr, Sa 10–13 Uhr.

Die Wurst des METZGERS *Johann Thaurer* erhielt mehrfach Auszeichnungen in der Zeitschrift »Gourmet«. Seit das Königspaar die Delikatessen kostete, wird Schloss Drottningholm beliefert. Ohne übliche Zusätze entstehen Kabanossi, mehrere Salamisorten, Wurst aus Wild oder Lamm, Mettwurst, Käsegriller, Mortadella, Ölandswurst, Knackwurst, Mortadella, süddeutsche Bratwurst, sogar Leberkäs. Johann Thaurer kam aus Deutschland, wo er in einer Garage anfing. Die Familie Thaurer versichert: NUR REINES FLEISCH UND GEWÜRZE kommen in die Wurst.

◎ **NINNIS KROPPKAKSBOD**, Källa (in Källa von der Str. 137 1 km nach Westen in Richtung Hagelstad), Tel. 0485 – 273 00. Im Sommer Di–Sa 11–18 Uhr, sonst Do+Sa 11–17 Uhr.

In diesem HOFLADEN gibt es die echten öländischen Kroppkakor aus rohen, geriebenen Kartoffeln mit Bauchfleisch.

IN DER INSELMITTE

◎ **HALLTORPS GÄSTGIVERI**, Halltorp Landsvägen, Tel. 0485 – 850 00. www.halltorpsgastgiveri.se. Mo–Do 11.30–22 Uhr, Fr+Sa 11.30–23 Uhr, So 12–20 Uhr. Mit Hotelbetrieb.

Exklusives GOURMET-Restaurant auf halber Strecke zwischen Ölandbrücke und Borgholm. Zum LUNCH preiswertes Kosten, abends à la carte mit Hauptgerichten um 300 SEK.

◎ **KAJ 4**, Färjestaden, Södra Hamnplan 4, Tel. 0485 –310 37. Täglich ab 11.30 Uhr geöffnet.

Direkt am umgestalteten Hafen in Färjestaden, mit Blick hinüber auf Kalmar, Ölandbrücke und die Boote an der Pier. Breite aufgestellte Speisekarte mit lokalen Akzenten, auch Kroppkakor. Tagesgericht 129 SEK.

◎ **ÖLANDS FISK & RÖKERI**, Färjestaden, Rökgatan 2, Tel. 0485 – 344 25. Di–Do 9–17 Uhr, Fr 9–18 Uhr, Sa 9–14 Uhr.

Die Rauchstraße mit der Räucherei liegt nicht, wie zu erwarten, am Hafen, sondern im Osten von Färjestaden (via Storgatan, Äppelvägen und Industrigatan). Große Auswahl, auch an FRISCHFISCH.

Die Bohnenchips-Website www.bonchips.se liegt zwar nur auf Schwedisch vor, verrät jedoch die Verkaufsstellen (Återförsäljare).

IM SÜDEN

Der langjährige Tipp »Fågel Blå« am Leuchtturm Långe Jan ganz im Süden hat geschlossen. Die bisherigen Betreiber haben zwei neue Adressen im Raum Färjestaden, darunter:

◎ **BO PENSIONAT**, Vickleby (10 km südlich von Färjestaden), Tel. 0485 – 360 01. April bis Oktober geöffnet je nach Saison, ab Mai täglich ab 17.30 Uhr, Do–So auch 12–15 Uhr, im Juli täglich Lunch und Diner.

Ambitionierte Küche, die Ren aus Lappland, Lamm aus Öland ebenso wie Fisch aus der Ostsee verwendet. Preisbewusste kosten zum Lunch.

◎ **ALVARGÅRDEN**, Kastlösa, Alvargatan 1, Tel. 0763 – 90 69 97. April bis September. Auch Bed & Breakfast.

Neueres B & B mit sechs einladenden Zimmern. SOMMERCAFÉ auch mit leichten Mittagsgerichten.

BRAUNE BOHNENCHIPS

Braune Bohnen werden nur auf Öland angebaut, des Kalkbodens und des günstigen Klimas wegen. Als die Gastronomen *Mary-Anne* und *Ulf Wahlquist* 2002 ein Buffet mit regionalen Produkten bestücken sollten, experimentierten sie mit den Bohnen und entdeckten nebenbei deren Eignung als Chips. Seit 2009 sind die Ölandska Bonchips ein Markenprodukt in drei Geschmacksrichtungen (Naturell, Kräuter, Chilidill) plus eine für jede Jahreszeit. Erhältlich (Souvenirtipp) zumindest auf Öland und in Kalmar an vielen Stellen (ICA-Supermärkte, Träffpunkt Öland).

Unterwegs auf Öland

FÄRJESTADEN – BYXELKROK (STR. 136 NACH NORDEN)

Die Route beginnt mit dem Tier- und Freizeitpark. An der weiteren Strecke liegen Gräberfelder, Naturreservate, die königliche Sommerresidenz Solliden, die Inselhauptstadt Borgholm, beeindruckende Windmühlen, eine Kirche mit Festungsturm, Abstecher zur Küste, ein im Sommer belebtes Eisenzeitdorf u.a.

◎ **ÖLANDS DJUR & NÖJESPARK**, Ölandbrücke/Färjestaden, Tel. 0485 – 392 22, www.olandsdjurpark.com. Ende April bis 30.9. täglich ab 10/11 Uhr (Freizeitpark nur ca. 10.6.–20.8. plus in der Vorsaison an einigen Wochenenden). Eintritt je nach Saison ab 120 SEK, Kinder bis 1 m frei. **(2)**

Gleich hinter der Brückenauf-/abfahrt befindet sich Ölands ZOO und FREIZEITPARK mit Zirkus, Badeland/Rutschen, Märchenland, Dino-Park, Westernstadt u.v.a.

◎ Ein Abstecher in Rälla/Högsrum Richtung Gärdslösa führt nach 3 km zu **ODENS FLISOR** (ODINS STEINE): zwei Kalksteinplatten, 2,5–3 m hoch, an einer Grabstätte aus der Eisenzeit, die mehr als 40 Gräber umfasst. **(3)**

◎ 1 km weiter nördlich erstreckt sich das GRÄBERFELD **KARUMS ALVAR** mit NOAHS ARK (Arche Noah), einer 26 m langen Schiffssetzung mit großen Stevensteinen. Karums Alvar wird teils der Bronze-, teils der Eisen-, teils der Wikingerzeit zugeordnet. **(4)**

◎ Zurück auf der Str. 136, fährt man weiter nach Norden. Biegt man nach 2 km zum Ekerumsbad ab, erstreckt sich rechter Hand das NATURRESERVAT **HALLTORPS HAGE** mit vielen uralten Eichen und einem größeren Hainbuchen-Gebiet. Die Eichen bieten ein Heim für Hirschkäfer und Eichenbock, die beide in Skandinavien selten und dort nur in den südlicheren Gefilden vorkommen. **(5)** Bis Borgholm bleiben knapp 12 km.

◎ Schon an der nächsten Kreuzung der Str. 136 wartet linker Hand die Hauptattraktion in Sachen Kunst auf Öland: Das **VIDA MUSEUM** besteht aus mehreren LICHTDURCHFLUTETEN HALLEN, die an einem Abhang platziert und mit ihren Glasfronten zum Kalmarsund ausgerichtet sind. Indem neben der Malerei auch Keramik sowie Glaskunst zur Geltung kommen, prägt die Ausstellungen ein starker regionaler Bezug – so bestücken die Glaskünstler Bertil Vallien und Ulrica Hydman-Vallien, die beide im Glasreich verankert sind, einen Teil der permanenten Ausstellung mit ihren Werken. Die Themen der wechselnden Ausstellungen sind www.vidamuseum.com zu entnehmen. Halltorp, Tel. 0485 – 774 40. Anfang Juli bis Anfang August täglich 10 – 18 Uhr, ab 1.5. sowie bis 30.9. 10 – 17 Uhr, ab 1.4. sowie bis 30.11. Sa+So 10 – 17 Uhr. Eintritt 50/0 SEK. Bistro vor Ort. **(6)**

◎ **BORGHOLM** ist erreicht, Hauptstadt der Insel, mit knapp 3.000 Einwohnern der größte Ort sowie Zentrum für Fremdenverkehr und Han-

◀ Schwedens größte Holländermühle auf Öland: Sandviks Kvarn (siehe Seite 209)

Die Zahlen in Fettschrift beziehen sich auf unsere Übersichtskarte auf Seite 201.

del, das gerade im Sommer auflebt. Borgholm wurde 1816 zur Stadt und anschließend planmäßig mit rechtwinklig verlaufenden Straßen angelegt; seit Ende des 19. Jhs. schärfte sich das Profil als Bade- und Urlaubsort. Die Kirche mit romanischen Stilmerkmalen wirkt ungewöhnlich, da sie 1842 als Schule errichtet wurde und einige Gebäudetrakte erst später hinzukamen. Wer sich für die Geschichte der Stadt interessiert, gehe ins BORGHOLMS STADSMUSEUM, Köpmangatan 23 (Ecke Badhusgatan). Immerhin erfährt man hier einiges darüber, dass Öland von 1906 bis 1961 an das EISENBAHNNETZ angeschlossen war. 15.6.–15.8. täglich 12–17 Uhr.

◎ Direkt südlich der Stadt steht die **SCHLOSSRUINE BORGHOLM**. Von einer großen mittelalterlichen Burg ließen Verwahrlosung und ein Großbrand 1806 nur noch mächtige Mauern übrig, dennoch sehenswert. Um 1570 ließ Johan III. ein prächtiges Renaissanceschloss mit großen Bastionen errichten. Nach den schweren Schäden der Kalmar-Kriege 1611–12 versuchte König Karl X. Gustav 1650 das Gebäude in ein Barockschloss umzubauen; es wurde aber niemals fertig, 1709 wurden die Arbeiten eingestellt. Danach wurde es an Handwerker verpachtet, diente sogar als Viehstall. Das Schloss verfiel, und ein Brand 1806 ließ nur die dicken Mauern übrig. In den letzten Jahren begannen umfassende Restaurationsarbeiten. Die Ruine lässt das einstige Schlossviereck mit den runden Ecktürmen erkennen. Die wechselhafte Geschichte der Burg dokumentiert ein kleines Museum. Im westlichen Teil informieren Schrifttafeln über den öländischen Kalkstein und die Schlossgeschichte. Im Sommer finden wechselnde Ausstellungen und Konzertabende statt. 1.5.–31.8. täglich 10–18 Uhr, 1.4.–30.4. u. 1.9.–30.9. 10–16 Uhr. Eintritt 70/40 – 0 SEK.

Von den BURGWÄLLEN haben Sie

ROYALE SOMMERRESIDENZ

Nur 2 km südlich Borgholms steht an der Sundküste die königliche Sommerschlösschen SOLLIDEN, 1903–1906 für Königin Victoria I. erbaut. Die nach italienischen Vorbild errichtete weiße Villa wird von Carl XVI. Gustav und seiner Familie schon lange als Sommerferiensitz genutzt: Bisher feierte Kronprinzessin Victoria ihren Geburtstag AM 14. JULI fast immer mit Familie in Solliden – und die Öländer feiern VICTORIADAGEN mit. Der großzügige Schlosspark umfasst drei international inspirierte Gärten. In einem Pavillion (1992) sind AUSSTELLUNGEN zur Königsfamilie zu sehen; anbei Café und Souvenirshop – die Royals als touristisches Zugpferd.

◎ **SOLLIDEN**, 16.5.–15.9. täglich 11–18 Uhr. Eintritt 75/55–0 SEK. Führung (ohne Schloss), 350 SEK. www.sollidensslott.se. **(7)**

Letzte Meldung: Kronprinzessin Victoria und Gemahl Prinz Daniel bekommen auf Solliden ein eigenes, neues Haus. Womit auch deren Tochter Estelle Silvia Ewa Mary ihre Sommerferien auf Öland verbringen dürfte.

einen schönen Ausblick über die Insel und den Kalmarsund.

◎ Die Str. 136 führt weiter in Richtung Norden. Rund um KÖPINGSVIK sind gleich mehrere Campingplätze mit Strandlage ansässig. Ein weiterer Abstecher führt ins Fischer- und Feriendörfchen **ÄLEKLINTA (8)**, von wo aus man auf dem Ölandsleden an der Küste entlang bis ins 12 Luftkilometer entfernte Sandvik nordwärts laufen kann.

◎ Immer wieder sind kurze Abstecher zur Westküste möglich. Das Vogelschutzgebiet **KNISA MOSSE** ist ein Sumpf- und Moorareal mit einer reichen Vegetation (Orchideen) und einer vielfältigen Vogelwelt. Bis ins 20. Jh. hinein wurden hier Schilf und Binsen abgeerntet, um damit Hausdächer zu decken. **(9)**

◎ Der Hafenort **SANDVIK** kann sich rühmen, die größte HOLLÄNDERMÜHLE Skandinaviens zu besitzen. Die imposante Windmühle hat sieben Stockwerke plus drehbare Kuppel und eine Spannweite von 24 m zwischen den Flügelspitzen. Hölzernes Antriebssystem und Mahlwerke sind erhalten. Im Sommer täglich ab 9 Uhr, Vor- und Nachsaison 12–20 Uhr. Eintritt 20 SEK.

Ganz unten in der Mühle erfüllt eine gastronomische Abteilung diverse kulinarische Wünsche.

◎ Wer ab Sandvik auf der Str. 136 nach Norden fortsetzt, passiert noch südöstlich Jordhamns (siehe unten) das NATURRESERVAT **LILLA HORNS LÖVÄNGER**. Im SOMMER entfalten die gepflegten WIESEN eine reiche Blumenpracht. Kurzer Abzweig Lilla Horn. **(11)**

◎ Ab Källa, 36 km nördlich von Borgholm sowie 27 km vor Byxelkrok, erreicht man über einen Abstecher zur Ostküste die **KÄLLA ÖDEKYRKA**. Sie blieb in ihrer mittelalterlichen Form

STEINSCHLIFF MIT WIND- UND OCHSENKRAFT

Entlang der Küste kann man von Sandvik bis JORDHAMN fahren. Erkennt man eine Holzkonstruktion , die dem Rohbau einer Mühle ähnelt, hat man die einzig erhaltene SCHLEIFMÜHLE Ölands (1905) erreicht, wie sie ab der Mitte des 19. Jhs. zunehmend errichtet und zum Glattschleifen von Kalksteinplatten eingesetzt wurde. – Zuvor musste so verfahren werden: Der Rohstoff Kalkstein wurde von Männern gebrochen, danach von Frauen behauen und in einem Kreis, bestehend aus ungefähr 60 Steinen, zum Schleifen auf die Erde gelegt. Dann drehten Ochsen den Schleifstein und musste viel Wasser und Sand beigegeben werden: wieder Frauenarbeit. Nach einer Woche hatte man etwa 120 geschliffene Steine, die verkauft werden konnten: Männersache. Die Schleifmühlen (auch Scheuermühlen) verkürzten die Bearbeitung erheblich und waren bis in die 1930er Jahre in Betrieb. Bei der Jordhamn-Mühle hat man auch den Platz (mitsamt der Vorrichtung) bewahrt, auf dem die Ochsen ihre Runden drehten. **(10)**

(12. Jh.) unversehrt, steht jedoch seit dem späten 19. Jh. leer. Ganz unten befand sich der Kirchenraum, darüber eine Wohnung und ganz oben der Boden mit Schießscharten. **(12)** Das Inventar wurde 1888 in die neue Ortskirche überführt.

◎ Die Str. 136 erreicht Löttorp und Högby. Repräsentativer als die verlassene Kollegin in Källa schaut die **HÖGBY KYRKA** aus, deren stattlicher WEHRTURM aus der selben Epoche wie die Ödekyrka stammt. Vom Inventar sind u.a. ein seltener mittelalterlicher Heiligenschrein und ein gotisches Triumphkreuz zu nennen. **(13)**

Bei der Kirche stehen die einzig erhaltenen KIRCHSTÄLLE der Insel (im typischen Rot), worin die Pferde der Kirchgänger unterstanden.

◎ Die Str. 136 hält sich nordwärts nach Böda. Auch eine Nebenstraße via Westküste führt nach Böda und beschreibt einen Bogen. Diese Alternativroute passiert die drei folgenden Ausflugsziele: zuerst, schon fast an der Westküste, Ölands EINZIGEN BINNENSEE **HORNSJÖN** (2 km² Fläche, **14**). In dem Vogelparadies sind auch Fledermauskolonien heimisch. Ein Streifzug zur WESTKÜSTE führt zum Fischerort ALVEDSJÖBODAR.

◎ Die Alternativroute zur Str. 136 führt in ihrem Bogen über **BYRUMS SANDVIK** an der Westküste. Hervorzuheben sind hier die **RAUKEN**: Die Meeresbrandung wusch in Jahrtausenden aus der 600 m langen Kalksteinküste über 100 Säulen heraus: mal schmal, mal breit, manche allein stehend, andere weniger oder mehr zusammenhängend, aber alle gleich hoch und eben. Der Strand ist seicht; eine Kalkplatte reicht weit ins Meer hinaus, fällt dann aber steil ab; solche Rauken finden sich an einigen Orten an Ölands Küste, sind aber hier besonders markant. **(15)**

◎ Privater Initiative ist es zu verdanken, dass vor Ort im Sommer die EISENZEIT in **SKÄFTEKÄRR** wieder auflebt. – Sich 1.500 Jahre zurück zu versetzen heißt es für die Besucher, die ein rekonstruiertes Wohnhaus, die Reste von Behausungen aus den Jahren 400–500 v.Chr., ein Arboretum und ein Museum zu jener Zeit besichtigen können. Und am ersten (verlängerten) Augustwochenende schlüpfen Jetztzeit-Schweden in die Rollen der damaligen Bewohner, um deren Alltag nachzustellen. Die LOKALEN FUNDSTELLEN lassen auf solche Dorfgemeinschaften schließen.

Ein Spaziergang durch den einzigartigen THUJAWALD mit seinen 30 m hohen Bäumen ist ein Erlebnis. Die nordamerikanische Thuja wurde 1878 vom Forst- und Jägermeister *J. E. Bohmann* gepflanzt; dessen Faible für fremdartige Gewächse bescherte Öland außerdem Bestände von Hemlocktanne und Zypressen.

Belebt ist das Dorf zur Hochsaison von Anfang Juli bis etwa 10.8. Dann öffnet das Wohnhaus Järnalderhuset: So–Fr 13–16 Uhr. Eintritt 30/0 SEK. FÜHRUNGEN auf Deutsch durch die Anlage Di+Do 14 Uhr, Ticket 50/20 SEK inklusive Zutritt Wohnhaus. **(16)**

Rauken (schwedisch: *raukar*) finden sich nicht nur auf Öland, sondern auch an den Küsten anderer Ostseeinseln. Die bekanntesten Formationen finden sich auf Gotland und Fårö.

Auf dem Gelände werden auch Nationalfeiertag und Mittsommer gefeiert. Und hier befindet sich ein INFOZENTRUM zum Böda Ekopark:

◎ Die Hauptstraße 136 und die Alternativroute treffen sich in Böda. Die Str. 136 setzt sich nach Nordwesten durch den sogenannten **BÖDA EKOPARK** fort, der eigentlich die ganze Nordspitze Ölands bis hinunter nach Byrums Sandvik und vor allem darin mehrere Naturreservate umfasst. Es sind Rad- und Wanderwege ausgewiesen, Rastplätze und sogar simple Übernachtungsgelegenheiten für Outdoorer eingerichtet. Der Norden ist für öländische Verhältnisse ziemlich GRÜN und hat einen großen Nadelwaldbestand. Neben heimischen Baumarten sind dort zahlreiche Bäume aus anderen Regionen zu finden, und ELCHE.

◎ **BYXELKROK** ist erreicht, ein Fischerort an der Westküste mit Sommer-Fährverbindung zum Festland nach Oskarshamn (siehe Seite 220).

Es empfiehlt sich der Ausflug zum Nationalpark BLÅ JUNGFRUN, eine Granitinsel im Kalmarsund, wo in der Walpurgisnacht die Hexen tanzen... Info/Anmeldung: Touristenbüro Oskarshamn (siehe Seite 150) oder Tel. 0485 – 240 05 (Hans Arvidsson).

Am Horizont scheint die Granitinsel wie ein riesiger Buckel auf dem Wasser zu schwimmen. Die Insel ist 1.150 m lang und 840 m breit. Von insgesamt 66 ha sind 39 ha Felsgebiet, etwa 16 ha Edellaubwald, 10 ha Nadelwald und 1 ha Mischwald.

BLÅ JUNGFRUN

Seit 1926 ist die Insel Nationalpark. So klein, so überraschend VIELFÄLTIG IHRE NATUR: glatt geschliffene, abgerundete, mit Senken durchzogene Klippen aus rotem Granit, speziell auf der NORDHÄLFTE, Grotten am Strand, ausgewaschen von der Brandung. Es gibt Höhlen als Erben gewaltiger Felsblöcke, die bei Frostsprengungen aufeinander stürzten – wobei die größten Höhlen bereits durch Steinbrüche zerstört wurden, bevor die Insel unter Naturschutz gestellt wurde. Die SÜDHÄLFTE dominieren lichte Wälder, darunter viele Eichen, auch Esche und Ahorn, überwuchert von Efeu, Ehrenpreis, Waldmeister, Salomonsiegel; nicht zu vergessen die vielen Blumen. Im Süden ist das runde, aus Steinen gelegte Labyrinth TROJEBORG zu erforschen.

Zur Tierwelt gehören Hase, Fledermaus, Blindschleiche, Ringelnatter und Kröte, außer Wasservögeln der Gartenrotschwanz, die Meise und andere Singvögel, ab und zu auch Kormoran, Seeadler und Wespenbussard.

Wanderer haben vom 86 m hohen TOPPEN eine prima Aussicht. Unterhalb nach Süden hin liegen die Höhlen JUNGFRUKAMMAREN und KYRKAN. Ausgerechnet hier feierte der Dichter *Werner von Heidenstam* 1896 seine Hochzeit.

Trip nach Blå Jungfrun: Zur Ausrüstung gehören feste Schuhe mit Gummisohlen und Trinkwasser. Hunde dürfen nicht mit. Es gilt: auf den Wegen bleiben, Tiere nicht stören, nichts pflücken und auflesen, kein offenes Feuer machen.

◎ 2 km nördlich von Byxelkrok beginnen **NEPTUNI ÅKRAR**. Die von Carl von Linné so benannten Neptuns Äcker/Felder sind nichts anderes als GERÖLLBÄNKE **(17)**. Auf dem kargen Strandstreifen blüht im Sommer der BLAUE NATTERNKOPF (auch »Blauer Heinrich«). – Die schiffsförmige Steinsetzung FORGALLA SKEPP liegt inmitten eines Gräberfelds aus der Wikingerzeit.

◎ KÜSTENNAH geht es weiter bis zum NÖRDLICHSTEN Punkt der Insel **ÖLANDS NORRA UDDE** sowie zum Leuchtturm LÅNGE ERIK (1845). **(18)**

◎ Man kann die Fahrt aber auch um die Bucht GRANKULLAVIKEN fortsetzen und gelangt zu **TROLLSKOGEN** (der Trollwald), einem bizarr von Winterstürmen zersausten Kiefernwald. In dem Areal, das sich prima für Wanderungen eignet, gibt es auch Geröllfelder sowie Strandwiesen, die durch Beweidung niedrig stehen. **(19)**

◎ Wer die Rückfahrt in den Südteil der Insel antreten will, findet jenseits der Hauptstraße 136 kaum befahrene **NEBENWEGE**, die schöne Landschaftseindrücke ermöglichen. Eine solcher Nebenweg ist die Straße an der Ostküste entlang:

DIE OSTKÜSTENSTRASSE

Die Ostküste Ölands ist flacher und weniger dicht besiedelt, hat gleichwohl einige Sehenswürdigkeiten zu bieten. Sie zweigt bei FÖRA (23 km nordöstlich von Borgholm) von der Str. 136 ab und führt bis OTTENBY, ans Südende der Insel.

◎ Auch die **FÖRA KYRKA** hat einen gut erhaltenen Wehrturm aus dem 12. Jh. Südwestlich verkündet die Inschrift eines Steinkreuzes: »Hier wurde Herr Martinus 1431 getötet.« **(20)**

◎ Auf den Wiesen **SÖDRA GREDA LÖVÄNGER** blühen im Frühsommer ungewöhnlich viele ORCHIDEENARTEN. Das kleine, 3 ha große Naturreservat liegt 1,5 km östlich des gleichnamigen Dorfes **(21)**; der Fahrweg zum Parkplatz ist beschildert.

◎ Die **EGBY KYRKA** ist auf Öland zwar die kleinste Kirche, aber auch die erste, die Zeitungsleser 2007 zur Kirche des Jahres kürten. Sie stammt aus dem 12. Jh. und hat ihre mittelalterliche Gestalt trotz eines Umbaus (1818, Turmanbau) weitgehend erhalten. Der Taufstein (aus Sandstein) und der steinerne Altar sind aus dem Mittelalter (12./13. Jh.). **(22)**

◎ Von Bredsättra aus erreicht man **KAPELLUDDEN** an der Küste, das im Mittelalter ein Handelsplatz war. An diese Zeit erinnern die RUINEN DER ST. BIRGITTA-KAPELLE. Nahebei ein 3 m hohes Kalksteinkreuz (beide 13. Jh.) und ein Leuchtturm (1872). **(23)**

◎ In STÖRLINGE steht die längste REIHE **BOCK-WINDMÜHLEN** – ein oft fotografiertes Öland-Motiv. **(24)**

◎ Im nächsten Ort steht mit der **GÄRDSLÖSA KYRKA** das angeblich am besten bewahrte mittelalterliche Gotteshaus Ölands, auch wegen der teilweise spätmittelalterlichen KALKMALEREIEN sowie eines Runensteins. Das wertvolle Inventar ist jedoch zum Großteil jüngeren Datums. **(25)**

Die Zahlen in Fettschrift beziehen sich auf unsere Übersichtskarte auf Seite 201.

◎ HIMMELSBERGA – **ÖLANDS MUSEUM**: Himmelsberga (bei Långlöt) ist ein »altertümliches Reihendorf«. Obwohl man das Gefühl hat, der Ort schlafe seit über 100 Jahren, ist er nicht verlassen. Zwei Bauernhöfe sind mit allen Nebengebäuden und authentischer Einrichtung aus dem 18. und 19. Jh. als HEIMATMUSEUM erhalten. Auch eine Bock-Windmühle (Mitte 19. Jh.), deren Flügel erneuert wurden, ist zur Stelle. In der KONSTHALLEN stellen Künstler aus der Region aus. 1.6.–31.8. täglich 11 –17.30 Uhr, ab Mitte Mai und bis 30.9. Sa+So. Eintritt 60/20–0 SEK. Tel. 0485 – 561 022, www.olandsmuseum.com. **(26)**

◎ Fährt man an Himmelsberga vorbei Richtung Högsrum, kommt man zu den **RUINEN** der frühzeitlichen **BURG ISMANSTORP**. Innerhalb der RINGMAUER mit einem Durchmesser von ca. 125 m sind rund 90 Hausfundamente aus dem 5. Jh. erhalten. Im Frühling verwöhnen ORCHIDEEN mit zarten Farben die Sinne. **(27)**

◎ Südlich von Långlöt ist der rundliche **FOLKESLUNDASTENEN** kaum zu übersehen, ein 9 t schwerer Findling, Teil einer Grabanlage aus dem 5. Jh. Der mächtige Felsbrocken wird im Volksmund *Kroppkaka* genannt, nach dem Spezialgericht der Insel: öländischen Kartoffelklößen. **(28)**

◎ Bei LERKAKA steht eine Reihe gut erhaltener **WINDMÜHLEN**. Eine davon steht offen und zu besichtigen. – Auf der anderen Straßenseite steht ein 2 m hoher RUNENSTEIN aus der späten Wikingerzeit. **(29)**

◎ Der **RUNENSTEIN** bei Bjärby, auf der Ostseite der Straße, ist der einzige im Land, dessen Text das Wort Kirche erwähnt. Zwei Söhne und deren Mutter setzten ihrem Vater und Mann Fastulf das Denkmal und erwähnten, »er sei in der Kirche begraben«. Man nimmt an, dass Fastulf am Anfang der Christianisierung gestorben ist, im beginnenden 11. Jh., denn einen Runenstein zu setzen war ein heidnischer, ein Begräbnis in der Kirche dagegen christlicher Brauch. **(30)** Text sowie Malereien sind in roter Farbe nachgezeichnet.

◎ Westlich vom Kirchdorf Möckleby – im Inselinneren, an der Straße nach Algutsrum und Färjestaden – liegt die **RUINE** der frühgeschichtlichen **GRÅBORG**. Diese Ellipsen-förmig angelegte Fluchtburg mit einer Fläche von 220 x 165 m umgibt eine 6 –7 m hohe und 650 m lange Mauer. Das mittelalterliche Torgewölbe beweist, dass die Anlage nicht nur in frühhistorischer Zeit, sondern auch später benutzt wurde. **(31)**

◎ Das Kirchdorf **HULTERSTAD** ist ein für Südöland typisches REIHENDORF mit nahe beieinander stehenden, alten Bauernhäusern. **(32)**

◎ Südlich von Segerstad erstreckt sich das **GRÄBERFELD SEBY**, mit über 250 Gräbern eine der größten EISENZEITLICHEN Begräbnisstätten auf Öland. Nahe der Straße steht ein fast 3 m hoher RUNENSTEIN mit der Inschrift: »Ingjald und Näf und Sven ließen diesen Stein für Rodmar, ihren Vater, errichten.« **(33)**

Südlich der Ruine Gråborg, auf der Höhe von Färjestaden im Westen und Gårdby an der Ostküstenstraße, beginnt sich die Kalksteppe Stora Alvaret gen Süden zu erstrecken. Ihre Ausläufer reichen bis an die Ostküste bei Hulterstad.

◎ **EKETORPS BORG** hat eine wechselvolle Geschichte. Diese vor Ort älteste Befestigung (80 m Durchmesser), stammt aus der Zeit der Völkerwanderung (ca. 4. Jh.). Etwa hundert Jahre später entstand Eketorp II, mit 80 m Durchmesser eine Ringanlage, in der etwa 50 Häuser Platz fanden; das kleine befestigte Dorf wurde 200 Jahre später verlassen. Um das Jahr 1000 entstand Eketorp III; innerhalb des kreisrunden Burgwalls errichtete man Bohlenfachwerkhäuser. Die Funde deuten darauf hin, dass Eketorp damals auch Garnison gewesen sein muss. Im 13. Jh. wurde die Burg aufgegeben. Bei Ausgrabungen legte man zahlreiche Hausfundamente frei und barg ca. 26.000 Fundstücke.

Um einen Einblick in den Alltag der Bewohner von einst zu gewähren, beschloss man, die Burganlage wieder aufzubauen. Für Eketorp IV (ab 1978) rekonstruierte man einige Häuser. Ein Gebäudetrakt fungiert heute als Museum und zeigt Modelle der Eketorp-Anlagen und eine Auswahl der Fundstücke. Eine Tischlerwerkstatt ist ebenfalls eingerichtet. Die im Burggelände frei umherlaufenden Tiere halten die Vegetation kurz und sind als »regionaltypische« Artgenossen bewusst ausgewählt.

Eketorps borg, Tel. 0485 – 66 20 00, www.eketorp.se. Etwa 25.06. bis 10.8. täglich 10.30–18 Uhr, ab 1.5. sowie bis Anfang September 11–17 Uhr. Führungen auf Englisch in der Hochsaison 14.15 Uhr. Eintritt Hochsaison 120/70–0, sonst 75/40 –0 SEK. **(34)**

FÄRJESTADEN – OTTENBY (STR. 136 NACH SÜDEN)

◎ Nachdem man die Ölandbrücke in südlicher Richtung verlassen hat, kommt man bald an den Windmühlen von BJÖRNHOVDA vorbei. Hier thront auch **KVARNKUNGEN** (der Mühlenkönig) – Schwedens größte Bockmühle wurde Mitte des 18. Jhs. auf dem Festland errichtet und zog um 1880 nach Öland. 2006 umfassend restauriert, zerstörte 2011 ein Blitzeinschlag einen der über 500 kg schweren Flügel. **(35)**

◎ Die Route durchquert Torslunda (Skogsby) und Eriksöre. Hier ist der Abstecher zum berühmten **KARLEVISTENEN** einzuschieben, immerhin der größte RUNENSTEIN auf der Insel. Am Ende des 10. Jahrhunderts aufgestellt, berichtet er von Sibbe dem Weisen, einem dänischen Seehelden. **(36)** Siehe auch das Foto im 2. Farbbildteil auf Seite 179.

◎ Beim Haga Camping und dem Strand nur für SURFER (!) zweigt die Straße ab Richtung NATURSCHUTZGEBIET **BEIJERSHAMN**. In der zweiten Hälfte des 19. Jahrhunderts wollte man hier einen Hafen anlegen. Die fast 2 km lange Steinpier wurde in den Kalmarsund hinaus gebaut und sofort verlandete das Hafenbecken. Dieses Missgeschick erwies sich als Glücksfall insbesondere für Watvögel, die sich hier im flachen Schlick wohl fühlen. Heute ist Bejershamn – neben der Südspitze Ölands – einer der aufschlussreichsten Orte für ORNITHOLOGEN. Der hohe Vogelbeob-

Burg Eketorp mit ihrer stolzen Ringmauer. Im Sommer ist die Burg mit Leben erfüllt, zu Veranstaltungen wie den Eisenzeittagen am ersten (verlängerten) Juliwochenende wird wie damals nach überlieferten Methoden Essen zubereitet, gewebt, geschmiedet. ▶

achtungsturm gewährt einen trefflichen Blick über den Küstenstreifen mit seinen Strandwällen sowie den verlandeten Hafen bis hinüber aufs Festland. Und auf einige von mehr als 250 Vogelarten, die in Beijershamn gesichtet wurden. Vom Parkplatz ist der Turm in wenigen Minuten auf einem Holzbohlenweg erreicht. **(37)**

◎ **VICKLEBY** an der Str. 136 ist, wie Hulterstad im Osten, ein typisches REIHENDORF mit Holzhäusern entlang der Dorfstraße. Und:

◎ **CAPELLAGÅRDEN** wurde in den 1950er Jahren als verfallender Bauernhof vom berühmten *Carl Malmsten* erworben. Er gründete vor Ort eine Schule für Möbel-Designer und Handwerker. 1960 begannen erste Kurse im Möbeltischler- und Textilhandwerksbereich; später kam die Ausbildung für Keramiker hinzu. Seit 1980 lehrt man auch den biodynamischen Anbau: Der 1965 von einem dänischen Gartenbaumeister angelegte Kräutergarten ist heute in eine Gartenanlage mit Obst- und Gemüseanbau und einem ROSENGARTEN mit zum Teil BETAGTEN Sorten integriert. Hier wachsen und duften im Sommer fast 400 Gewürz- und Heilkräuter. Der Garten ist zu besuchen, einige der Kräuter- und Rosensorten sind zu erwerben. Die SOMMERKURSE in KUNSTHANDWERK richten sich auch an ausländische Teilnehmer, sofern sie zumindest das Englische beherrschen.

Capellagården, Vickleby, Tel. 0485 – 361 32, www.capellagarden.se. **(38)**

◎ Die Hauptstraße verläuft weiter am Westrand der baumlosen Kalksteinsteppe **STORA ALVARET**, die einzigartig in Europa ist. Das Gebiet von Stora Alvaret misst in Nord-Süd-Richtung ca. 50 km bei einer Breite von bis zu 10 km.

Vor allem im Frühling blühen hier unzählige, teilweise seltene BLUMEN – während des Sommers zeigt sich die Steppe dagegen trocken und vegetationsarm.

◎ In **RESMO** sind noch MALMAR erhalten, die Armenhütten des 19. Jhs. MALMEN war sandiger und deshalb für die Bauern wertloser Boden. Hier durften die Armen ihre Hütten bauen; die Grundstückspacht war beim Bauern abzuarbeiten. Ein *H. Nelson* schrieb 1909: »In den Hütten war nur Lehmboden, ein Strohbett ohne Laken war oft das einzige Möbelstück«. Öfen wurden mit Strauchwerk, Wacholder und ÖLANDSBRIKETTS (getrockneten Kuhfladen) beheizt. Der GESTANK war erbärmlich, wie Carl von Linné in seinen Aufzeichnungen schildert. Heute werden die verbliebenen Malmar zum Teil als (modernisierte) Sommerquartiere genutzt.

Die zweitürmige romanische KIRCHE wurde in der Mitte des 12. Jhs. errichtet. Es sind Malereien bewahrt, die zum Teil ebenso alt sind. **(39)**

◎ In Resmo zweigt eine Straße zur Ostküste über die ALVARET-STEPPE ab. Auf halber Strecke überrascht nördlich der Straße der flache Weiher **MÖCKELMOSSEN** mit einer artenreichen VOGELWELT. **(40)**

Gräberfeld Gettlinge Gravfält ▶

◎ Auf der Straße 136 fährt man in südlicher Richtung immer am Rand von Stora Alvaret entlang. Nahe der Straße liegt bald das GRÄBERFELD VON MYSINGE, mit dem Grabhügel **MYSINGEHÖG** aus der Bronzezeit – der eine nette Aussicht bietet. **(41)**
◎ Die Route passiert weitere Grabstätten, auch große GRABKAMMERN AUS DER STEINZEIT. Bald kann man nach MÖRBYLÅNGA abbiegen, das Gemeindezentrum auf Südöland.

2 km südlich der Abzweigung liegen die Überreste der **BÅRBY BORG** am Weg. Die einfache Anlage stammt wohl aus der Zeit der Völkerwanderung (ab etwa 400). Auf ihrer Westseite sorgte der steile Felshang für Schutz; die übrigen Himmelsrichtungen sicherte ein halbkreisförmiger Steinwall. Gute Aussicht! **(42)**

◎ Die Str. 136 verläuft in einem Abstand von rund 3,5 km zur Küste. In Kastlösa sorgen zwei Künstler mit der Glashütte **KASTLÖSA GLASHYTTA** dafür, dass Öland trotz der Nähe zum Glasriket kein Niemandsland in Sachen Glaskunst ist. Im Sommer täglich 10–18, sonst So–Fr 11–16 Uhr. Tel. 0485 – 66 58 11, www.kastlosaglashytta.se.
◎ Die **KASTLÖSA KYRKA** an der Kreuzung ist historisch weniger bedeutend (1855, umgebaut 1954), ist aber wegen des modernen, großen FRESKOS *(Waldemar Lorentzon)* den Besuch allemal wert. **(43)**
◎ 9 km südlich Kastlösas folgt das Gräberfeld **GETTLINGE GRAVFÄLT**, eine der größten Begräbnisstätten Ölands mit einer Schiffssetzung und einem großen Richterring. **(44)**

◎ Bald erreicht man DEGERHAMN, südlich von Mörbylånga das nächste Zentrum, westlich der Str. 136. Hier ist Ölands größter Industriebetrieb ansässig, eine Zementfabrik.

Südlich von Degerhamn sind die rötlichen ABRAUMHALDEN und ein Schornstein des Alaunwerks **SÖDRA BRUKET** (18. sowie 19. Jh.) sichtbar. Teile der Werkssiedlungen sind erst vor wenigen Jahren saniert worden und werden heute für Konferenzen sowie als Jugendherberge und Ferienwohnungen genutzt (siehe Seite 204). Alunbruksgatan 1–8, ab Degerhamn-Zentrum direkt südwärts über die Fabriksgatan.

◎ Die Str. 136 führt zwischendurch ganz nahe an die Küste, passiert die Ortschaften Ventlinge und Grönhögen. Den südlichsten Teil Ölands trennt die 4 km lange **KARL-X.-GUSTAFS-MAUER** vom »Rest der Insel« (siehe Seite 199).

◎ Der GUTSHOF OTTENBY KUNGSGÅRD war während des Mittelalters ein Klostergut, das Gustav Vasa für die Krone konfiszieren ließ. Auf dem stattlichen Anwesen wird nach wie vor Landwirtschaft betrieben. Auch die Kunst hat ihren Platz gefunden:

Im **OTTENBY KONSTMAGASIN** finden wechselnde Ausstellungen zeitgenössicher Kunst, internationaler und regionaler Künstler sowie Kunsthandwerker statt. Das restaurierte frühere Lagergebäude wurde 2006 mit einem Architekturpreis ausgezeichnet. Im Sommer täglich geöffnet, sonst je nach Ausstellungen. Eintritt 20 SEK. Tel. 0485 – 66 10 08. www.ottenbykonst.se. Auch eine Galerie und Silberschmiede haben Gebäude auf dem Anwesen bezogen.

In dem südöstlich gelegenen Hain Ottenbylunden lebt einiges an Damwild. Hier geht der König im Herbst in der Regel auf die Jagd.

◎ Die Str. 136 endet offiziell bei Ottenby – es lohnt sich, die Fahrt zum südlichsten Inselpunkt fortzusetzen, **ÖLANDS SÖDRA UDDE**: Hier thront der Leuchtturm LÅNGE JAN (1785), mit fast 42 m der höchste in Schweden, der bereits seit 1907 automatisiert ist. Zugang 30/10 SEK. **(45)**

◎ Bei dem länglichen, weißen Gebäude am Parkplatz handelt es sich um die VOGELWARTE OTTENBY FÅGELSTATION, die vor allem Zugvogelforschung betreibt, indem einige Tiere gefangen und beringt werden, um ihre Flugbewegungen und Gewohnheiten auswerten zu können.

Die interessantesten Ergebnisse hat das **OTTENBY NATURUM** ausgestellt, wo auch EXKURSIONEN (nur in schwedischer Sprache) ins ausgewiesene **NATURRESERVAT (46)** organisiert werden. Das Naturum befindet sich in einem der Gebäude direkt am Leuchtturm. Tel. 0485 – 66 12 00, www.ottenby.se (nur Schwedisch). Anfang Juli bis ca. 10 8. täglich 10–18 Uhr, ab 1.5. sowie bis Anfang September 11–17 Uhr, ab 1.4. sowie bis Anfang November 11–16 Uhr, März Fr–So 11–16 Uhr. Eintritt frei, jedoch Pkw-Parkgebühr.

Ferien aktiv

WANDERN

Mit der Öland-Karte (siehe Seite 200) sind Sie unterwegs gut ausgestattet.

◎ **TROLLSKOGEN**: siehe Seite 212. Ab Parkplatz mit Info sind drei Rundrouten MARKIERT, der längste in Rot misst 4,5 km und hält sich an die Ufer der Landzunge, der kürzeste in Blau ist 0,9 km lang und führt zur Bucht Grankullaviken. Fragen Sie im Touristenbüro nach dem deutschsprachigen Faltblatt zum »Zauberwald«.

◎ **BÖDA EKOPARK**: Über 50 km ist der Böda vandringsled über Skäftekärr, Byrums Sandvik, Grankullaviken und Böda lang, im Osten entlang der Küste, im Westen durch das Binnenland verlaufend. Alternativ kann man bis nach Byxelkrok und darüber hinaus weiter der Küste folgen.

◎ **VON BURG ZU BURG**: Im Bereich Gråborg/Ismanstorp Borg und Bjärby (siehe Seite 213) verlaufen mehrere lokale Wege, die auch miteinander verknüpft werden können; dann ist man aber mehr als 20 km unterwegs und sollte demgemäß fit sein.

◎ Der **MÖRBYLÅNGALEDEN** führt in 5 Etappen über 83,5 km vom Touristenbüro Färjestaden nach Ottenby. Bei der Überquerung von Stora Alvaret ist östlich Kastlösas eine 13-km-Rundtour inklusive Abstecher zu den Kalkbrocken von Tingstad flisor möglich. Der Pfad ist rot markiert.

◎ NATURRESERVAT **BEIJERSHAMN** (siehe Seite 214 f.).

◎ Verschiedene Rundtouren mit einer Gesamtlänge von mehr als 10 km sind in **OTTENBY** möglich, einbezogen das Naturreservat sowie der königliche Jagdforst Ottenbylunden.

BADEN

◎ **RUND UM DIE INSEL**: Sand, Gras, Stein, Klippen. Viele Campingplätze haben einen eigenen Strand; beliebt ist der Platz an der Bucht GRANKULLAVIKEN im Norden. Lokalkarten sowie die Öland-Karte (siehe Seite 200) gewähren den ganzen Überblick.

GOLF

◎ **ACHT GOLFPLÄTZE** gibt es auf Öland, von Norden nach Süden: Byxelkrok (Storängens Golfklubb), Böda Sands (Campingplatz), in Löttorp Ölands Golfklubb, Halltorp Golfklubb, Ekerums Golfklubb und Ekerum Golf & Resort (mit 36-Loch-Platz), Saxnäs Golfklubb nördlich von Färjestaden, Grönhögens Golfklubb im Süden.

Der mit 42 m höchste Leuchtturm Schwedens wurde 1784/85 errichtet, zumindest teilweise verwendete man dabei Steine einer mittelalterlichen Kapelle: Långe Jan. Mal sehen, ob sich ein neues Ausflugslokal nach der Aufgabe von »Fågel Blå« etabliert. ▲

RAD FAHREN

Öland ist eine RADFAHRERINSEL par excellence. Viele Leistungssportler absolvieren hier Trainingseinheiten.

◎ **EKOPARKLEDEN**: gut 40 km beschilderter Radweg im Inselnorden, als Rundfahrt angelegt. Startpunkte u.a. in Skäftekärr oder an der Bucht Grankullaviken (siehe Seite 210 ff.).

◎ Der **ÖLANDSLEDEN** erschließt die Insel auf rund 400 Kilometern, in 17 Etappen unterteilt. Der Abschnitt zwischen von Kastlösa und Skärlöv durchquert die Kalksteppe Stora Alvaret auf einem früheren Bahndamm. Kartenmaterial im Touristenbüro sowie als PDF-Download via www.cyklapaoland.se (nur auf Schwedisch).

◎ **FAHRRADVERMIETUNG** nahe der Brücke: Färjestadens Cykelaffär, Storgatan 67, Teefon 0485 – 300 74, www.cykelaffaren.se. Weitere Vermieter nennt das Touristenbüro.

REITEN

◎ **KOLLBERGGÅRDEN**, Kleva, Tel. 0736 – 73 88 72, www.kollberggarden.se. Reitstunden, Ausritte, B & B.

SURFEN

◎ Freizeitanlage **HAGA PARK**, zwischen Färjestaden und Mörbylånga.

VOGELBEOBACHTUNG

◎ **OTTENBY**: siehe Seite 218.

◎ **MÖCKELMOSSEN**: s. Seite 216.

◎ **BEIJERSHAMN**: siehe Seite 214.

◎ **BLÅ JUNGFRUN**: siehe Seite 211.

◎ **HORNSJÖN**: siehe Seite 210.

◎ **KNISA MOSSE**: siehe Seite 209.

Info-Mix

GALERIEN/KUNSTHANDWERK

◎ Verzeichnis im Touristenbüro, besonders viele in **VICKLEBY**.

KONTAKT, HILFE

◎ **ÄRZTLICHE BEREITSCHAFT**: zuständig ist Vårdcentralen, Borgholm, Tullgatan 38, Tel. 0485 – 15120. Mo–Fr 8 – 17 Uhr. Ansonsten wendet man sich ans Krankenhaus in Kalmar, Lasarettvägen, Tel. 0480 – 810 00.

◎ **POLIZEI**: Borgholm, Stenbergsgatan 4, Tel. 114 14, Notfall-Tel. 112.

◎ **POST**: in Borgholm Storgatan 56 (ICA).

TRANSPORT/WEITERREISE

◎ **BUS**: Im Sommer gilt ein eigener Fahrplan, abzurufen via www.klt.se, (Hitta din resa, Tidtabell Öland). Zuständig ist KLT (Kalmar Länstrafik), Tel. 010 – 21 21 000.

◎ **TAXI**: Färjestaden Tel. 0485 – 56 57 56, Borgholm Tel. 0485 – 104 75.

◎ **FÄHRE** MS SOLSUND **NACH OSKARSHAMN**: Mitte Juni bis Mitte August 2 x täglich von/nach Byxelkrok.

◎ Die **FAHRRADFÄHRE** DESSI verkehrt im Sommer von Mitte Juni bis Ende August 7–9 x täglich zwischen Färjestaden und Kalmar/Skeppsbron. Ticket 40 SEK.

Der ergänzende Fahrradbus (Cykelbuss) wurde 2012 eingestellt, zumindest vorerst.

Auf dem Weg nach Karlskrona ist es denkbar, draußen in Blekinges Schären Unterkunft zu beziehen. Komfortable Ferienanlagen mit Camping, Zimmern und vielen Aktivitäten befinden sich auf Sturkö und Tjurkö (siehe Seite 224).

Blekinge

Blekinge misst von seiner Grenze zu Skåne (im Westen) bis zur Ostküste ca. 100 Kilometer, während die Ausdehnung von Norden nach Süden gerade 30 Kilometer beträgt. Im Regierungsbezirk BLEKINGE LÄN leben in nur fünf Gemeinden über 153.000 Menschen auf 3.055 km². Die Hauptstadt KARLSKRONA liegt an der Küste. ◎ Der bezaubernden Schärenküste wegen trägt Blekinge den Beinamen **SCHWEDENS GARTEN** . Der Dichter *Sven Edvin Salje* aus Jämshög in Blekinge schilderte: »Berge, Täler und Seen haben ihre Größe der Landschaft angepasst. Vielleicht ist es das gemütliche Kleinformat und die wechselnde Flora, die den Namen „Schwedens Garten" geschaffen haben.«

Dass auch dieses Land VON DER EISZEIT geformt ist, bezeugen Gletschertöpfe, Geröllfelder, riesige Findlinge etc. Im Norden erstrecken sich WALDGEBIETE mit karger, steiniger Erde, im mittleren Teil FRUCHTBARES ACKERLAND. Die Flusstäler sind Refugien mit abwechslungsreicher Flora. Die Küste ist eingebettet in das GRÜN von Laubwäldern mit Eichen, Buchen und Birken, mit Weißdorn und Schlehenbüschen. Im Frühsommer geben hier die NACHTIGALLEN regelmäßig Konzerte. Die Seenplatte mit Halen, Immeln und Raslången heißt wegen der dichten Wälder auch Schwedens **SÜDLICHSTE WILDNIS**.
◎ Blekinge ist eine jener Provinzen, die »spät«, nämlich 1658 zu Schweden kamen. Davor war es dänisches Territorium, dessen Grenze zu dem Nachbarn im Norden stark bewacht und verteidigt wurde. Das Ausmaß des Jahrhunderte währenden **NACHBARSCHAFTSSTREITS** ist noch an den Festungsruinen in Kristianopel sichtbar. Damals markierten Stadtmauer und Bastionen den Anspruch des Dänen-Imperators Christian IV., heute stehen die verbliebenen Ruinen in keinem Verhältnis zu der eher verträumten Sommerfrische mit weniger als 100 festen Einwohnern.

Als BLEKINGE dann SCHWEDISCH geworden war, beeilten sich die Könige Karl X. und Karl XI. durch Gründungen von Städten und Festungen ihrerseits, die neue Machtkonstellation zu zementieren: 1664 wurde das Fischerdorf Bodekull zur Hafenstadt erklärt und hieß fortan KARLSHAMN. Die strategische Lage von Karlskrona begründete 1680 Schwedens noch heute wichtigsten Marinestützpunkt.
◎ Blekinges Küste steht aber nicht mehr im Zeichen der Abwehr, sondern des Miteinanders, vor allem als **BRÜCKE MIT DEM BALTIKUM UND POLEN**. Karlskrona verbindet eine Fähre mit Polen, Karlshamn eine weitere mit Litauen. Aus vielen Ländern kommen die Fans nach Sölvesborg zum **SWEDENROCK**.

Die Ausrichtung nicht nur nach Westen unterstreicht auch das Touristenbüro von Blekinges Hauptstadt Karlskrona, dessen Website außer auf Schwedisch noch auf Englisch vorliegt und auf – Polnisch.

Karlskrona

AN SCHWEDENS SÜDLICHSTEN SCHÄREN

Karlskrona, Hauptstadt und Regierungssitz der Provinz Blekinge, liegt IM SCHÄRENGÜRTEL der südschwedischen Küste. Die Bebauung verteilt sich auf mehr als 30 Inseln bis weit in die Schären hinaus. Das Ortszentrum liegt auf der Insel TROSSÖ. Die Stadt zählt über 35.000 Einwohner, die Kommune über 64.000, Tendenz steigend. Ein großer Arbeitgeber ist der hiesige Marinestützpunkt, wichtig sind Handel, Dienstleistung, Ausbildung (Technische Hochschule), Gesundheitswesen, IT, Kleinindustrien. Die »Stena Line« unterhält eine Fährverbindung mit Gdynia/Polen.

Im Jahr 1680 ließ Karl XI. Karlskrona (Karls Krone) als freien Marinehafen für die Ostseeflotte gründen; die Stadt wurde nach Plänen der arrivierten Baumeister *Nicodemus Tessin d.J.* und d.Ä. (die u.a. das königliche Schloss im Stockholm entwarfen) sowie *Erik Dahlberg* mit großzügig angelegten Straßen und Plätzen gebaut. Mächtige Verteidigungsanlagen sollten Karlskrona schützen, jedoch wurde hier niemals geschossen oder gekämpft. Unter Gustav III. bekam die Stadt ein neoklassizistisches Aussehen.

Viele Gebäude aus den Anfängen der Stadt sind erhalten. Dieses unversehrte Erbe verhalf dem Flottenstützpunkt Karlskrona sich in die Liste des WELTERBES schützenswerter Kulturgüter einzureihen. Über 300 Jahre Marinegeschichte gaben der Stadt ein unverwechselbares Aussehen. Auf den Inseln STUMHOLMEN und LINDHOLMEN liegen Magazine, Kasernen, Werft- und Versorgungsbauten, im Süden von Trossö Werft- und Verteidigungsanlagen sowie im Zentrum zivile repräsentative Gebäude. Mit Neubauten auf Stumholmen (Wohnungen, Marinemuseum) passte sich die 20.-Jh.-Architektur der vorhandenen Bebauung an. Altes wurde gelungen restauriert und neuen Bestimmungen zugeführt.

Zur Gemeinde Karlskrona gehört auch KRISTIANOPEL, ursprünglich die Festung der Dänen an der nahen Grenze zu Schweden, heute ein reizender Ferienort, ganz im Osten von Blekinge an der Küste gelegen. Der Tourismus ist ein unverzichtbarer Wirtschaftsfaktor für die Region, die mit Schwedens südlichsten Schären viele Besucher anlockt.

INFORMATION

◎ **KARLSKRONA TURISTBYRÅ**, Stortorget 2, SE–37134 Karlskrona, Telefon 0455 – 30 34 90, Fax 30 34 94, visit@karlskrona.se, www.visitkarlskrona.se. 1.6.–31.8. täglich 9 – 19 Uhr, Mai und September Mo–Fr 9–17, Sa 9–14 Uhr,sonst Mo–Fr 9–17 (Mi erst ab 12) Uhr, Sa 10–14 Uhr. **(1)**

Oben: Galionsfiguren im Marinemuseum. – Mitte: Das frühere Segelschulschiff »Jarramas«. – Unten: Das Marine-Musik-Corps auf dem Stortorget. ▶

Unterkunft

◎ Die **FIRST-HOTEL**S sind zweifach in Karlskrona vertreten. Beide liegen zentral, nahe zum Stora Torget. First Hotell **STATT**, Ronnebygatan 37–39 **(5)**, Tel. 0455 – 555 50. Und First Hotel **JA**, Borgmästaregatan 13 **(6)**, Tel. 0455 – 555 60. DZ ab 580 SEK, dynamische Preise nach Buchungslage. www.firsthotels.se.

◎ **A-HOTEL**, Alamedan 10 **(7)**, Tel. 0455 – 30 02 50, www.ahotel.se. EZ ab 795 SEK, DZ ab 895 SEK, weekend EZ/DZ ab 695 SEK.

Mittelklasse-Hotel, ebenfalls zentral gelegen, in der Nähe des Amiralitetstorget.

◎ STF **KARLSKRONA & TROSSÖ VANDRARHEM**, Bredgatan 16 und Drottninggatan 39, Tel. 0455 – 100 20, www.karlskronavandrarhem.se. Öffnungszeiten siehe unten. Im Mehrbett-Zimmer ab 160/100 SEK, als EZ ab 280 SEK, als DZ ab 370 SEK. **(8/9)**

STF unterhält zwei Jugendherbergen in Karlskrona, mit gemeinsamer Rezeption in der Drottninggatan 39. Dieses Gästehaus ist ganzjährig geöffnet und für EZ/DZ gelten die oben genannten Preise, während das Gästehaus in der Bredgatan nur von Mitte Juni bis Mitte August geöffnet und im Zimmerpreis teurer ist. Übrigens liegen beide Häuser auf Trossö, nicht weit voneinander entfernt.

◎ **DRAGSÖ CAMPING & STUGBY**, Karlskrona, Dragsövägen 14, Telefon 0455 – 153 54, www.dragso.se. Ostern bis Mitte Oktober. Stellplatz ab 195 SEK, Campingütten ab 400 SEK, Wohnwagen ab 750 SEK, Ferienhütten ab 750, Zimmer ab 350 SEK. **(10)**

SCHÄREN-FEELING nordwestlich von Innenstadt/Trossö, auf dem Hinweg muss man durch das Zentrum. Badeklippen und -buchten und viel Aktivität im, am und auf dem Wasser: für Angler Hechtsafaris, Vermietung von Ruderbooten, Kanus, Seekajaks und Fahrrädern. 4 Sterne.

◎ **SKÖNSTAVIK CAMPING**, Karlskrona, Tel. 0455 – 2370 0, Fax 237 92, www.skonstavikcamping.se. 1.4. bis 31.8. Stellplatz ab 170 SEK, Campinghütten (2–6 Personen) ab 475 SEK, auch Hostelzimmer 450 SEK.

An der FESTLANDKÜSTE vor den Toren (nördlich) Karlskronas, Klippen und Sandstrand. 4 Sterne, Unterhaltung und viel Ausrüstung zu mieten.

◎ **DRAUSSEN IN DEN SCHÄREN** südöstlich von Karlskrona sind mehrere Inseln durch Straßen mit dem Festland verbunden. Auf Tjurkö, vis à vis Karlskronas, liegt STENBRÄCKA, Tel. 0455 – 462 85, www.stenbracka.k.se. Luftlinie 6 km, via Straße 35 km nach Karlskrona. Im Inselsüden von Sturkö STURKÖ CAMPING, Tel. 0455 – 424 82, www.sturkocamping.com.

◎ **STENSJÖ CAMPING**, Nävragö, Holmsjö, Tel. 0455 – 921 14, www.stensjo.net. 1.5.–30.9. Stellplatz ab 130 SEK, Campinghütten ab 300 SEK.

35 km nördlich Karlskronas inmitten der Wälder am See, denkbar auch als Station auf der Reise ins Glasreich. Wandern, Angeln, Kanuvermietung.

Karlskrona plant seine Zukunft: Im Norden von Trossö sollen das neue Viertel Pottholmen (rund um den Bahnhof) und am Västra Skeppsbrokajen eine neue Marina mit Promenade für ein freundlicheres, modernes Stadtbild sorgen.

KARLSKRONA
ZENTRUM
(TROSSÖ)
Östra Kvarng.
Holmg.
Österleden
Klorgatan
28
Skeppsbrokajen
Borgmästarekajen
Blekingegatan
Järnvägstorget
Kungsplan
Västra Vittusg.
Ölandsg.
Landbrogatan
N. Kungsgatan
Östra Köpmansgatan
N. Smedjegatan
Drottninggatan
Bredgatan
Ronnebygatan
Ronnebygatan
Rådhusg.
Stortorget
Kyrkogatan
Hantverkaregatan
Skomakaregatan
Västra Prinsgatan
Östra Prinsgatan
Amiralitetsgatan
Alamedan
Kungsbrog.
Vallgatan
Styrmansgatan
Skepparegatan
Finnagr.
Amiralitetstorget
Södra Smedjegatan
Varvsgatan
Stumholmen
Lindholmen
N
0
300 m
P
Information/Orientierung:
1 Touristenbüro
2 Hauptbahnhof
3 Busbahnhof
4 Post
Unterkunft/Gastronomie:
5 First Hotel Statt
6 First Hotel Ja
7 A-Hotel
8 Karlskrona Vandrarhem
9 Karlskrona Trossö Vandrarhem
10 zum Dragsö Camping
11 Café Utkiken
12 Skeppsgossen
Sehenswertes:
12 Marinemuseum
15 Stortorget
16 Fredrikskyrkan
17 The Kulenovic Collection
18 Trefaldighetskyrkan
19 Blekinge Museum
20 Schärenboote Fisktorget
21 nach Björkholmen
22 Amiralitetskyrka und Gubben Rosenbom
23 zum Wämöparken

Essen und Trinken

◎ **CAFÉ UTKIKEN**, Bryggareberget, Kärleksstigen, Tel. 0455 – 137 70. Mo–Fr 11–15 Uhr, im Sommer täglich 11–18/19 Uhr. **(11)**

Auf dem Aussichtspunkt Bryggareberget nördlich von Karlskronas Innenstadt. Schöner Ausblick auf die Welterbe-Hafenanlagen der Inseln Stumholmen und Trossö sowie die Schären vor der Stadt. Crossover-Küche, Lunch als Buffet, montags mitunter Hausmannskost, mal mediterran, mal orientalisch. Anfahrt via Str. 28, Ausfahrt Långö / Campus Gräsvik (Hochschule); am Ende der Schleife rechts halten, auf der Blåportsgatan unter der Autobahn hindurch sowie geradeaus; hinter der Tankstelle rechter Hand geht es links hinauf.

◎ Restaurant **SKEPPSGOSSEN** im Marinemuseum Karlskrona. Tel. 0455 – 35 93 03. Täglich 10–16 Uhr. **(12)**

Maritimes Flair, toller Blick durch große Glasfenster und ambitionierte Küche. Dagens Lunch 90 SEK, Sa+So 110 SEK, alternativ à la carte zu gehobenen Preisen. Das LUNCHBUFFET wechselt seine Zutaten, enthält aber immer auch Hausmannskost und regionale SPEZIALITÄTEN wie Kroppkakor und Raggmunkar. Das hauseigene Eis wird angeblich nach italienischen Rezepten selbst hergestellt.

Ein guter Abschluss des UNESCO-Welterbe-Besuchs. Zumindest in der Vor- und Nachsaison ist der Eintritt frei.

Sehenswertes

Karlskronas bedeutendste Sehenswürdigkeit sind die MARINEHISTORISCHEN ZEUGNISSE des UNESCO-Welterbes. Vieles davon ist zu Fuß zu erreichen und befindet sich in der Stadt und rund um das Marinemuseum auf der Insel Stumholmen. Einiges liegt jedoch für die Öffentlichkeit unzugänglich innerhalb des Geländes der schwedischen Marine, die unverändert in Karlskrona stationiert ist. Die mächtigen Kastelle und das einzigartige, ovale, ummauerte und fleißig in Broschüren abgebildete Hafenbecken erschließen sich darum nur mit dem Sightseeingboot.

Detailreich informiert die Website www.orlogsstadenkarlskrona.se über alle zum Welterbe gehörenden Inseln, Gebiete, Gebäude. FÜHRUNGEN ab dem Marinemuseum und ab dem Anleger am Fisktorget.

AUF STUMHOLMEN

Die kleine Insel Stumholmen, jahrhundertelang nur dem Militär zugänglich, ist zur MUSEUMSINSEL und einem bevorzugten Wohngebiet geworden. Harmonisch fügen sich die Neubauten in die historische Architektur ein.

◎ **MARINMUSEUM KARLSKRONA**, Stumholmen, Tel. 0455 – 35 93 00. 1.5.–30.9. täglich 10 – 18 Uhr, sonst Di–So 11–17 Uhr. Eintritt 1.5.–30.9. 100/0 SEK, sonst frei. Audioführungen in deutscher Sprache. **(12)**

Veteranbåtsdagen: Treffen historischer Boote beim Marinemuseum ▶

Das Marinemuseum hebt sich besonders dank der GALIONSFIGUREN von *Johan Törnström* sowie der Themenausstellungen von vergleichbaren Museen ab; den üblichen Fundus an Schiffsmodellen, Navigationsinstrumenten, Seekarten, alten Waffen hat es freilich auch. Am Ufer liegen diverse Protagonisten der schwedischen Seefahrt vertäut, die im Sommer teilweise im Rahmen einer Führung inspiziert werden können, vom Postsegler zum Torpedoboot. – Vor dem Eingang ist das U-Boot Hajen 1 aus den Pioniertagen (1904) dieser Schiffsgattung aufgedockt.

◎ Zu besichtigen sind im Sommer u.a. das Minensuchboot **BREMON** (1940), das Schnellboot **T 38** (1950er Jahre), ein sog. Roboterschiff und:

◎ Der 1900 gebaute VIERMASTER **JARRAMAS** – 39 m lang 8,40 m breit, Tiefgang 3,20 m – befuhr als Segelschulschiff die Meere. Seit 1946 liegt es im Hafen Karlskrona – wo es übrigens auch vom Stapel der hiesigen Werft Karlskronavarvet lief. Aktuell wird es von Grund auf überholt.

◎ Eine ganz besondere Attraktion im Marinemuseum ist der **UNTERSEETUNNEL**, der an ein Schiffswrack heranführt. Das liegt dort aber nicht als Folge eines Unglücks, sondern so beabsichtigt, um den Meeresboden in diesem Bereich aufzufüllen. Damit verbunden wurde eine Ausstellung zur Marinearchäologie eingerichtet.

◎ Auf **DUNDERS DECK** können Besucher mit Hilfe eines SIMULATORS Steuermann spielen.

AUF TROSSÖ/STADTZENTRUM

Der zentrale Platz Stortorget in der Innenstadt, der ebenso zum Areal des UNESCO-Welterbes gehört, eignet sich gut als Ausgangspunkt.

◎ **STORTORGET**: Der MARKTPLATZ soll einer der größten Skandinaviens sein. Er wird von dem Rathaus (1795) sowie zwei großen Kirchen eingerahmt. Stadtgründer König Karl XI. steht auf einem Sockel mitten auf dem Platz und ist sicher verwundert, wenn am Tag vor Mittsommerabend buntes Markttreiben um ihn herum herrscht – und keine Militärparade vorbeizieht. Dafür war der Platz mit der imposanten Größe nämlich entworfen. Hin und wieder marschiert hier das MARINE-MUSIK-CORPS auf, die einzige Berufs-Musikkapelle der schwedischen Marine, die hier stationiert ist (siehe Seite 223). **(15)**

◎ **FREDRIKSKYRKAN** (1744), gegenüber des Rathauses, entstand ebenfalls nach Zeichnungen von Nicodemus Tessin d. J. Ihre viereckigen Türme sollten ursprünglich mit Spieren versehen werden. Morgens, mittags und abends ertönt das Glockenspiel der Kirche über der Stadt. **(16)**

◎ **THE KULENOVIC COLLECTION**, Stortorget 5, Telefon 0455 – 255 73, www.kulenoviccollection.se. Mo–Sa 10–18 Uhr, So 11–18 Uhr. **(17)**

Privates Kunstmuseum und Galerie mit Werken von der Renaissance zur Moderne – Gemälde von Reni, Rembrandt, Matisse, van Gogh, Braque u.v.a. Im alten Wasserwerk VATTENBORGEN (1863) am Stortorget.

◎ **TREFALDIGHETSKYRKAN**, die runde DREIFALTIGKEITSKIRCHE, ist eine REIZVOLLE MISCHUNG aus italienischem Baustil und Barock (mit Säulenhalle), wurde 1709 erbaut (Nicodemus Tessins d. J.), eine schöne Barockkirche. Sie gehörte einst der deutschen Gemeinde der Stadt und wird deshalb auch TYSKA KYRKAN (Deutsche Kirche) genannt. **(18)**

Vom Stortorget geht es am Rathaus vorbei über Rådhusgatan und Borgmästaregatan nach Westen zur Bucht Stakholmen zu einem besonders schönen Ort in der Innenstadt:

◎ **BLEKINGE MUSEUM**, Fisktorget 2, Tel. 0455 – 30 49 60, www.blekingemuseum.se. Di–So 12–17 Uhr. Eintritt frei. **(19)**

Das KULTURHISTORISCHE MUSEUM erzählt von Steinmetzen, Bootsbauern, Seeleuten und Fischern, von Porzellanherstellung und Kunsthandwerk. Das repräsentative Gebäude GREVAGÅRDEN bildet eine Einheit mit Barockgarten, Spielplatz und Café und ist ein häufiges Ausflugsziel.

◎ Am Kai entlang nach Westen, befindet man sich auf Fisktorget, dem einstigen Fischmarkt, wo die Kutter anlegten. Heute ankern hier Freizeitkapitäne ihre guten Stücke und starten **SIGHTSEEINGTOUREN** auf dem Wasser (siehe Seite 234). **(20)**

◎ 400 m westlich im Viertel **BJÖRKHOLMEN** überstanden Holzhäuser aus dem frühen 18. Jh. die Moderne, damals von den Werftarbeitern und Seeleuten bewohnt. BUNTE GIEBEL reihen sich aneinander. **(21)**

◎ **AMIRALITETSKYRKA ULRIKA PIA**: Die Admiralitätskirche (1685) ist eine der ältesten und größten Holzkirchen im Land, die durch ihre klaren, geraden Linien wirkt. Der Glockenturm entstand 1699 abseits der Kirche (Amiralitetstorget). **(22)**

◎ **GUBBEN ROSENBOM**, vor der Amiralitetskyrka, eine HOLZFIGUR ALS OPFERSTOCK, bittet mit einem Sprüchlein auf einer Tafel um eine milde Gabe: »Demütig ich bitte sehr, die Stimme ist nicht gut, gib mir ein Taler her, doch lüpf dafür den Hut.« Durch *Selma Lagerlöfs* Roman »Die wunderbare Reise des kleinen Nils Holgersson« wurde Herr Rosenbom weltberühmt und ist seither wahrscheinlich der MEISTFOTOGRAFIERTE ALTE in Schweden und ein Wahrzeichen von Karlskrona. Man nimmt an, dass die Holzfigur, gekleidet wie ein Bootsmann Mitte des 18. Jhs., zu dieser Zeit in der Zimmermannswerkstatt der Werft entstand. Damit das Original nicht an Altersschwäche eingeht, hat man ihm ein trockenes Plätzchen im hinteren Teil der Kirche gegeben. Die KOPIE vor der Kirche wurde von *K. Karlsson,* Bildhauer der Werft, angefertigt. Um den alten Rosenbom ranken sich viele Sagen – sicher ist, dass im 18. Jh. Armensparbüchsen dieser Art nicht selten waren. Eine Sage erzählt, Rosenbom sei im 17. / 18. Jh. ein Bürger Karlskronas gewesen, der durch Krankheit unverschuldet in Not geraten sein soll. Damit er seine vielköpfige Familie habe ernähren können, habe er vom Bürgermeister der Stadt die Genehmigung zum Betteln erhalten. In einer kalten Silvesternacht sei er erfroren, in Bettelpose, die Hand vorgestreckt. So habe man ihn am Morgen gefunden. In dieser Bettelstellung habe der Galionsbildhauer, der ihn am Vorabend hartherzig abgewiesen haben soll, Rosenbom als Armensparbüchse verewigt und der Gemeinde gespendet.

◂ Gestatten, Gubben Rosenbom

Ausflüge

GRÜNE OASEN NAHE DER CITY

◎ Die SCHÖNSTE AUSSICHT über Karlskrona und die Schären hat man vom **BRYGGAREBERGET** (Brauereiberg), Wasser- und Fernsehturm. Zu empfehlen ist die Rast im Café Utkiken (siehe Seite 226, Stadtplan **11**).

◎ Nur 1 km weiter nordöstlich liegt der **WÄMÖPARKEN**, eröffnet 1910 und damit mehr als 100 Jahre alt geworden. Er erinnert ein wenig an das Stockholmer Ausflugsziel Skansen, indem sich im Park historische Gebäude aus der Region verteilen, die man hierher versetzt hat und die im Sommer (von Mitte Mai bis Mitte September) teilweise offen stehen, u.a. ein Pfarrhof, eine Wassermühle, eine Grenadierhütte. Tiere zum Streicheln gibt es auch, und für die Menschen jede Menge Auslauf im Grünen, inklusive Wanderweg (siehe Seite 232).

Die WÄMÖ KAFFESTUGA serviert leichte Speisen und die unvermeidlichen Waffeln.

IN DEN SCHÄREN

Die Schären vor Karlskrona eignen sich auch gut für Ausflüge mit dem Auto oder Fahrrad, weil einige Inseln durch Brücken und Dämme miteinander verbunden sind. Westlich von Karlskrona ist HASSLÖ über Land erreichbar, östlich haben die Inseln SENOREN, STURKÖ und TJURKÖ Festlandverbindung. Linienverkehr mit Booten gibt es ab Karlskrona (Fisktorget) in die östlichen Schären bis zur Insel LÅNGÖREN. Nach Süden ab Fisktorget und Marinemuseum nach ASPÖ, Kungsholmen, Tjurkö. In den Nordosten nach Säljö. Nach Westen via Dragsö quer über die Bucht nach Sjuhalla, Åslätten, Wrängö, Nättraby.

◎ **INFORMATION**: Bekingetrafiken, Tel. 0455 – 569 00, www.blekingetrafiken.se (s. »Skärgårdstrafiken, tidtabeller«). Tickets werden auch an Bord verkauft. Anleger Fisktorget **(20)**.

NACH KRISTIANOPEL

◎ Auf dem Weg nach Kristianopel ostwärts über die E 22 kann man in **RAMDALA** eine Pause einlegen: Die Ortskirche (13. Jh.) zieren Wandmalereien, eine vergoldete Kanzel, ein Altaraufsatz sowie ein Taufbecken mit Baldachin (beide 17. Jh.).

◎ Im nächsten Ort Jämjö erfolgt der Abzweig nach Torhamn zur Küste. In **MÖCKLERYD** befindet sich Blekinges größte Fläche mit FELSRITZUNGEN: rund 140 Darstellungen von Menschen, Schiffen, Tieren u.a.

◎ Ab Torhamn (VOGELWARTE auf der südlichen Spitze) ist die KÜSTENSTRASSE der schönste Weg, um nach **KRISTIANOPEL** zu kommen. Dieser Ort war zu Beginn des 17. Jhs. vom dänischen König Christian II. als Grenzfestung angelegt worden, als Gegenstück zum schwedischen Kalmar gedacht. Die Festung wurde geschleift, nachdem Blekinge im Jahr 1658 schwedisch geworden war. An die kriegerische Zeit erinnert die in Teilen restaurierte STADTMAUER. –

Der Ausflug nach Kristianopel kann ebenso als Abstecher im Rahmen der Weiterreise nach Kalmar und Öland wahrgenommen werden.

Kristianopel ist heute ein beliebtes Urlaubsdomizil, mit Gästehafen, Feriendorf, B & Bs und Campingplatz.

◎ Weitere 8 km nördlich von Kristianopel überquert die Europastraße 22 die Grenze zwischen Småland und Blekinge. Einst verlief hier die Grenze zwischen Schweden und Dänemark; die südschwedischen Provinzen Blekinge und Skåne waren NOCH BIS 1658 DÄNISCH. Ein **DENKMAL** erinnert an den FRIEDEN VON BRÖMSEBRO 1645 (siehe ganz unten). Doch erst mit dem Roskilder Frieden wurden Halland, Skåne und Blekinge endgültig schwedisch. Via E 22 ist man schnell wieder in Karlskrona.

NACH NORDEN

◎ Wer in Blekinge resp. Karlskrona eine feste Unterkunft bezogen hat, wird zumindest auf einen Tagesausflug in das sogenannte **GLASREICH** kaum verzichten wollen; mögliche Ziele siehe im Kapitel »Reise ins Glasreich« ab Seite 185. Am schnellsten via Str. 28 nach Emmaboda (40 km).

◎ Im Rahmen dieses Ausflugs kann man mit einem Umweg über **FRIDLEVSTAD** beginnen. Die KIRCHE ist eine der ältesten in der Provinz (um 1200). Das Abendmahl, gemalt auf Eiche (1653), die geschnitzte Kanzel (1690) und das Taufbecken mit Baldachin (1682) gelten als größte Kostbarkeiten. Der hölzerne Glockenturm anbei wurde 1742 errichtet.

Fridlevstad liegt nordwestlich von Karlskrona (Abzweig hinter Rödeby von der Str. 28 auf die Str. 122).

◎ Wer auf der Str. 122 noch weiter bis Eringsboda und von dort nach **GÖLJAHULT / BLOMSTERGARDEN** fährt, findet auf 11 ha ein GARTENPARADIES vor, das im Folgenden ausgiebig vorgestellt wird.

Von hier aus sind es nur noch rund 20 Kilometer bis nach Långasjö und zu anderen möglichen Stationen im Auswandererland und im Glasreich.

GRÜNES PARADIES BLOMSTERGÅRDEN

1929 begann der Bauer *Verner Svensson,* auf seinem kargen Stückchen Land einen Blumengarten anzulegen, für die Bauern der Gegend nicht nur neu, sondern auch unverständlich, denn von Blumen kann man sich nicht ernähren. Doch Svensson sammelte ungewöhnliche Pflanzen, sein Garten wurde immer größer. Die Familie war so in die Arbeit eingebunden, dass es kein Entrinnen gab. Svensson war ein Tüftler, ein småländischer Workaholic. Zu den Pflanzen gesellten sich geschnitzte Figuren, kleine Häuschen, Motivgruppen. Immer mehr Leute wollten den Garten des verrückten Svensson sehen, der davon nicht begeistert war und Verbotsschilder aufstellte – bis ein Freund die Idee hatte, einen Obolus für die Besichtigung zu nehmen.

FORTSETZUNG NÄCHSTE SEITE

Zum Frieden von Brömsebro: Damals erhielt Schweden Gotland, Härjedalen und Jämtland zugesprochen, ferner Halland auf 30 Jahre. Der Friedensschluss wurde durch die kriegerischen Ereignisse 1658 überholt.

FORTSETZUNG
BLOMSTERGÅRDEN

Die Anlage wurde größer und zur Haupterwerbsquelle der Familie. Svensson begann Antiquitäten, Silber, Elfenbein, Porzellan zu sammeln, legte Wasserläufe und Teich an. Und er stritt sich mit Feuerwehr und Finanzamt, bis er seine Anlage 1982 wegen Querelen mit Behörden schloss. Als er 1990 verstarb, schien das Areal dem Verfall preisgegeben. Ein neuer Besitzer, *Karl-Gunnar Widén,* schaffte es, das Anwesen wieder in Topform zu bringen. Für Kinder gab es mittlerweile verschiedene Einrichtungen und vor allem Törnrosa Parken (Dornröschens Park) zum Austoben, für alle eine Cafeteria sowie ein Museum mit Besonderheiten und Kuriosa rund um Svensson und Blomstergården.
2006 stand der Betrieb wieder still, doch heute ist das Ausflugsziel erneut zu besuchen. Ein Laden mit Gärtnerartikeln u.a. kam hinzu. In der Nähe erstreckt sich ein ruhiger Campingplatz (auch Hütten) auf einer Waldlichtung.
◎ **BLOMSTERGÅRDEN**, Eringsboda, Tel. 0455 – 720 88, www.blomster-garden.se. Mitte Juni bis Mitte August täglich 10 – 16 Uhr, Mittsommer geschlossen. Eintritt 100/0 SEK.

Ferien aktiv

WANDERN
◎ **WÄMÖLEDEN** ist 10 km lang und führt ab Wämoparken als Rundwanderweg durch grüne und bewohnte Gebiete, fast immer küstennah und an Badestellen vorbei. Markiert und beschildert. Siehe auch Seite 230.
◎ **HÄLSANS STIG** basiert auf einer Gesundheitsinitiative. Auf 7,4 km ermöglicht er einen Stadtrundgang in Ufernähe, vorbei an Fisktorget, Marinemuseum mit Abstecher zum Café Utkiken (Seite 226). Beschildert.
◎ FERNWANDERWEG **BLEKINGELEDEN** AB KRISTIANOPEL bis Sölvesborg (siehe Seite 242) markiert über 240 km in 13 Etappen.

ANGELN
◎ An der Küste ist das Angeln frei. Dragsö Camping (siehe Seite 224) arrangiert **HECHTSAFARIS**, und auch bei Stensjö Camping sind viele Angler anzutreffen. Angelscheine sowie Sonderbroschüren sind, wie üblich, im Touristenbüro zu bekommen.

BADEN
◎ **STADTNAH**: STUMHOLMEN an der Ostseite. STUDENTVIKEN im Westen des Stadtteils Bergåsa (am Wanderweg Wämöleden).
◎ **IN DEN SCHÄREN** gibt es über 30 offizielle Badeplätze; dazu kommen ungezählte Buchten und Badefelsen. Einfach in der Unterkunft nach dem nächstgelegenen Platz fragen.

Die jährliche Karlskrona-Broschüre verfügt über ausführliche Karten zu Stadt und Umland, die sich gut für Spaziergänge, Wander- und Radeltouren eignen.

GOLF

◎ **CARLSKRONA GOLFKLUBB** auf der Insel ÄLMÖ, Tel. 0457 – 351 23, www.carlskronagk.com. 18-Loch-Platz westlich Karlskronas (E 22 nach Ronneby), knapp 15 Fahrkilometer.

PADDELN

◎ ERFAHRENE Paddler sind im Seekajak in den **SCHÄREN** unterwegs, immer den aktuellen Wetterbericht und die Windverhältnisse kennend. Begleitete Touren: Verkö Kajak, Tel. 0455 – 24067, www.paddlakajak.nu. Die Basis liegt auf Verkö, östlich der Stadt, Ängholmsvägen 9, gleich hinter der Brücke Abzweigung links.

◎ **KANUVERMIETUNG**: Verkö Kajak (s.o.), Dragsö Camping (siehe Seite 224) und andere Campingplätze.

RAD FAHREN

◎ In Karlskrona und auf den kleineren Schären sind die Möglichkeiten begrenzt. Viele Nebenwege gibt es auf den Inseln **TJURKÖ** und **STURKÖ** im südöstlichen Schärengebiet, das per Linienbootverkehr mit Karlskrona verbunden ist (siehe Seite 230).

◎ Der RADWANDERWEG **CYKELSPÅRET** durchquert Blekinge (über 160 km) von Sölvesborg im Westen nach Brömsebro im Osten; zur Rundfahrt wird er durch den **NORRA CYKELLÄNKEN** (über 190 km), der in MÖRRUM im Westen und KRISTIANOPEL im Osten jeweils mit dem Cykelspåret verknüpft ist. Beide führen vorrangig über Nebenwege und sind mittelmäßig beschildert. Karten!

AUSFLUG NACH TORHAMN

Der Abstecher nach Torhamn ist im Rahmen der Weiterreise in Richtung Kalmar und Öland denkbar; in Jämjö zweigt die Straße nach Süden ab.

◎ Ein schönes Naturgebiet, das von Wanderwegen durchzogen wird, ist **HALLARUMSVIKEN**, zwischen Jämjö und Torhamn. Die Landschaft besteht aus Ackerflächen, Weiden, Eichenwäldchen, nackten Felsen und Klippen. Vom Aussichtspunkt MÖRKE HALLAR hat man einen wunderbaren Blick auf die Schären. Vor Ort gibt's auch einladende Badeplätze.

◎ Das Laub- und Wiesenhaingebiet **STENERYD LÖVÄNGAR** liegt an der Straße zwischen Jämjö (nach 7 km) und Torhamn. Den Bäumen werden hier, wie in früheren Jahrhunderten, im Sommer das Laub und die jungen Triebe abgeschnitten. Die Wiesen werden vom Heimatverein mit Sensen gemäht – man versucht auf diese Weise die TRADITIONELLE Kulturlandschaft zu erhalten, die in Folge der landwirtschaftlichen Nutzung entstand. Unweit in Möckleryd FELSZEICHNUNGEN (siehe Seite 230).

◎ **VOGELBEOBACHTUNG**: Für ornithologisch Interessierte ein spannendes Ziel ist **TORHAMNSUDDE**. Denn auf dieser südöstlichen Spitze des schwedischen Festlands finden sich Strandwiesen und schönes Heideland. Jedes Jahr machen hier Zugvögel in großen Scharen Station: im April hunderttausende Eiderenten. 518 ha, Vogelwarte, Infrastruktur für Besucher, Beobachtungsturm.

Info-Mix

SIGHTSEEING

◎ **RUND UM TROSSÖ**: Von Anfang Juni bis Ende August verkehrt »M/F Spättan« ab Fisktorget **(20)** über Marinemuseum 2–4 x täglich. Die Tickets werden an Bord verkauft und sind den ganzen Tag über gültig. Reine Fahrzeit rund um Trossö 60 Minuten. Die Tour kann als Teil einer Führung im Touristenbüro gebucht werden, ebenso wie weitere Rundfahrten.

VERANSTALTUNGEN

◎ **LÖVMARKNAD** (Laubmarkt): ein buntes Fest am Tag vor Mittsommer.

KONTAKT, HILFE

◎ **ÄRZTLICHE BEREITSCHAFT**: Vårdcentral Trossö, Stortorget 3, Tel. 0455 – 73 57 55.

◎ **POLIZEI**: Järnvägstorget 5, Tel. 114 14, Notfall-Tel. 112.

◎ **POST**: Ronnebygatan 34–36. **(4)**

TRANSPORT, PARKEN

◎ **BUS**: zentrale Bushaltestellen am Bahnhof **(3)** und Kungsplan.

◎ **TAXI**: Tel. 0455 – 191 00.

◎ **PARKEN**: Langzeitparken Trossö in Parkhäusern, Stadtplan Seite 225.

Weiterreise

◎ **FLUG**: Drei bis viermal täglich Linienflüge ab Ronneby Airport nach Stockholm-Arlanda (»SAS«), Stockholm-Bromma (mit »Blekinge-Flyg«/ »Golden Air«). Tel. 0457 – 255 90.

◎ **BUS UND BAHN**: Karlskrona hat Bahnanschluss mit SJ via Emmaboda, Växjö und Alvesta an die X2000-Strecke Malmö–Stockholm. Zudem als »Kust-till-Kust«-Verbindung nach Göteborg. Per Bus geht's nach Karlshamn im Westen, wo Bahn- oder Busanschluss nach Malmö (und Kopenhagen) besteht. Information: Blekingetrafiken, Tel. 0455 – 569 00, www.blekingetrafiken.se. Bahnhof **(2)**.

◎ **AUTO**: **NACH KARLSHAMN** auf der E 22, zu der es leider oftmals keine Alternative gibt. Kurz hinter Nättraby ist der Abstecher nach HASSLÖ über eine Kette von Schäreninseln zu empfehlen. Die Inseln sind durch Brücken sowie Dämme miteinander verbunden. Schärenidylle und schöner Weitblick sowohl auf die offene See wie nach Karlskrona. Möglicher Stopp in Ronneby (siehe Seite 235).

NACH KALMAR E 22; beschrieben in umgekehrter Richtung unter »Kalmar, Weiterreise«. Weitere mögliche Abstecher (noch in Blekinge) nach Torhamn (siehe Seite 233) und Kristianopel (siehe Seite 230 f.).

INS GLASREICH und Auswandererland via Emmaboda auf Str. 28. Unterwegs Stensjö Camping (siehe Seite 224) am See ALLJUNGEN.

NACH VÄXJÖ Str. 28 und 122 via Eringsboda (dort möglicher Abstecher zum Blomstergården, siehe Seite 231), ab Ingelstad Str. 27.

Foto: Boule-Partie im alten Kurpark von Ronneby ▶

RONNEBY

Ronneby genießt in Schweden einen klangvollen Namen als KURORT. Rund um die Heilquellen entstand Ende des 19. Jhs. ein prächtiges Kurviertel. Die wunderbar restaurierten Holzvillen in den großzügen öffentlichen Parkanlagen zeugen von einer mondänen Epoche. Die modernen Wellness-Anlagen und das neue Spa-Resort wurden dezent in der Nähe des historischen Kurviertels errichtet. Die restaurierten Gebäude dort belegen heute Unternehmen sowie eine Infrastruktur für Konferenzen und Tagungen.

Neben Kur und Wellness im Viertel RONNEBY BRUNN geben Industrie und Handel den gut 12.000 Einwohnern Arbeit; wichtig ist auch der Flugplatz, da hier eine Einheit der Luftwaffe stationiert ist. Das eigentliche Zentrum der Stadt am Fluss Ronnebyån liegt auf der östlichen Seite des Flusses und nördlich von Ronneby Brunn. Der Hafen Ronneby Hamn wiederum liegt ein paar Kilometer flussabwärts an der Mündung.

◎ Stadtteil **BERGSLAGEN**: Das Heimatmuseum MÖLLEBACKAGÅRDEN (Tel. 0457 –13463, Mitte Juni bis Mitte August) dokumentiert die Zeit vor Kurbetrieb und Industrie. Die HELIGA KORS KYRKA (Heiligkreuz-Kirche) wurde im 12. Jh. erbaut, die Freskomalereien entstanden im 15. und im 16. Jh. Auch eine Kulturzentrum mit KUNSTHALLE ist hier ansässig.

◎ **RONNEBY BRUNNSPARK**: Mittels einer HANDPUMPE können Sie das QUELLWASSER KOSTEN, für den Spaziergang im Park sollten Sie sich Zeit lassen. Ein Teil der Anlage hat man nach japanischem Vorbild als Oase der Ruhe und Besinnung gestaltet; die für europäische Gärten typische Blumenpracht sucht man vergeblich. In Japan sind Form und Eigenart von Steinen und Wasser Teil der Gartenphilosophie. Geharkte Kieswege entsprechen die Wellen des Meeres, die Steinskulptur »Der Lauf der Zeit« symbolisiert das Leben und die mit Wasser gefüllte schwarze Granitschale »Spiegel der Zeit« Reinheit, Harmonie, Ausgeglichenheit. 2005 erhielt Ronneby Brunnspark das Prädikat »Schwedens schönster Park«.

◎ 2010 öffnete im Viertel das **RONNEBY BRUNNSBAD**, das gemäß dem Zeitgeist mehr auf Spaß als rein auf Erholung setzt. www.brunnsbadet.se.

◎ **RONNEBY TURISTBYRÅ**, Västra Torggatan1, SE–37230 Ronneby, Tel. 0457 – 61 75 70, turist@ronneby.se, www.visitronneby.se. 1.6.–31.8. Mo–Fr 10–18, Sa 10 –14, So (nur im Juli) 11–15 Uhr, sonst Mo–Fr 10 –17 Uhr.

◎ STF **RONNEBY VANDRARHEM**, Övre Brunnsvägen 54, Tel./Fax 0457 – 263 00. Etwa 10.1.–15.12. 104 Betten. Im Mehrbett-Zimmer ab 170/70 SEK, als EZ 255 SEK, als DZ 340 SEK. Die Jugendherberge befindet sich nahe am Kurpark in einer weißen Holzvilla aus der Zeit um 1900.

Karlshamn

BRÜCKE INS BALTIKUM

Als Blekinge 1658 schwedisch geworden war und Karl X. sein neues Reich inspizierte, stellte er fest, dass der natürliche, tiefe Ostseehafen des Fischerdorfes Bodekull ideal für seine Kriegsflotte war. Aber Karl X. starb bereits 1660. Bodekull erhielt 1664 die Stadtrechte durch Karl XI. sowie den neuen Namen Karlshamn zu Ehren des Königs; den Kriegshafen jedoch ließ dieser in Karlskrona bauen. Bodekull war in Folge der Kriege zwischen Schweden und Dänemark erheblich zerstört; die neue Stadt entwarf Erik Dahlberg, das rechtwinklige Straßennetz ist weitgehend intakt.

Karlshamn entwickelte sich zu einer lebhaften Handelsstadt, und die betuchten Kaufleute prägten mit ihren großen Handelshöfen und Magazinen das Ortsbild. Holländische Kaufleute machten hier Station, bevor sie über den eigens für sie angelegten HOLLÄNDAREVÄG nach Småland weiterreisten. 1763 vernichtete ein Brand viele der Holzhäuser, die meisten der erhaltenen alten Gebäude stammen aus der Zeit danach. Konjunktur belebend für Karlshamn war die Kontinentalblockade, das Handelsverbot Napoleons zwischen England und Deutschland: In dieser Zeit lief der Handel nämlich über Schweden. Ab Mitte des 18. Jhs. war der Hafen Karlshamns die letzte Station vieler Schweden, bevor sie ihre Heimat verließen: *Axel Olsson* hat das Denkmal der Auswanderer im Hafenpark gestaltet.

Die guten Hafenverhältnisse sind der Grund, dass Karlshamn unverändert das Handelszentrum sowie *die* Industrie- und Hafenstadt Blekinges ist. Mehrere hundert Schiffe im Jahr löschen hier ihre Ladung, vor allem der Handel mit den baltischen Ländern ist von Bedeutung. Eine Fährlinie verbindet Karlshamn täglich mit Klaipeda in Litauen. Das Baltic Festival Mitte Juli ist eines der buntesten Volksfeste in Südschweden. Weltoffenes Milieu begünstigen ferner die Unternehmen und Fachhochschule im Bereich Neue Medien.

Knapp 31.000 Menschen leben in der Gemeinde Karlshamn, der auch Mörrum, Asarum, Svängsta und Åryd angehören; was ein Fünftel der Fläche Blekinges ergibt. Die Stadt selbst zählt gut 19.000 Bürger.

INFORMATION

◎ **KARLSHAMNS TURISTBYRÅ**, Pirgatan 2, SE–37481 Karlshamn, Tel. Information 0454 – 812 03, Tel. Ferienhausbuchung 812 13, Fax 812 25, turistbyran@karlshamn.se, www.visitkarlshamn.se. Mitte Juni bis Mitte August Mo–Fr 9 –19 Uhr, Sa+So 10 – 16 Uhr, sonst Mo–Fr 10–17 Uhr. Hier gibt's auch Rad- und Wanderkarten.

Unterkunft

IN KARLSHAMN

◎ **PORT HOTEL**, Drottninggatan 102–104, Telefon 0454 – 142 20, Fax 142 64, www.porthotel.se. Dynamische Tarife nach Buchungslage, EZ 499–1.199 SEK, DZ 649–1.299 SEK, 3-Bett-Zimmer 849–1.399 SEK.

20 freundlich-maritim eingerichtete Zimmer in zentraler Lage sowie nahe am Meer. Restaurant im Haus.

◎ STF **KARLSHAMN VANDRARHEM**, Surbrunnsvägen 1 C, Tel. und Fax 0454 – 140 40, info@hotellkarlshamn.se, www.stfturist.se. Ganzjährig geöffnet. 72 Betten. Bett ab 210/110 SEK, als EZ ab 240 SEK, als DZ ab 450 SEK, alle Zimmer mit Bad. Ins Zentrum 5 Minuten zu Fuß, Bahnhof und Bushalt 500 m.

◎ **KARLSHAMN CITY HOSTEL**, Rådhusgatan 14 a, Tel. 0454 –137 20, www.hamnensvandrarhem.se. Ganzjährig geöffnet. EZ 310 SEK, DZ 450 SEK, 4-Bett-Zimmer 750 SEK. Neun für Hostelstandard gemütliche Zimmer im 2. Stock eines Wohnhauses. Bad auf dem Flur. Zentrale Lage.

◎ **KOLLEVIKS CAMPING & SEMESTERBY** (4 km südöstlich der Innenstadt), Tel. 0454 – 192 80. Mitte April bis Ende September. Stellplatz ab 160 SEK, Campinghütten 350–520 SEK. Ferienhütten (= Semesterby) ab 540 SEK, Hochsaison nur wochenweise.

An der BUCHT Kollevik gelegen, nahe Freizeitgebiet VÄGGA mit temperiertem Meerwasser-Bassin.

Auf Seite 238 folgen weitere Ferienanlagen im Umland (siehe auch unter »Ausflüge« ab Seite 241).

IN DER UMGEBUNG

◎ **HOTELL WALHALLA**, Mörrum, Stationsvägen 24, Tel. 0454 – 500 44, Fax 500 46, www.hotel-walhalla.se. EZ 890 SEK, DZ 1.190 SEK, Sommertarife Mitte Juni bis Mitte August EZ 690 SEK, DZ 890 SEK, 3/4-Bett-Zimmer 1.090/1.290 SEK.

Ordentliches Mittelklasse-Hotel in Randlage am Bahnhof, Gastronomie anbei. ANGEBOTE FÜR ANGLER, die im Mörrum Lachse und Meerforellen fischen können.

TJÄRÖ

Die Insel Tjärö ist ein Schärenidyll gut 10 km östlich von Karlshamn. Sie gehört komplett der Svenska Turistföreningen (STF) und ist in 15 Minuten mit einem Personenboot mehrmals täglich ab JÄRNAVIK (südlich von Bräkne-Hoby, kostenloser Parkplatz) zu erreichen, im Sommer ebenso mit Schärenbooten ab Karlshamn (siehe Seite 246). Gästehaus, Lokal, Gästehafen (von Mai bis September), Grillplatz, Zeltflächen, Kanuvermietung und Segelschule machen das 1 km breite und 2,5 km lange grüne Eiland mit seinen alten Bauernhäusern zum SOMMERPARADIES; dann ist aber auch eine Zimmerreservierung anzuraten.

◎ **TJÄRÖ RESTAURANG & MARINA**, Järnavik, Bräkne-Hoby, Tel. 0454 – 600 63, www.tjaro.com. Ganzjährig geöffnet. 110 Betten. DZ 1.300 SEK. Bootstransfer 100/40 SEK. FAHRPLÄNE auch im jährlichen Karlshamn-Guide.

◎ **LÅNGASJÖNAS CAMPING & STUGBY**, Asarum, Tel. 0454 – 32 06 91. Mitte April bis etwa 20.9. Stellplatz 150–190 SEK, Campinghütten 400 SEK, Ferienhütten mit WC ab 450 SEK, 1.7.–15.8. nur wochenweise.

Freizeitgebiet 10 km nördlich von Karlshamn, prima geeignet zum Baden, Angeln, Paddeln und Wandern. Boots-, Kanu-, Fahrradvermietung.

◎ **HALENS CAMPING**, Olofström, Halenvägen 312, Tel. 0454 – 402 30, www.halenscamping.se. März bis Oktober. Stellplatz ab 175 SEK, Campinghütten 400 SEK, Hostel-EZ ab 210 SEK, DZ ab 370 SEK, 4-Bett-Zimmer ab 470 SEK.

Große Camping- und Freizeitanlage in den Wäldern südwestlich von Olofström, 30 km nordwestlich von Karlshamn. Strand sowie separates Bassin, alles bestens zum Baden, Angeln, Kanufahren. Kanuzentrale und -vermietung, auch Lauf- und Wanderwege, Fahrradvermietung. Lokal anbei, Dagens Lunch.

◎ **MJÄLLBYHUS** PENSIONAT OCH GÄSTGIVERI, Sölvesborg, Hälleviksvägen 123, Tel. 0456 – 503 37, www.mjallbyhus.se. Zimmer SVIF-Hostel, Bett ab 150 SEK, als EZ 250, als DZ 300 SEK, Familienzimmer (4–6 Personen) 600 SEK. Pension EZ 495, DZ 595 SEK. Ferner Hütten ab 895 SEK.

Schönes Anwesen mit betagtem Charme, behutsam renoviert. Küche für Selbstversorger und Restaurant. Kurze Distanz zur Ostsee. E 22 westwärts, abzweigen Str. 123 Richtung Hällevik.

Essen und Trinken

◎ **GOURMET GRÖN**, Biblioteksgatan 6, Tel. 0454 – 164 40. Mo–Fr 11.30 bis 15 Uhr.

Populäre Lunch-Adresse am östlichen Pier auf dem Areal der Technische Hochschule. Erhielt Auszeichnungen und das Gütesiegel KRAV für anspruchsvolle ÖKOLOGISCHE Kritereien. Fleisch und fleischlos zum Lunch (80 SEK), alternativ immer ein vegetarischer Burger für 100 SEK.

◎ **ÖLHALLEN**, Ågatan 14, Tel. 0454 – 169 92. Geöffnet ab 11 Uhr. Lunch Mo–Fr 11.30–14 Uhr.

Die zünftige BIERHALLE (gemeint: Pub) direkt am Hafen war früher eine bevorzugte Anlaufstelle der Hafenarbeiter. Rustikal ist die Kost dort immer noch, ob Fleisch oder Fisch. Als Biersorten einheimische Marken sowie bekannte aus dem Ausland. Nebenan HARRYS PUB & RESTAURANG wird für Ambiente und Essen gelobt.

◎ **WÄGGA** FISK & DELIKATESSRÖKERI, Wägga Fiskhamn, Saltsjöbadsvägen 44, Tel. 0454 – 190 85. Mo–Fr 9–18 Uhr, Sa 9–13.30 Uhr, So (nur Mai bis August) 11–15 Uhr.

Hafen-Atmo mit FRISCHFISCH am Gästehafen, südwestlich der Innenstadt. Anfahrt über Stadtteil Rosenkällan, Idrottsvägen wird zum Saltsjöbadsvägen. Ladenverkauf und Lokal FISKSTUGAN (April bis September), Eis, Kaffe und Kuchen. Ein schönes Ausflugsziel, Campingplatz Kollevik und Badeplätze weiter östlich.

Baltic Festival auf dem Stortorget, hinter der Bühne das historische Rathaus (1900), im Hintergrund Silos und Öltanks im Industriehafen. ▶

KULTURKVARTERET – DAS KULTURVIERTEL

In dem Viertel Kulturkvarteret scheint die Zeit still zu stehen. In einigen beieinanderliegenden Gebäuden (auch Holzhäusern) aus dem 18. und 19. Jh. haben Ausstellungen und Museen ihren Platz gefunden. Im ältesten bewahrten steinernen Haus bezog das Stadtmuseum Quartier:

◎ **KARLSHAMNS MUSEUM**, Drottninggatan/Vinkelgatan 8, Tel. 0454 – 148 68, www.karlshamnsmuseum.se. Etwa 20.6.–20.8. Di–So 13–17 Uhr, sonst Mo–Fr 13–16 Uhr. Eintritt 20/0 SEK.

Die Sammlungen im SMITHSKA GÅRDEN (18. Jh.) und weiteren Gebäuden schildern die Entwicklung Karlshamns. Dabei stehen zwei nicht alltägliche Industriesparten im Mittelpunkt. So macht die PUNSCHFABRIK (Vinkelgatan 7) mit dem schwedischen Punsch bekannt, einem süßen, alkoholischen Getränk: Die Marke »Carlshamns Flaggpunsch« ist über die Landesgrenzen hinaus bekannt, vor Ort produziert wurde er von 1850 bis 1917; die Fabrik wurde demontiert und im Museum in Teilen wieder aufgebaut. Der zweite ungewöhnliche Geschäftszweig war die Herstellung und der Vertrieb von SPIELKARTEN, die besonders in der ersten Hälfte des 19. Jhs. florierte. Zu beiden Themen sind SOUVENIRS zu erstehen.

FORTSETZUNG SIEHE NÄCHSTE SEITE

FORTSETZUNG: **KULTURKVARTERET** (KARLSHAMNS MUSEUM)

Des Weiteren umfasst Karlshamns Museum Werkstätten (Uhrmacher, Silberschmiede, Druckerei), Produktausstellungen (Schreibmaschinen) u.a. sowie einen Tabakladen – im 18./19. Jh. gab es 40 Tabakfabriken in der Stadt, die den gesamten Bedarf in Småland deckten. Ein Raum ist ferner der Karlshamner Tochter *Alice Tegnér* gewidmet, deren Kinderlieder angeblich noch heute munter angestimmt werden.

◎ In einem ehemaligen Magazin zeigt **KARLSHAMNS KONSTHALL** bevorzugt zeitgenössische schwedische Kunst und Kunsthandwerk, auch Glaskunst. Hier stellen vor allem auch einheimische Künstler regelmäßig aus. In weiteren Räumen blieben wunderbare Wandmalereien bewahrt, die man aus abgerissenen Häusern rettete. Vinkelgatan 7.

◎ Der Kaufmannshof **SKOTTSBERGSKA GÅRDEN** (1766) ist mit historischem Inventar und Möbeln AUTHENTISCH EINGERICHTET; der Namen stammt von einem Kaufmann, dem das Anwesen 1831–56 gehörte. Bei der Kunsthalle um die Ecke, Drottninggatan 91. Eintritt 10/0 SEK.

◎ **HOLLÄNDARHUSET** im Hinterhof ist wahrscheinlich das älteste Haus der Stadt (17. Jh.) und wurde 1943 hierher versetzt. Holländische Kaufleute, die in der Region u.a. Eisen bezogen, nutzten es als Lagerhaus.

Sehenswertes

◎ Die **CARL-GUSTAFS KYRKA** entstand (1702) nach Plänen Erik Dahlbergs. Nordöstlich steht der achteckige GLOCKENTURM (1792). Ecke Drottninggatan/Kyrkogatan.

◎ Am STORTORGET, der das nächste Karree im Süden bildet, steht an der nordwestlichen Ecke das alte Rathaus, **ASSCHIERSKA HUSET** (1682). Durch seine Fachwerkfassade unterschied es sich erheblich von damaligen Holzbauten. Drottninggatan 53.

◎ Im **HAMNPARKEN** erinnert das AUSWANDERERDENKMAL von Axel Olsson an die Millionen Schweden, die aus wirtschaftlicher Not ihr Land verließen und ein Schiff nach Nordamerika nahmen. Vilhelm Moberg lässt seine Romanfiguren Karl-Oskar und Kristina in Karlshamn an Bord der »Charlotta« gehen. Im Roman »Die Auswanderer« – der erste von vier – kommen auch Hotell Hoppet, Drottninggatan 26, und Majas Gästgiveri in der Bergsgatan vor.

◎ Vom Denkmal gelangt man über die Villa Utsikten, einem nett gelegenen Café, zum **VÄGGAPARKEN**, dem FREIZEITGEBIET nahe der Stadt, mit viel Grün, Spazierwegen, Bademöglichkeiten, Ferienanlage Kollevik usw. Am Gästehafen (früher auch ein Fischereihafen) befindet sich ein Frischfischverkauf (siehe Seite 224).

Von Ende Mai bis August können im Touristenbüro Themenführungen gebucht werden, auch auf der Kastellinsel im Süden des Hafens.

◎ In der Hafeneinfahrt erhebt sich auf der kleinen Insel FRISHOLMEN – früher holländischer Handelsplatz – das 1675 errichtete **KASTELL**, das dem Schutz des Hafens diente. Die nach Plänen von Erik Dahlberg entstandene Anlage ist mit ihren alten Mauern, den Kanonen, dem Pulverhaus, dem Kerker und dem vergifteten Brunnen erhalten. Die Kirche der Festung aus dem 18. Jh. hat man vor einigen Jahren rekonstruiert, heute beliebt als HOCHZEITSKIRCHE. Vom Yachthafen aus besteht regelmäßiger Fährverkehr zwischen Kastellinsel und Hafen: Anleger Hamngatan (beim Hotel Carlshamn). Mitte Juni bis Mitte August täglich 13–17 Uhr, ab Ende Mai bis Mitte Juni nur am Wochenende. Ticket 40/20 SEK.

Ausflüge

◎ **KREATIVUM**, Strömmavägen 28 (E 22 Ausfahrt Karlshamn N), Telefon 0454 – 30 33 60, www.kreativum.se. Etwa 25.6.–10.8. täglich 10–17 Uhr, sonst Fr–So 11–16 Uhr (bzw. in den Schulferien erweitert). Eintritt 145/110 SEK, Familien (2+3) 460 SEK. Aufschlag für Kino Kreanova.

Vier Säle in einer alten Baumwollspinnerei hat man zu einem Erlebnispark umfunktioniert, wo Entdecker- und Experimentierfreude ausgelebt werden können. Die Themenausstellungen aus Technik und Naturwissenschaft wechseln in unregelmäßigen Abständen, im Sommer öffnet die OUTDOORABTEILUNG am Fluss Mieån. Bleibt noch das Kuppel-Großleinwand-Kino KREONOVA mit täglich mindestens zwei Vorstellungen, im Voraus online zu checken.

OLOFSTRÖM

In Olofström wurde um 1735 eine EISENHÜTTE gegründet. Um das Jahr 1900 stellte man emaillierte Gefäße her, heute Karosserieteile für »Volvo«. 1.400 Arbeitsplätze stellt der Autobauer, sogar mehr als die Kommune. Im Städtchen leben gut 7.300 Menschen, in der Gemeinde über 13.000.

◎ **OLOFSTRÖMS TURISTBYRÅ** an der Str. 126 im Brocenter, Brostugevägen 1, Tel. 0454 – 30 94 00. Geöffnet Ende Juni bis Ende August Mo–Sa 9–17 Uhr, sonst Mo–Fr 9–15 Uhr.

◎ Hier im Brocenter präsentiert das AUTO- UND FAHRZEUGMUSEUM **BIL- OCH FORDONMUSEUM** Volvo-Raritäten und andere historische Automobile, Motor- und Fahrräder. Geöffnet wie Touristenbüro.

Das benachbarte ÅKERIHISTORISKA MUSEUM widmet sich der Geschichte von Fuhrunternehmen.

◎ Angler und Kanuten zieht es in Schwedens **SÜDLICHSTE WILDNIS**. (siehe Seite 245). Auch eine Radtour im Umland zeigt am besten, wie abwechslungsreich die Gegend ist. Eine 40 km-Rundtour führt ab Brocenter / Touristenbüro östlich der Str. 121 via Snöfleboda, Isaksmåla, Slagenäs und See Rudesjön nach VILSHULT, wo die

Olofström liegt rund 30 km nordwestlich von Karlshamn. Auf Seite 238 haben wir einen dortigen Campingplatz (mit Hütten) aufgenommen.

Str. 121 und die Eisenbahnschienen zu überqueren sind und es über Gåsagylet, Brokamåla, Halabron, Alltidhult, Boafall, Jämshög zurück nach Olofström geht. Nicht markiert, Karte im Touristenbüro.

◎ **JÄMSHÖG**, südlich Olofströms, ist ein Dorf mit BEKANNTEN Schweden. Das Jämshögs Museum widmet zwei seiner berühmtesten Söhne eigene Ausstellungen: Nobelpreisträger *Harry Martinsson,* dessen futuristische Gedichtsammlung »Aniara« von der Zerstörung der Erde und der Fahrt im Raumschiff als Oper vertont wurde. Autor Sven-Edvin Salje setzte seiner Heimatstadt ein literarisches Denkmal. *Pehr Thomasson* war vor Strindberg ein gern gelesener Autor im Land, der Maler *Bengt Nordenberg* wurde in Düsseldorf bekannt, der Maler *Måns Jönsson* von Strindberg im Roman »Das rote Zimmer« als Olle Montanus verewigt. Hantverkaregatan 15, Tel. 0454 – 490 17. Der Besuch macht nur mit Schwedisch-Kenntnissen Sinn. Eintritt 20/0 SEK.

◎ Östlich von Olofström erhebt sich der Felsen **VALHALL** 40 m steil über dem See ORLUNDEN. Die Aussicht ist herrlich. Leichtes Schaudern mag eine/n ergreifen, wenn man der Legende Glauben schenkt, dass dies in heidnischer Zeit ein ÄTTESTUPA, ein Sterbeplatz war, wo alte Menschen hinuntergestoßen wurden oder sich selbst hinabstürzten.

Anfahrt über Olofström-Ost, Ortsteil Rösjö, aus Süden vom P.J. Rösjö väg rechts in den Valhallavägen.

SÖLVESBORG

Sölvesborg liegt an der Ostseebucht Sölvesborgviken; im Bezirk Blekinge ist sie die älteste und eine der kleinsten (8.400 Einwohner, 16.800 in der Gemeinde). Der Ort hatte mehrfach unter den Kriegen zwischen Dänen und Schweden zu leiden. Nach einer Feuersbrunst 1801 wurde er gemäß dem mittelalterlichen Stadtplan wieder aufgebaut; so blieb der etwas altertümliche Kleinstadtcharakter mit kleinen Holzhäusern und engen Gassen bis heute erhalten. Von der Festung (14. Jh.) blieben nach einem dänischen Angriff 1564 nur Ruinen.

◎ **SÖLVESBORGS TURISTBYRÅ**, Repslagaregatan 1, SE–29434 Sölvesborg, Tel. 0456 – 81 60 00, www.solvesborg.se. Mo–Do 8 –17 (Fr bis 16).

◎ **SWEDEN ROCK FESTIVAL**: Seit dem ersten Hard-Rock-Festival 1992 ist Sölvesborg eine Institution unter Metal-Fans weltweit. Jedes Jahr lassen 35.000 Fans und rund vier Dutzend Bands das Festivalgelände von Norje Havsbad erbeben. www.swedenrock.com.

◎ Die **SANKT NICOLAI KYRKA** im Stadtzentrum entstand ab dem späten 13. Jh. vorwiegend im gotischen Stil. Zu beachten sind Fresken und Triumphkruzifix (15. Jh.) sowie Altar und Kanzel (17. Jh.).

◎ Fahren Sie über Hällevik (Fischereimuseum) zum Fischerhafen NOGERSUND an der Küste; von hier aus verkehrt regelmäßig ein Boot zu der 2 km großen Insel **HANÖ,** mit einem 63 m hohen Leuchtturm, einem eng-

Sölvesborg liegt rund 33 km südwestlich von Karlshamn. Auf Seite 238 haben wir das dortige Mjällbyhus mit Pensions- und Hostelzimmern aufgenommen.

AM MÖRRUMSÅN – LAXENS HUS UND ABU MUSEUM

Westlich von Karlshamn liegt Mörrum, bekannt durch den Mörrumsån, der die Stadt durchfließt. Dieser Fluss gilt als eines der BESTEN LACHS-ANGELGEWÄSSER im Land. Früher versuchten hier deutlich über 10.000 Angler ihr Glück, davon die Hälfte aus dem Ausland. 10 Tonnen Ausbeute war noch vor 20 Jahren keine Sensation. Doch während in den 70er Jahren über 1.500 Lachse mit dem geltenden Mindestgewicht gefangen wurden, sank die Zahl in den 90er Jahren unter 500 und in 2011 auf nicht mal 50. Die Folge wird sein, dass nur noch relativ wenige Angellizenzen ausgegeben werden können. Als Ursachen stehen der maßlose Fischfang in der Ostsee und die dortige Umweltbelastung im Fokus. So sind die Aussichten auf eine MEERFORELLE am Mörrumsån derzeit günstiger.
Neben dem »Haus des Lachses« zieht es die Besucher zu den Wegen und Rastplätzen an der nahen STROMSCHNELLE KUNGSFORSEN.

◎ **LAXENS HUS**, Mörrums Kronolaxfiske (in Mörrum ausgeschildert), Tel. 0454 – 50123, www.morrum.com ausführlich auch auf Deutsch. 1.4.–31.10. täglich 9 – 17 Uhr, Oktober 9 – 16 Uhr. Eintritt 60/30–0 SEK.
Selbst Nicht-Angler zeigen Interesse am LACHSAQUARIUM, in dem die Fische fast natürliche Lebensbedingungen vorfinden. Dazu gehören ein Strömungsaquarium, ein 13 m langes Wasserbecken mit Lachsen, Meerforellen u.a. sowie zwei enorm große Glasfenster, an denen der Fluss vorbeirauscht – doch nur mit viel Glück können Sie in dem trüben Wasser einen Lachs beobachten. Videos informieren über die Lachsfischerei im Fluss, dazu die Ausstellung mit Modellen und naturgetreuen Situationsschilderungen im Leben eines Lachses.

◎ **ABU-MUSEUM**, Svängsta (nördlich von Mörrum), Tel. 0454 – 32 91 60. Mo–Fr 13–16 Uhr, Sa 10–13.30 Uhr, sonst/Führung nach Absprache.
Die wegen ihrer Angelausrüstungen bekannte Firma »ABU« gründete 1897 der Erfinder, Forscher und Autor *Henning Hammarlund*. ABU stellte zunächst Uhren und feinmechanische Instrumente her. Zahlreiche alte, zum Teil funktionstüchtige Maschinen sind hier in authentischem Industriemilieu vergangener Jahrzehnte zu sehen, darunter eine feinmechanische Werkstatt. Von hier stammen übrigens die Uhren, die im Stadtmuseum Karlshamn in Kulturviertel ausgestellt ist.

lischen Marinefriedhof, einigen Gesteinsformationen und frei lebenden Hirschen. – www.hanu.nu inklusive Link zum Bootsfahrplan. Etwa 20.6.–10.8. 7–8 x täglich, sonst reduzierter Fahrplan. Ticket einfach 50/25 SEK.

Als Fischgewässer ist der Mörrumsån seit 1231 dokumentiert: Damals mussten die Bauern an den Grundbesitzer bezahlen, während der Bischof unentgeltlich fischen durfte, dies allerdings nur zu festen Zeiten.

Ferien aktiv

ERIKSBERGS VILT & NATURPARK

Einige Kilometer östlich Karlshamns liegt der ehemalige Wohnsitz des Schriftstellers und Naturliebhabers *Bengt Berg* (1885–1967), der hier Hirsche und Wildgänse züchtete. 1976 wurde in Eriksberg ein großes, eingezäuntes Naturreservat eingerichtet. In dem 9 km² großen GEHEGE leben ein paar hundert Wildschweine, Mufflons, Wisente, Dam- und Rotwild – auch Seeadler und eine kleine Fledermausart sind hier inzwischen heimisch. Als Idylle präsentiert sich der See FARSKSJÖN mit ungezählten roten SEEROSEN, deren Ursprung der See Fagertärn im Nationalpark Tiveden ist. Wenn das Frühjahr nicht zu kalt war, entfaltet sich die Pracht bereits Mitte Juni. In den Hofgebäuden des Gutes, dessen Ursprung ins 17. Jh. reicht, sind Museum, Ausstellungen und Lokal untergebracht. Auch Hotelzimmer gibt es vor Ort.

Im Sommer Rundtouren per Bus oder mit TRAKTOR und Wagen; eine Führung muss angemeldet werden. Es verlaufen markierte WANDERWEGE im Reservat.

◎ **ERIKSBERG** VILT & NATUR, Trensum, Eriksberg, Tel. 0454 – 56 43 00, www.eriksberg.nu. Etwa 25.6.–20.8. täglich 12–19 Uhr Einlass; geschlossen wird der Park bei Einbruch der Dunkelheit. Eintritt 130/80 – 0 SEK, Familien (2+3) 350 SEK. Von der E 22 Abfahrt Nr. 54 (Åryd), beschildert.

WANDERN

◎ **UFERPROMENADE** vom Hamnparken mit dem Auswandererdenkmal (siehe Seite 240) nach Südosten über Saltsjöbaden und die Gästehäfen bei Wägga Fiskhamn. Zu verlängern bis ins waldreiche Gebiet rund um Kollevik/Campingplatz.

◎ Ein schönes Gebiet für sportliche Aktivitäten liegt nördlich und nordöstlich von ASARUM (nördlich Karlshamns), mit kleinen Seen, Wäldern und Hainwiesen. Ein mögliches Ziel sind die GLETSCHERTÖPFE im Naturreservat **TARARP**: Die größten sind 3–4 m tief, die kleinsten nur zentimetergroßen leicht zu übersehen. Rund ums Feriendorfs LÅNGASJÖNÄS verlaufen Pade, so ab der Mündung des MIEÅN nach Nytorpet. Information im Feriendorf (siehe Seite 238).

◎ **ERIKSBERG**: markierte Wanderwege, siehe linke Spalte nebenan. – Östlich von Eriksberg verläuft ein ca. 5 km langer KÜSTENPFAD hinaus auf die südöstlich gelegene Landzunge beim Hof Kohagen.

◎ FERNWANDERWEG **BLEKINGELEDEN** AB SÖLVESBORG bis Kristianopel (siehe Seite 230) markiert über 240 km in 13 Etappen. Er tangiert die Gewässer nördlich von Asarum (s.o.).

ANGELN

Das Touristenbüro informiert über Angelcamps, -karten, Bootsvermieter und komplett buchbare »Angel-Arrangements«.

◎ Karlshamn ist ein Angler-Mekka, unabhängig von Lachsen und Meer-

Tipps für Eriksberg: Munter sind die Tiere besonders gegen Abend. – Wer nicht gut zu Fuß ist: Für eine Safari mit dem eigenen Auto durch das Wildreservat kann man sich eine CD/Kassette mit Erläuterungen ausleihen.

forellen im Mörrum-Fluss (siehe Seite 243). Viele **SEEN** (Krokssjöarna, Borresjön, Harasjömåla) im Hinterland bieten den Sportanglern beste Reviere samt Infrastruktur.

◎ Populär ist auch das **HOCHSEE-ANGELN** VOR DER KÜSTE. Wenn die Wettkampfteilnehmer beim LACHS-FESTIVAL Anfang / Mitte Mai ihre Fänge im Hafen von Karlshamn anlanden, hat das Volksfestcharakter. Für das Angeln an der Küste ist keine Angelerlaubnis erforderlich.

BADEN, SCHWIMMEN

◎ **STADTNAH** IM MEER: im Osten die Bucht KOLLEVIK, im Süden STÄRNÖ (Sandvik an der Westseite), im Westen STILLERYD (Sandvik).

◎ INSEL **TJÄRÖ**: siehe Seite 237.

◎ **SEEN**: Långasjönäs (Feriendorf), ÖJASJÖN, ÄLLHÖLEN, HALASJÖ u.a.

GOLF

◎ **KARLSHAMNS GOLFKLUBB** im Nordosten von Mörrum (Hästaryd), Tel. 0454 – 500 85, www.karlshamnsgk.se. Zwei 18-Loch-Plätze am Fluss Mörrumsån. Weitere Anlagen gibt es in Olofström und Sölvesborg.

PADDELN

◎ ERFAHRENE Paddler sind im Seekajak in den **SCHÄREN** unterwegs, erkundigen sich über Wind und Wetter im Voraus. Klassische Ziele sind Sternö vor Karlshamn oder Tjärö. Eine gute Basis ist die Kanuzentrale Havskajak Järnavik, östlich der Stadt auf halbem Weg nach Ronneby.

◎ Schwedens südlichste Wildnis: Westlich von Olofström erstrecken sich dichte WÄLDER. Im Seensystem **HALEN - IMMELN - RASLÅNGEN** lässt es sich bestens paddeln, jedoch sind für Übernachtungen unterwegs »Naturschutzkarten« zu erwerben. Information in der Kanuzentrale:

◎ Information und **KANUVERMIETUNG**: OFK Kanotcentral, Olofström, Strandvägen 14, Tel. 0454 – 408 10, www.halenkanot.se. – Paddelkompaniet, Havskajak Järnavik, Järnaviksvägen 80, Tel. 0457 – 803 00, www.paddelkompaniet.se.

RAD FAHREN

◎ Fast 30 km lang ist die Tour auf den ALTEN BAHNDÄMMEN der **VISLANDABANAN** vom alten Bahnhof Karlshamn bis Fridafors, an der Grenze zu Småland. Die Strecke wurde in den 1970er Jahren in Etappen still gelegt. Sie führt durch das Asarums-Tal, Svängsta (ABU-Museum, siehe Seite 243), folgt dem Mörrum-Fluss bis Åkeholm, passiert anschließend Hemsjö und Hovmansbygd. Wieder am Fluss entlang, ist schließlich bei km 27 die Grenze nach Småland erreicht. (Diese Bahnstrecke verlief ursprünglich auf 280 km bis Halmstad an der Westküste und ist über den BANVALLSLEDEN weitgehend auf der früheren Trasse nachzufahren. Eine Karte auch in deutscher Sprache gibt es für 130 SEK im Touristenbüro.

◎ Schwedens südlichste **WILDNIS**: RUNDFAHRT Olofström – Vilshult – Olofström siehe Seite 241 f.

◎ **FAHRRADVERMIETUNG**: Feriendorf Långasjönäs (siehe Seite 238).

REITEN

◎ Einige **REITERHÖFE** bieten Ausritte mit Touristen an. Islandpferde satteln Dunebo Gård (4 km von Mörrum, Tel. 073 – 44 44 165) und Halahults Islandshäster (E 22 nach Osten bis Hällaryd, 13 km nach Norden), Tel. 0454 – 640 43, www.halahultsislandshaster.se).

◎ **POLIZEI**: Erik Dahlbergsvägen 30 B, Tel. 114 14, Notfall-Tel. 112.

◎ **POST**: Kungsgatan 34–38 (Willys).

TRANSPORT, PARKEN

◎ **TAXI**: Tel. 0454 – 150 65.

◎ **TAXI-BOOT**: Tel. 0414 – 149 58.

◎ **PARKEN**: In der östlichen Innenstadt gibt es kostenfreie Parkplätze; zu empfehlen ist der Langzeitparkplatz am Bahnhof, Järnvägsplan.

Info-Mix

SIGHTSEEING

◎ REIZVOLL die **SCHÄRENBOOTE**: Fahrpläne im Karlshamn-Jahresheft, im Touristenbüro sowie unter www.blekingetrafiken.se. Juni bis August. Kurztrip zum Kastell im Süden, Rundfahrt u.a. über Tärnö, Joggesö, Tjärö. Skärgårdsterminal Hamngatan.

VERANSTALTUNGEN

◎ **LAXFESTIVAL**: Wägga Fiskhamn (siehe Seiten 238 und 245).

◎ **KARLSHAMN BALTIC FESTIVAL**: Volksfest mit südlichem Flair, Musik, Tanz, buntem Umzug, historischen Booten u.v.a. an einem verlängerten Wochenende Mitte Juli.

KONTAKT, HILFE

◎ **ÄRZTLICHE BEREITSCHAFT**: Läkarhuset Karlshamn, Kungsgatan 44, Tel. 0454 – 395 00.

Weiterreise

◎ **FLUG**: Drei bis viermal täglich Linienflüge ab Ronneby Airport nach Stockholm-Arlanda (»SAS«), Stockholm-Bromma (mit »Blekinge-Flyg«/ »Golden Air«). Tel. 0457 – 255 90.

◎ **BUS UND BAHN**: Die wichtigste Fernverbindung ist der Öresundståg (Zug) aus Karlskrona und Ronneby nach Malmö und Kopenhagen. Busse fahren u.a. nach Växjö (Nr. 370), mit Umsteigen in Tingsryd (Nr. 240). Karlshamns Resecentrum im Bahnhof, Stationsgatan. Information: Blekingetrafiken, Telefon 0455 – 569 00, www.blekingetrafiken.se.

◎ **AUTO**: **NACH KARLSKRONA** auf der E 22. In umgekehrter Richtung beschrieben auf Seite 234 sowie 235 der Abstecher nach RONNEBY.

NACH VÄXJÖ Str. 29/27. In umgekehrter Richtung beschrieben unter »Växjö, Weiterreise« auf Seite 81.

Register

Der skandinavische Sonderbuchstabe Å (å) steht am Ende des Alphabets vor Ä (ä) und Ö (ö); alle drei Buchstaben stehen im Register dementsprechend eingereiht.

ORTS- / SACHREGISTER

Für fast alle Museen etc. verwenden wir im Buch die schwedischen Namen, da Ihnen deren deutsche Übersetzung vor Ort (etwa bei Nachfragen) nicht weiterhelfen würde.

Für fast alle Museen etc. verwenden wir im Buch die schwedischen Namen, da Ihnen deren deutsche Übersetzung vor Ort (etwa bei Nachfragen) nicht weiterhelfen würde.

Für fast alle Museen etc. verwenden wir im Buch die schwedischen Namen, da Ihnen deren deutsche Übersetzung vor Ort (etwa bei Nachfragen) nicht weiterhelfen würde.

PERSONENREGISTER

Für fast alle Museen etc. verwenden wir im Buch die schwedischen Namen, da Ihnen deren deutsche Übersetzung vor Ort (etwa bei Nachfragen) nicht weiterhelfen würde.

Bildnachweis

Zu den Farbseiten 97–104 s. Seite 96.
Zu den Farbseiten 177–184 s. Seite 176.
Elch-Archiv sw: Seite 54 / 109 re. / 115

© *Geh, Alexander:*
Alle Abbildungen, außer den unten aufgeführten

© *Berge, Johann:*
Seite 85

© *Bock-Schröder, Birgit:*
Seite 65 u. / 77 / 83 / 113 / 151 / 153 / 215 mi. / 215 u. / 217 / 219 / 235 / Umschlag u. mi.

© *Bruno Mathsson Center:*
Seite 87

© *Getnö Gård AB:*
Seite 65 o.

© *AB Glasriket:*
Seite 187 (Hans Runesson)

© *Kalmar Läns Museum:*
Seite 7 o. / 215 o.

© *Körner, Tonia:*
Seite 172

© *Pebaqué, Carlos R.:*
Seite 193 u. re.

© *Schulte, Gudrun:*
Seite 165 / 206 / 223 u. / 223 klein / 229

© Statens maritima museer:
Seite 223 o. (Erling Klintefors)
Seite 227 (Joakim K E Johansson)

© *The Glass Factory:*
Seite 193 u. li. (Sten Robért)

© *Tjustbygdens Järnvägsförening:*
Seite 147

© *www.karlshamn.se:*
Seite 239 (Roger Karlsson)

© *www.smalandsbilder.se:*
Seite 25 o. / 39 / 89 / 117 klein